ANÁLISE ECONÔMICA DA EXPANSÃO DO DIREITO PENAL

FILLIPE AZEVEDO RODRIGUES
Mestre em Direito Constitucional pela UFRN.
Doutorando em Ciências Jurídico-Criminais pela
Universidade de Coimbra. Professor da Universidade
Potiguar (UnP) e Líder do Grupo de Pesquisa em Ciências
Criminais (GPCrim – CNPq). Pesquisador do Instituto
Jurídico Portucalense, Portugal. Autor de várias obras
acadêmicas, em especial do livro Lavagem de Dinheiro e
Crime Organizado: diálogos entre Brasil e Portugal.
E-mail: rodrigues.cgern@gmail.com.

ANÁLISE ECONÔMICA DA EXPANSÃO DO DIREITO PENAL

2ª Edição

Del Rey editora

Belo Horizonte
2021

Impresso no Brasil | *Printed in Brazil*

EDITORA DEL REY LTDA.
www.livrariadelrey.com.br

Editor: Arnaldo Oliveira

Editor Adjunto: Ricardo A. Malheiros Fiuza (*in memoriam*)

Coordenação Editorial: Letícia Neves

Diagramação: Know-how Editorial

Editora:
Rua dos Goitacazes, 71 – Lojas 20 a 24
Centro – Belo Horizonte – MG
CEP 30190-050

Comercial:
Tel.: (31) 3284-3284 / 3293-8233
vendas@editoradelrey.com.br

Editorial:
editorial@editoradelrey.com.br

R696a Rodrigues, Fillipe Azevedo. Análise Econômica da Expansão do Direito Penal / Fillipe Azevedo Rodrigues; Prefácio de José Marcelo Ferreira Costa. - 1. ed. – Belo Horizonte, MG : Editora Del Rey, 2021. 296 p.; 15,5x22,5 cm.

Inclui bibliografia.
ISBN 978-65-5791-026-9

1. Análise Econômica. 2. Direito. 3. Direito Penal. 4. Expansão. I. Título. II. Assunto. III. Rodrigues, Fillipe Azevedo.

CDD 341.5 CDU 343.2

Em memória, dedico este trabalho a Marco Aurélio,
exemplo admirável de amigo e profissional.

Ao meu amor, Liliana, e a meu filho Eduardo, que são meu porto seguro.

Ao Professor Doutor Otacílio dos Santos Silveira Neto e ao Professor Doutor Ivan Lira de Carvalho, cujas orientações sempre presentes permitiram transformar algumas ideias neste livro.

Aos amigos e professores Andreo Aleksandro Nobre Marques, José Marcelo Ferreira Costa, Luís Augusto Sanzo Brodt, Pery Francisco Assis Shikida e Sylvia Virginia dos Santos Dutra de Macedo com os quais aprendi e dei início à minha trajetória profissional e acadêmica.

SUMÁRIO

PREFÁCIO À 1ª EDIÇÃO 1

PREFÁCIO À 2ª EDIÇÃO 3

APRESENTAÇÃO 5

1 INTRODUÇÃO 9

2 DIREITOS FUNDAMENTAIS DE LIBERDADE 15

2.1 Constitucionalismo: evolução histórica da liberdade 15

2.2 Conceitos e categorias dos direitos de liberdade 26

2.3 Limites constitucionais às intervenções restritivas 37

3 ECONOMIA DO CRIME 53

3.1 Algumas questões socioeconômicas e criminalidade no Brasil 53

3.2 Economia, direito e crime 63

3.2.1 Uma introdução à análise econômica do Direito (AED) 63

3.2.1.1 Realismo jurídico e primeiros passos do movimento AED 63

3.2.1.2 Teoria da escolha racional 77

3.2.1.3 Nova economia institucional e custos de transação 84

3.2.1.4 Teoria dos Jogos: considerações iniciais sobre o dilema dos prisioneiros, estratégias dominantes e o equilíbrio de Nash 87

3.2.2 Teoria econômica do crime 93

3.3 ECONOMIA DO CRIME APLICADA 103

3.3.1 Fatores de avanço e de redução da criminalidade: um estudo comparado 103

3.3.2 Menos armas, menos crimes? 110

3.3.3 Narcotráfico e mMercado 119

3.3.4 Sistema penitenciário ótimo 127

4 EXPANSÃO DO DIREITO PENAL CONTEMPORÂNEO 137

4.1 Ideias penais, movimentos históricos do processo de criminalização e escolas penais 137

4.2 Crise e eExpansão do Direito Penal 149

4.2.1 Direito Penal Contemporâneo e Sociedade Complexa 149

4.2.1.1 O que é Pós-modernidade? 149

4.2.1.2 Sociedade de riscos complexos 151

4.2.2Algumas Causas de Expansão para Jesús-María Silva Sánchez 161

4.2.2.1 Os Novos Interesses e Riscos 161

4.2.2.2 O Império da insegurança na sociedade de Sujeitos Passivos 169

4.2.2.3 A política criminal da esquerda do Século XXI.. 177

4.2.2.4 Globalização e Internacionalização do Direito Penal 188

4.2.2.5 Confusão entre Direito Administrativo Sancionador e Direito Penal 193

4.3 Propostas de racionalização e novas perspectivas teóricas 198

5 EFICIÊNCIA E DIREITO PENAL 207

5.1 Eficiência e estado democrático de Direito 207

5.1.1 Processo de constitucionalização da eficiência: eficiência como norma jurídica 207

5.1.2 Elementos do princípio da eficiência 224

5.2 Eficiência e análise econômica do Direito Penal 227

6 CONCLUSÃO 249

REFERÊNCIAS 269

PREFÁCIO À 1ª EDIÇÃO

Alguns anos já se passaram desde que tive a oportunidade de conhecer o Doutor Fillipe Azevedo Rodrigues, pois, ainda durante o curso de Direito da Universidade Federal do Rio Grande do Norte (UFRN), o autor estagiou na Procuradoria-Geral do Estado do Rio Grande do Norte. Em verdade, posso destacar que acompanhei a sua trajetória acadêmica pelas etapas de conclusão de graduação, Mestrado na UFRN e, atualmente, o Doutorado na Faculdade de Direito da Universidade de Coimbra, Portugal.

O autor sempre demonstrou um profundo interessado sobre os mais diversos assuntos pertinentes às relações jurídicas existentes entre o Poder Público e os particulares, bem como a constante preocupação pela busca de soluções suscetíveis de serem absorvidas pelo sistema constitucional brasileiro.

Este livro, que tenho a honra de prefaciar – fruto de dissertação de mestrado sob a orientação do Professor Doutor Otacílio dos Santos Silveira Neto –, levada ao público pela Editora Del Rey, consubstancia-se em prova irrefutável do perfil do autor, pois transpõe o convencional exame científico da norma positivada e propõe a necessidade de se considerar a análise econômica do direito no processo de tipificação das condutas e sanções penais.

O autor não nega a necessidade de o Parlamento e o Poder Judiciário permanecerem atentos às demandas da complexa sociedade contemporânea, exempli gratia as relações intersubjetivas envolvendo a violação de privacidade que afloraram com o avanço da tecnologia, mas apresenta reflexões críticas aos que vêem o Direito Penal como o instrumento preponderante de realização efetiva do controle e da justiça social.

O trabalho destaca os perigos da chamada "criminalização às pressas" e necessidade de se considerar outros aspectos do sistema social para a positivação de condutas como antijurídicas sob ponto de vista criminal. Como não seria diferente, o objeto de estudo foca em tema controverso e atualmente vivenciado no Brasil, pois invariavelmente se propõe como solução para os históricos problemas sociais o agravamento de penas das categorias criminais vigentes ou mesmo a criação de novos tipos penais.

Não tenho dúvidas que o estudo desenvolvido pelo autor é atual e aflorará maiores e mais aprofundados debates entre os estudiosos do assunto.

Sucesso, Fillipe!!

Natal – RN, 24 de fevereiro de 2014.

José Marcelo Ferreira Costa

Mestre em Direito de Estado pela PUC/SP

Consultor-Geral do Estado do Rio Grande do Norte

PREFÁCIO À 2ª EDIÇÃO

Pelos idos de 2014, tive a honra de subscrever o prefácio da primeira edição deste livro intitulado "Análise Econômica da Expansão do Direito Penal". À época, olhei o retrovisor e tracei linhas sobre a trajetória acadêmica do Doutor Fillipe Azevedo Rodrigues. A intenção consistiu em revelar ao público informações pessoais transcendentes à obra prefaciada, que se somariam ao leitor interessado em conhecer detalhes sobre os esforços e o talento do autor.

O instante afigura-se diverso. A palavra de ordem tem por diretriz a prospecção para se revisitar o protagonismo do Estado como agente disciplinador das relações jurídicas perante a sociedade contemporânea (ou, se preferir, pós-moderna) cada vez mais globalizada e que precisa lidar com os impactos transnacionais.

O propósito desta segunda edição segue atento ao mote e revisita integralmente o texto original para trazer ao leitor reflexões sobre temas conflituosos que produzem desdobramentos nos subsistemas político, econômico, social entre outros, mas com a perspicácia mais amadurecida do escritor para dialogar com os autores reunidos na bibliografia.

A segunda edição novamente publicada pela Del Rey consagra a convicção quanto ao êxito da obra e consolida a sua relevância para contribuir com o aprofundamento dos debates entre os estudiosos do assunto.

Reitero os votos de sucesso, compadre Fillipe!!

Natal – RN, 28 de julho de 2020.

José Marcelo Ferreira Costa

Mestre em Direito de Estado pela PUC/SP

Procurador do Estado do RN

APRESENTAÇÃO

Apresentar um livro é uma responsabilidade tão grande que raras vezes enveredo nesses convites, não por desestima ou sentimento semelhante, mas por receio de não ser sucinto e preciso. Um prefácio não deve somente introduzir a obra feita com esmero pelo autor aos leitores, como deve fazer desta primeira impressão um relato técnico e imparcial, o que recrudesce ainda mais a seriedade desse compromisso.

O livro do Professor Fillipe Azevedo Rodrigues, que está na segunda edição, concatena os capítulos dos direitos fundamentais de liberdade, economia do crime, expansão do Direito Penal contemporâneo, eficiência e Direito Penal, confluindo a extensa e qualificada literatura revisada com os *insights* da economia do crime. Como um dos corolários, a eficácia econômica, conciliada com o preceito jurídico constitucional, pode contribuir positivamente para o Estado Democrático de Direito, cooperando para garantir uma segurança pública racional, respaldada também em evidências empíricas.

Toda a construção capitular observada neste livro pode ser entendida pela conjugação da análise econômica com o Direito, e desta análise com a especificidade da área penal. Com efeito, a ação de compreender um determinado fenômeno econômico em que vários elementos, convergentes ou não, interagem entre si é o que se pode chamar de análise econômica. Complexa por natureza, essa análise precisa ser dinâmica, pois suas consequências não estão circunscritas ao simples cálculo da maximização dos ganhos ou minimização das perdas de um ou mais agentes, em determinado período do tempo. Diante da inevitável incerteza do futuro, a análise econômica, sempre tendo como norte a eficácia, envolve o estudo do funcionamento dinâmico do mercado, de suas transações e instituições, com mapeamento dos resultados e estabelecimento dos impactos das escolhas feitas no presente que se espraiam em tempos futuros.

Quando a análise econômica avança para o Direito e vice-versa, mormente na tipificação das condutas e sanções, esta interdisciplinaridade pode trazer exatamente eficácia para o discernimento jurídico. Nesse sentido, o arcabouço jurídico e as regras econômicas não são mutuamente excludentes. Pelo contrário, podem compartilhar ferramentas para a resolução de inúmeras questões, convergindo muitas vezes, valendo-se o operador jurídico de preceitos econômicos como forma de interação entre as ciências, servindo-se da Economia como instrumento de confirmação jurídica de teses sem que um argumento seja preponderante sobre o outro.

No que diz respeito ao Direito Penal, o campo para agregar a análise econômica é vasto, por exemplo, no entendimento das teorias comportamentais que procuram explicar o processo de análise custo-benefício que incentiva muitos criminosos à prática de um delito. O comportamento racional de delinquentes observado em estudos empíricos na economia do crime realizados no Brasil, em geral, vem mostrando que a realização de uma atividade ilícita está cobrindo seu custo, de modo que praticar crimes, cujo fito é a obtenção de lucros, tem sido cada vez mais compensador. Não seria o caso de juízes e letrados, a partir do entendimento da racionalidade criminal dos indivíduos, exercerem suas funções de modo a produzirem leis e penas que invertam esta perspectiva? As leis e as consequentes repressões penais certamente ganham com a aliança da Ciência Econômica com o Direito, porquanto essa profícua relação interdisciplinar abre perspectivas para competentes estratégias de combate à criminalidade.

Como exemplo dessa interação, de implicações eminentemente penais, podemos citar a condicionante insculpida no parágrafo 4 do artigo 33 do Código Penal, ao dispor que "o condenado por crime contra a administração pública terá a progressão de regime do cumprimento da pena condicionada à reparação do dano que causou, ou à devolução do produto do ilícito praticado, com os acréscimos legais". O Supremo Tribunal Federal, inclusive, conforme se extrai do Informativo n. 772/2014, já "bateu o martelo" a respeito da constitucionalidade do referido dispositivo.

Isso tudo, frisa-se, lembrando que os recursos são escassos e as decisões adotadas devem sempre buscar o melhor resultado possível. Tal arte do conhecimento poucos profissionais ousam letrar, sendo um dos aspectos que sobressaem da presente obra que honro apresentar.

Por último, mas não menos importante, sobre o Professor Fillipe Azevedo Rodrigues cabe um registro que preciso aludir. Muitos em nossa academia se limitam somente a ministrar aulas, alguns com certo êxito, outros nem tanto. Graças ao Grande Arquiteto do Universo há, ainda que poucos, aqueles professores que, além de ministrarem aula com exímia competência, também produzem conhecimento, fazendo da ciência uma completude maior. Parabéns Fillipe Azevedo Rodrigues por fazer parte do grupo de professores que produzem conhecimento, a ciência agradece! Boa leitura!

Toledo – PR, 29 de junho de 2020.

Prof. Pery Francisco Assis Shikida
Doutor em Economia Aplicada pela USP
e Estágio Pós-Doutoral pela FGV – SP.
Conselheiro do Conselho Nacional de Política
Criminal e Penitenciária e Relator do Plano Nacional de
Política Criminal e Penitenciária (2020-2023)

1

INTRODUÇÃO

As pessoas exigem do Estado proteção em uma amplitude,
a qual eu, como cidadão leitor de jornais
e ouvinte de rádio, jamais havia vivenciado.
O Estado se converte, nessa expectativa, em um pai.
Winfried Hassemer

O Professor da Universidade de Frankfurt am Main, Winfried Hassemer, proferiu a frase epigrafada em virtude da entrevista concedida à revista germânica Spiegel, em 29 de fevereiro de 1997.

Na ocasião, foi-lhe perguntado o que pensava a respeito do, cada vez mais constante, desejo dos cidadãos por um Estado forte, aquele que coloca escutas em suas casas, a fim de protegê-los das ofensivas da criminalidade organizada, não obstante os meios.

A resposta sem dúvida surpreendeu o entrevistador devido à honestidade e à simplicidade, típica do cidadão atento à sua condição de sujeito de direitos, o qual deve conviver com os perigos que a sociedade de riscos se vê exposta.

Os problemas dos novos riscos e interesses da sociedade do século XXI estão postos e as demandas por efetivas respostas do Poder Público se tornam invariavelmente maiores.

Associado a esse cenário, a pressa peculiar do mundo contemporâneo, cujas informações transitam em velocidade altíssima, pressiona a formulação de políticas públicas, as quais muitas vezes prescindem de uma análise detida das causas que originam o pleito social.

A influência midiática contribui também para vincular as agendas governamentais quase que exclusivamente aos prenúncios apocalípticos de violência urbana, poder paralelo do narcotráfico, crimes do colarinho branco e questões ambientais. Estas, particularmente, sustentam-se em uma pluralidade de organizações da sociedade civil, cujo discurso de preservação do ecossistema por vezes supera valores como as liberdades individuais, invertendo-se a relação humanista liberal de que o indivíduo é o centro lógico da sociedade para tratá-lo como simples elemento de um meio ambiente valioso *per se*, ainda que não exista alguém livre para contemplá-lo.

A confluência de novos valores coletivistas com as preocupações, de fato, presentes na atualidade retomaram o conceito do Estado inflacionado, provedor não só de direitos sociais, mas também de valores metaindividuais. Contudo, o preocupante está em desproteger justamente a autonomia daquela unidade - indivíduo - que é a razão de ser dos sistemas social, político e jurídico.

Afinal, nessa perspectiva, pouco importa que se violem a intimidade, a residência, a dignidade. O importante é a manutenção da segurança do sistema, ainda que os meios utilizados para tanto consistam em desconstruir as liberdades que o legitimam.

O Direito Penal, portanto, passa a ser concebido pelo coletivismo e pelo próprio Estado como o instrumento preponderante de promoção do controle, do desenvolvimento e da justiça social. Tornou-se lugar comum nos discursos afirmativos de segmentos sociais, como se a criminalização do mundo fosse a melhor saída para o exercício de seus interesses metaindividuais.

Tanto por fatores legítimos como por ilegítimos sob o paradigma democrático, a legislação penal e processual penal se expande preocupantemente, fadada a um suposto instrumentalismo, que, na realidade, não passa de resposta simbólica à sociedade do risco.

Cumpre admitir, entretanto, que até certa medida a expansão do Direito Penal se torna inevitável. O avanço tecnológico trouxe novos bens jurídicos que requerem a tutela penal em *utlima ratio*, a exemplo das relações interpessoais travadas por meio virtual, cujos crimes de violação de privacidade cibernética passaram a despertar grande preocupação.

Ocorre que a conformação constitucional do Direito Penal, mesmo nesses casos, não permite uma "criminalização às pressas". A racionalização em tal esfera do Direito é imprescindível, porquanto serve às liberdades individuais. Para restringi-las, exige-se a indubitável necessidade de utilização dos meios jurídico-penais para a eficaz proteção de tais bens jurídicos da contemporaneidade.

Ainda que se queira um Estado paternal, antes deve surgir a preocupação se o que se está criando não é um pai tirânico. Infelizmente, ao contrário de Hassemer, a sociedade, em geral composta por sujeitos passivos e ativistas do coletivismo, pouco se atentou para tal preocupação.

Para definir a fronteira entre a expansão punitivista e a razoável (ou inevitável), o método a ser proposto neste trabalho consiste em aplicar a Análise Econômica do Direito (AED) *Positiva* ao Direito Penal, sob parâmetros de eficiência. A acepção *positiva* da AED condiz com a preservação dos direitos fundamentais e, sobretudo, dos direitos de liberdade, porquanto a incidência da *eficiência econômica* no ordenamento constitucional se presta à maximização racional dos ideais clássicos do Direito Penal.

A Economia do Crime e a verificação empírica (econométrica) dela decorrente promovem uma precisa verificação das políticas criminais tendentes à expansão do Direito Penal, bem como fornece ao intérprete subsídios para proceder a uma análise crítica das teorias funcionalistas da criminologia, a exemplo do fenômeno jurídico-penal do Inimigo.

Dito isso, a análise metodológica a ser desempenhada corresponde a premissas da microeconomia aplicadas à abordagem hipotético-dedutiva do fenômeno da expansão do Direito Penal, a partir de um diálogo entre a literatura econômica e jurídica das mais diversas correntes teóricas, bem como serão observadas a legislação criminal brasileira e o posicionamento do Supremo Tribunal Federal com relação ao princípio constitucional da eficiência.

Entre as premissas da microeconomia utilizadas, cabe destaque para os conceitos de *homo economicus*, custos de oportunidade (*trade off*), de maximização racional, teoria da escolha racional, eficiência, equilíbrio, falhas de mercado (e de governo), e, entre estes, assimetrias informacionais e externalidades. Todos úteis para uma abordagem alternativa do Direito Penal, sem descurar-se da dogmática clássica.

O objetivo geral deste trabalho consiste em fazer uma abordagem, a partir dos mandamentos constitucionais, acerca da aplicação de métodos econômicos sobre algumas frentes de expansão do Direito Penal a fim de demonstrar a eficiência de um sistema jurídico-penal de duas velocidades, em harmonia com direitos de liberdade e garantias fundamentais, reduzindo a criminalidade em prol da efetivação do direito social à segurança pública.

No tocante aos objetivos específicos, cumpre assinalá-los: discutir acerca da aproximação entre Direito e Economia, sob a perspectiva do Estado Democrático de Direito; aventar o alcance da AED e da eficiência econômica como norma jurídica no Direito Penal contemporâneo; e analisar as repercussões negativas da expansão penal desarrazoada e ideologicamente enviesada, próprias do Direito Penal Simbólico e das Ciências Sociais, respectivamente, com o intuito de, enfim, demonstrar a racionalização ótima do Direito Penal de duas velocidades e das teorias correlatas.

Com relação à justificativa, hoje o que se vê é o desenfreado avanço legislativo do Direito Penal, abandonando sua característica clássica de *ultima ratio*, obviamente sem o devido compromisso com a eficiência. Bem verdade que a reestruturação normativa do regime penal brasileiro se funda, por vezes, em um discurso funcionalista, mas até que ponto se trata de um processo racional de fato – já fortemente assimilado pelos que defendem a AED sob o enfoque da

Economia do Crime – não se sabe ao certo. Eis a indagação central que motiva a pesquisa a ser desenvolvida e que permeou a elaboração do livro que se desenvolverá à frente.

Quanto à metodologia, adotou-se o método hipotético-dedutivo. Para utilização dos resultados obtidos, tem-se por finalidade ampliar o conhecimento do leitor para fomentar novas pesquisas e discussões, mediante uma abordagem qualitativa voltada à preocupação de aprofundar e abranger as ações e reações humanas em face das políticas criminais comparadas, observando os fenômenos criminosos e econômicos. Finalmente, quanto aos objetivos, a pesquisa será: descritiva, buscando descrever fenômenos penais, descobrir a frequência que os delitos acontecem, sua natureza e suas características; e exploratória, procurando aprimorar ideias e contribuindo na formulação de hipóteses para pesquisas posteriores acerca dos limites à expansão do Direito Penal, além de buscar maiores informações sobre o tema.

O presente trabalho está segmentado na forma delineada abaixo.

No Capítulo 2, Direitos Fundamentais de Liberdade, será abordada a evolução histórica das liberdades individuais, a partir de apontamentos pertinentes ao constitucionalismo liberal, à formação do Estado de Direito e o advento dos regimes democráticos amparados em direitos fundamentais. Quanto a estes, pretende-se mostrar diversas classificações, funções, critérios e conceitos, além da sistematização de gerações ou dimensões de direitos. Após, a teoria dos limites aos limites passará a ser analisada, ao lado de teorias correlatas em confrontação doutrinária, tudo com fins a estruturar os conceitos basilares de direitos de liberdade que orientam o restante da obra.

No Capítulo 3, Economia do Crime, o trabalho passa a tratar do cenário histórico-jurídico do surgimento da AED, consistente, sobretudo, no jusrealismo norte-americano, tratado, em paralelo, com o realismo jurídico escandinavo. Adiante, conceitos e premissas de microeconomia serão aplicados ao Direito Penal, com ênfase para a investigação do comportamento criminoso, empreendida pela Economia do Crime. Não apenas restrito à perspectiva teórica, dados empíricos e implicações concretas da teoria econômica dos delitos e das penas serão reconhecidos na evolução e redução da criminalidade, nas políticas de desarmamento, na estruturação empresarial do narcotráfico, bem como na otimização da administração penitenciária brasileira com vistas a concretizar o preconizado pela legislação de execução penal.

No Capítulo 4, Expansão do Direito Penal Contemporâneo, o estudo se desenvolverá a partir da leitura histórica do Direito Penal, passando-se pelos conceitos de sociedade complexa e de riscos. Fixados tais pressupostos, serão estudadas algumas causas do processo de expansão do Direito Penal a fim de identificar propostas alternativas ao hiperpunitivismo hodierno, preservando-se, assim, os direitos de liberdade que sustentam o Estado Democrático de Direito.

No Capítulo 5, Eficiência e Direito Penal, será realizada uma desconstrução do conceito jurídico do princípio da eficiência administrativa, demonstrando-se como seu conteúdo normativo foi demasiadamente mitigado pela recepção precária dos respectivos elementos econômicos por parte da doutrina e da jurisprudência pátria. Após isso, a eficiência econômica será ressaltada como norma jurídica, devidamente harmonizada com os demais princípios constitucionais, por força do instrumental analítico da AED *Positiva*. Enfim, uma investigação crítica das teorias sociológicas levará a recomendações contrárias ao funcionalismo penal, sob perspectivas de eficiência e de direitos de liberdade.

Em síntese, pretende-se propor a AED como alternativa à expansão funcionalista e irracional dos tipos e sanções criminais, cuja aproximação entre Economia do Crime, eficiência econômica e Direito Penal contribua para blindar os direitos de liberdade das vicissitudes típicas da sociedade contemporânea.

2

DIREITOS FUNDAMENTAIS DE LIBERDADE

2.1 CONSTITUCIONALISMO: EVOLUÇÃO HISTÓRICA DA LIBERDADE

O estudo a ser trilhado sobre *direitos fundamentais de liberdade* impõe a delimitação prévia de três conceitos basilares, quais sejam *constitucionalismo*, *constituição* e *direitos fundamentais*. Como será demonstrado, há uma necessária interdependência entre eles, razão pela qual os três serão abordados conjuntamente para, enfim, fixarem-se os elementos históricos, jurídicos, políticos e filosóficos necessários ao desenvolvimento deste livro.

Definir por qual desses conceitos começar já é um desafio, uma vez que não há consenso doutrinário quanto à precisão temporal da origem de cada um, justamente em função da interdependência presente. É como ocorre no debate entre *direito* e *sociedade*, afinal, quem teria vindo primeiro?

Apresentada a problemática acima, decidiu-se seguir a trilha aberta pelos professores Dimitri Dimoulis e Leonardo Martins, para os quais a tarefa de conceituar *direitos fundamentais*[1] em sociedades

---

1 Veja-se: "a maioria dos autores sustenta que os direitos fundamentais têm uma longa história. Há quem vislumbre suas primeiras manifestações no direito da Babilônia desenvolvido por volta do ano 2000 a.C., quem os reconheça no direito da Grécia Antiga e da Roma Republicana e quem diga que se

humanas dependeria de conceitos previamente existentes de *Estado*, *indivíduo* e *constituição*, este último genericamente tratado como "*texto normativo regulador da relação entre Estado e indivíduos*".[2]

Portanto, antes de se falar em *constituição* e *direitos fundamentais* – nessa ordem –, a sistemática eleita requer compreender o que se trata por *Estado*. Tal pré-compreensão levará ao conceito de *constitucionalismo*, conforme se verá.

Para Dimoulis e Martins, *Estado* é "um aparelho de poder centralizado que possa efetivamente controlar determinado território e impor suas decisões por meio da Administração Pública, dos tribunais, da polícia, das forças armadas" etc. De maneira que "sem a existência de Estado, a proclamação de direitos carece de relevância prática. Estes não poderiam ser garantidos e cumpridos e perderiam sua função precípua, qual seja, a de delimitar o poder do Estado em face do indivíduo".[3]

Perceba-se que, ao conceituar *Estado*, os citados autores já expressaram alguns apontamentos sobre o conceito de *direitos fundamentais* e, ainda mais importante, sua função lógica de limitador do arbítrio estatal em face da liberdade do indivíduo. Eis a prova da comunicação inevitável entre tais construções teóricas.

Pois bem, o conceito adotado confunde-se com a conformação política-institucional do Estado Moderno ocidental, ocorrida a

---

trata de uma ideia enraizada na teologia cristã, expressa no direito da Europa medieval". (DIMOULIS, Dimitri; MARTINS, Leonardo. **Teoria geral dos direitos fundamentais.** 2 ed. São Paulo: Revista dos Tribunais, 2009, p. 21). Um exemplo de doutrina que admite a possibilidade de existência de direitos fundamentais em tempos civilizacionais mais remotos pode ser identificada nas lições do constitucionalista português Jorge Miranda, mais precisamente em: MIRANDA, Jorge. **Manual de direito constitucional – Tomo IV – direitos fundamentais.** 4 ed. Coimbra: Coimbra Editora, 2008, p. 16-23.

2 DIMOULIS, Dimitri; MARTINS, Leonardo. **Teoria geral dos direitos fundamentais.** 2 ed. São Paulo: Revista dos Tribunais, 2009, p. 21-23.

3 DIMOULIS, Dimitri; MARTINS, Leonardo. **Teoria geral dos direitos fundamentais.** 2 ed. São Paulo: Revista dos Tribunais, 2009, p. 21-22.

partir do século XVII com a fragmentação do sistema feudalista medieval, dando lugar ao processo de centralização do poder na pessoa do *soberano*, em dimensão absoluta. Trata-se, pois, da construção dos regimes absolutistas da Idade Moderna.

A legitimação do Estado Absolutista estava, segundo Greice Patrícia Fuller, na "formulação extremada do direito divino dos reis com a consequente fundamentação dessa suposta teoria na afirmação de ter Adão recebido de Deus este poder que, ao longo da história, foi sendo transmitido aos monarcas, considerados como descendentes daquele".[4]

O entendimento vigente durante o contexto absolutista era de que o homem não é um ser livre em essência, nasce, contudo, escravo e, portanto, não possui a liberdade cívica para escolher a forma de governo e de sociedade em que pretende se realizar como indivíduo.[5]

A relação imposta na época era *Estado → indivíduo*, a qual, diante da legitimação divina do rei, confundia-se com *soberano → indivíduo*. Aqui, cabe lembrar a frase "*L'État c'est moi*" ("o Estado sou eu"), atribuída ao monarca absolutista francês Luís XIV de Bourbon, cujo reinado durou de 1643 a 1715.

Entretanto, a relação descrita se inverteu em um dado momento, revolucionando todas as estruturas sociais vigentes.

Isso se tornou possível, pois, consoante exposto por Norberto Bobbio na obra a "Era dos Direitos", "a relação política - ou a relação entre governantes e governados, entre dominantes e dominados, entre príncipe e povo, entre soberano e súditos, entre Estado e cidadãos - é uma relação de poder que pode assumir três direções", quais sejam: (i) "conforme seja considerada como relação de poder

4 FULLER, Greice Patrícia. A contemporaneidade do pensamento de John Locke no contexto do século XXI. In: **Revista de Direito Constitucional e internacional**, n. 49, p. 139-144, 2004, p. 140.

5 FULLER, Greice Patrícia. A contemporaneidade do pensamento de John Locke no contexto do século XXI. In: **Revista de Direito Constitucional e internacional**, n. 49, p. 139-144, 2004, p. 140.

recíproco"; (ii) "como poder do primeiro dos dois sujeitos sobre o segundo"; ou (iii) "como poder do segundo sobre o primeiro".[6]

Segundo Bobbio, a inversão da relação absolutista se fez possível com a construção filosófica da existência de um estado anterior a toda forma de organização social, no qual, pela união consensual e voluntária dos indivíduos, considerados livres em natureza,[7] formar-se-ia o *Estado* propriamente.[8] A relação, assim, passou a ser *indivíduo → sociedade → Estado.*

Em síntese, observe-se o exposto por Bobbio com suas próprias palavras:

> enquanto os indivíduos eram considerados como sendo originariamente membros de um grupo social natural, como a família (que era um grupo organizado hierarquicamente), não nasciam nem livres, já que eram submetidos à autoridade paterna, nem iguais, já que a relação entre pai e filho é a relação de um superior com um inferior. Somente formulando a hipótese de um estado originário sem sociedade nem Estado, no qual os homens vivem sem outras leis além das naturais, (que não são impostas por uma autoridade externa, mas obedecidas em consciência), é que se pode sustentar o corajoso princípio contra-intuitivo e

---

6 BOBBIO, Norberto. **A era dos direitos**. Trad. de Carlos Nelson Coutinho. Rio de Janeiro: Campus, 1992, p. 116.

7 Dimoulis e Martins descrevem a transição da importância do *indivíduo* dentro da sociedade. A saber: "Não existem pessoas desde o início da humanidade? Do ponto de vista da filosofia e da teoria política, a resposta aqui é negativa. Nas sociedades do passado, as pessoas eram consideradas *membros* de grandes ou pequenos coletivos (família, clã, aldeia, feudo, reino), sendo subordinadas a tais coletivos e privadas de direitos próprios. As Constituições modernas, em consonância com imperativos da organização social capitalista, fizeram a opção oposta. Consideram o indivíduo enquanto 'ser *moral*, independente, autônomo e, destarte (essencialmente) não social'". (DIMOULIS, Dimitri; MARTINS, Leonardo. **Teoria geral dos direitos fundamentais**. 2 ed. São Paulo: Revista dos Tribunais, 2009, p. 22).

8 BOBBIO, Norberto. **A era dos direitos**. Trad. de Carlos Nelson Coutinho. Rio de Janeiro: Campus, 1992, p. 117-118.

> claramente anti-histórico de que os homens nascem livres e iguais (...). Que os homens nasçam livres e iguais é uma exigência da razão, não uma constatação de fato ou um dado histórico. É uma hipótese que permite inverter radicalmente a concepção tradicional, segundo a qual o poder político – o poder sobre os homens chamado de *imperium* – procede de cima para baixo e não vice-versa. De acordo com o próprio Locke, essa hipótese devia servir para 'entender bem o poder político e derivá-lo de sua origem'. E tratava-se, claramente, de uma origem não histórica e sim ideal. [9]

Denise Auad atribui aos filósofos *contratualistas*, especialmente a John Locke e a Jean-Jacques Rousseau, a concepção das premissas teóricas que deram ensejo à lógica de ser "o indivíduo, por meio de sua vontade, quem estabelece o Estado enquanto instituição".[10]

A esse movimento filosófico se confere o título de *constitucionalismo*, cujas definições doutrinárias são variadas, porém todas procuram resumir, de certa forma, a sucessão de transformações sociais e políticas decorrentes da tese do novo *Estado Liberal*,[11] na linha do proposto por John Locke.[12]

---

9 BOBBIO, Norberto. **A era dos direitos**. Trad. de Carlos Nelson Coutinho. Rio de Janeiro: Campus, 1992, p. 118.

10 AUAD, Denise. A perspectiva dinâmica do constitucionalismo. In: **Revista de Direito Constitucional e Internacional**, n. 77, p. 41-61, 2011, p. 43.

11 Segundo Paulo Bonavides: "Da esfera das ideias se desce à esfera das instituições. De tal sorte que a Filosofia, como Ciência política, opera a partir daí a primeira grande mudança nas bases sobre as quais se havia levantado até então o Estado Moderno em sua feição institucional. A mudança havida dá começo à idade do Constitucionalismo, tão pródigo de sucessos, tão relevante nos seus fastos históricos, tão determinante nos recuos que fazem o direito da força ceder à força do Direito". (BONAVIDES, Paulo. **Teoria do estado**. 5 ed. São Paulo: Malheiros, 2004, p. 36).

12 "O filósofo em estudo é analisado como o pai do liberalismo político, que aparecendo como a antítese do absolutismo vigente à época, ensejou o aparecimento do chamado Estado mínimo, forma essa de Estado dotado de crença na hipercapacidade de cada indivíduo para promover o gerenciamento do processo econômico-social. Tratava-se de propugnar a não atuação estatal,

Vejam-se algumas:

(i) para Denise Auad, "o Constitucionalismo, em sua vertente moderna, significa um movimento político e ideológico de luta contra o Absolutismo" ou, ainda, "um movimento político-ideológico de natureza ocidental, datado do século XVIII, com referência na França e nos Estados Unidos, em decorrência das Revoluções Liberais que ali irromperam";[13]

(ii) para José Joaquim Gomes Canotilho, "Constitucionalismo é a teoria (ou ideologia) que ergue o princípio do governo limitado indispensável à garantia dos direitos em dimensão estruturante da organização político-social de uma comunidade" ou, mais adiante, "o constitucionalismo moderno representará uma *técnica específica de limitação do poder com fins garantísticos*. (...). É, no fundo, uma *teoria normativa da política*, tal como a teoria da democracia ou a teoria do liberalismo";[14] e

(iii) para Paolo Comanducci, designa "*un modelo constitucional, o sea el conjunto de mecanismos normativos e institucionales, realizados en un sistema jurídico-político históricamente determinado, que limitan los poderes del Estado y/o protegen los derechos fundamentales*".[15]

---

o que significava naquele contexto fenomênico a liberdade que tanto era fragilizada pelo poderio incontrastável de mando do monarca. (...). De outra parte, Locke vislumbra um Estado Liberal, restando a ideação de um Estado Civil dirigida a atender a melhor as pessoas, a liberdade e a propriedade e igualdade naturais". (FULLER, Greice Patrícia. **A** contemporaneidade do pensamento de John Locke no contexto do século XXI. In: **Revista de Direito Constitucional e internacional**, n. 49, p. 139-144, 2004, p. 139 e 142).

13 AUAD, Denise. A perspectiva dinâmica do constitucionalismo. In: **Revista de Direito Constitucional e Internacional**, n. 77, p. 41-61, 2011, p. 42 e 44.

14 CANOTILHO, José Joaquim Gomes. **Direito constitucional e teoria da constituição.** 7 ed. Coimbra: Almedina, 2003 p. 51.

15 COMANDUCCI, Paolo. Formas de (neo)constitucionalimo: un análisis metateorético. In: CARBONELL, Miguel. **Neoconstitucionalismos**. Madri: Trotta, 2005, p. 75.

Na visão de Canotilho em especial, não há apenas um *Constitucionalismo*, mas diversos *constitucionalismos*, com destaque para (i) o constitucionalismo inglês, (ii) o constitucionalismo americano e (iii) o constitucionalismo francês. Ainda segundo o autor português, "será preferível dizer que existem diversos *movimentos constitucionais* com corações nacionais, mas também com alguns momentos de aproximação entre si, fornecendo uma complexa tessitura histórico-cultural".[16]

Isso, porque de fato ocorreu, na história do ocidente, uma feliz coincidência temporal de *movimentos constitucionais* em prol da liberdade e plena realização do indivíduo, garantida "sua autonomia enquanto 'sujeito de direito'".[17]

Decorrentes de tal consagração da autonomia individual, passam a ser reconhecidos os direitos individuais de *liberdade*, *igualdade* e *propriedade*, em meio a muitos outros cuja função também é a limitação do poder estatal sob o domínio privado.

Contudo, na linha do já advertido acima, a conversão dos valores liberais em direitos individuais se deu por meio de um "*texto normativo regulador da relação entre Estado e indivíduos*", definição formal conferida por Dimoulis e Martins a *constituição*, onde se "declara e garante determinados direitos fundamentais, permitindo ao indivíduo conhecer sua esfera de atuação livre de interferências estatais e, ao mesmo tempo, vincular o Estado a determinadas regras que impeçam cerceamentos injustificados (...) da liberdade individual."[18]

Além dessa primeira definição formal de *constituição*, pertinente ao contexto clássico (moderno)[19] de surgimento do *constitucionalismo*, há outras igualmente interessantes, a seguir transcritas:

[16] CANOTILHO, José Joaquim Gomes. **Direito constitucional e teoria da constituição.** 7 ed. Coimbra: Almedina, 2003 p. 51.

[17] DIMOULIS, Dimitri; MARTINS, Leonardo. **Teoria geral dos direitos fundamentais.** 2 ed. São Paulo: Revista dos Tribunais, 2009, p. 22.

[18] DIMOULIS, Dimitri; MARTINS, Leonardo. **Teoria geral dos direitos fundamentais.** 2 ed. São Paulo: Revista dos Tribunais, 2009, p. 23.

[19] À concepção da *constituição* do *Estado Liberal* Günther Frankenberg atribui o conceito de "Constituição como contrato", analisando a indissociável

(i) para Denise Auad, "a Constituição, em seu conceito clássico, é a Lei que está no ápice do ordenamento jurídico e tem por função organizar o Estado, limitar o poder político e reconhecer direitos e garantias fundamentais";[20] e

(ii) para Canotilho, "por constituição moderna entende-se a ordenação sistemática e racional da comunidade política através de um documento escrito no qual se declaram as liberdades e os direitos e se fixam os limites do poder político".[21]

Posto isso, em um aspecto geral e comum a todos os movimentos semelhantes pelo mundo ocidental, o *constitucionalismo* compreende um ordenamento jurídico-político reduzido em texto escrito, ou seja, em uma *constituição*,[22] que disponha sobre a organização política do poder a fim de torná-lo moderado e limitado democraticamente, a partir de uma reunião de *direitos fundamentais*, devidamente assegurados.

Falta proceder a uma breve análise acerca dos principais *movimentos constitucionais*, cujas gêneses influenciaram os demais.

Jorge Miranda identifica duas linhas de forças de *constitucionalismo*, traduzido como "triunfo generalizado do conceito moderno de *direitos fundamentais*" que são, para ele, "a tradição inglesa de

---

relação com as teses *contratualistas*. Observe-se: "A Constituição como acordo remete à *Magna Charta Libertatum*, com certeza, um dos documentos institucionais do constitucionalismo moderno mais ardentemente venerado (...)". (FRANKENBERG, Günther. **A gramática da constituição e do direito**. Belo Horizonte: Del Rey, 2007, p. 76).

20 AUAD, Denise. A perspectiva dinâmica do constitucionalismo. In: **Revista de Direito Constitucional e Internacional**, n. 77, p. 41-61, 2011, p. 52.

21 CANOTILHO, José Joaquim Gomes. **Direito constitucional e teoria da constituição**. 7 ed. Coimbra: Almedina, 2003 p. 52.

22 Nesse sentido, confira-se: "A constituição em sentido moderno pretendeu, como vimos, radicar duas ideias básicas: (1) ordenar, fundar e limitar o poder político; (2) reconhecer e garantir os direitos e liberdades do individuo. Os temas centrais do constitucionalismo são, pois, a fundação e legitimação do poder político e a constitucionalização das liberdades". (CANOTILHO, José Joaquim Gomes. **Direito constitucional e teoria da constituição**. 7 ed. Coimbra: Almedina, 2003 p. 55).

limitação do poder (da *Magna Charta* ao *Act of Settlement*) e a concepção jusracionalista projectada nas Revoluções americana e francesa".[23]

Ambas, na opinião do autor, devem ser tomadas como complementares uma da outra, pois se reforçaram mutuamente, apesar de ensejarem visões distintas de irradiação das liberdades individuais. De um lado, o sistema jurídico fundado pelo *constitucionalismo inglês* se efetua em construções empíricas do caso concreto com base nas decisões dos juízes. De outro, em França, com o advento da Declaração dos Direitos do Homem e do Cidadão, de 1789, um *constitucionalismo* concebido a partir da *lei escrita*. Não obstante se assemelhe mais com o modelo francês, o *constitucionalismo norte-americano* reunia elementos do processo consuetudinário inglês, por decorrência lógica da colonização britânica.[24]

Canotilho, a seu turno, promove uma segmentação mais definida entre os três *movimentos constitucionais*, denominando-os de: (i) *modelo historicista inglês*;[25] (ii) *modelo individualista francês*;[26] e (iii) *técnica da liberdade norte-americana*.[27]

---

23 MIRANDA, Jorge. **Manual de direito constitucional - Tomo IV - direitos fundamentais.** 4 ed. Coimbra: 2008, p. 25.

24 MIRANDA, Jorge. **Manual de direito constitucional - Tomo IV - direitos fundamentais.** 4 ed. Coimbra: 2008, p. 25-26.

25 Segundo Canotilho: "As 'palavras-chave' do modelo historicista encontram-se no constitucionalismo inglês. (...). Em primeiro lugar, a liberdade radicou-se subjectivamente como liberdade pessoal de todos os ingleses e como segurança da pessoa e dos bens de que se é proprietário no sentido já indiciado no artigo 39.º da Magna Charta. Em segundo lugar, a garantia da liberdade e da segurança impôs a criação de um processo justo regulado por lei (*due process of law*), onde se estabelecem as regras disciplinadoras da privação da liberdade e da propriedade. Em terceiro lugar, as leis do país (*laws of the land*) reguladoras da tutela das liberdades são dinamicamente interpretadas e reveladas pelos juízes - e não pelo legislados! - que assim vão cimentando o chamado direito comum (*common law*) de todos os ingleses. Em quarto lugar, sobretudo a partir da *Glourios Revolution* (1688-89), ganha estatuto constitucional a ideia de representação e soberania parlamentar indispensável à estruturação de um governo moderado". (CANOTILHO, José Joaquim Gomes. **Direito constitucional e teoria da constituição.** 7 ed. Coimbra: Almedina, 2003 p. 55-56).

De acordo com Dimitri Dimoulis e Leonardo Martins, entretanto, apenas a complexa conformação política e social do século XVIII, em favor do *Estado Liberal*, deu margem ao *constitucionalismo* e, consequentemente, a seu rol de *direitos fundamentais*, tal como o regime jurídico de direitos individuais ainda vigente nos dias de hoje. Ausente, portanto, o *modelo historicista inglês*.[28]

Adotar-se-á, mais uma vez, a sistemática desses últimos autores em razão de, além da objetividade peculiar, concentrar maiores subsídios de pertinência histórica. Afinal, ambos os *constitucionalismos norte-americano* e *francês*, apesar de separados pelo Oceano Atlântico, emergiram de um mesmo cenário sócio-político, de resposta à tirania estatal, viabilizada pelas *constituições* como cartas de *direitos fundamentais* do *indivíduo*.

Entre os quais, destacam-se particularmente na Declaração de Direitos da Virginia (*Bill of Rights*), de 1776, "a liberdade, a autonomia e a proteção da vida do indivíduo, a igualdade, a propriedade e a livre atividade econômica, a liberdade de religião e de imprensa, a proteção contra a repressão penal". Em menos de duas décadas (1791), com a ratificação das dez primeiras Emendas à Constituição dos Estados Federados, estendeu-se a todos os demais um rol

26 "Surge, aqui, precisamente uma das categorias mais 'modernas' do constitucionalismo – a categoria do poder constituinte – no sentido de um poder originário pertencente à Nação, o único que, de forma autônoma e independente, poderia criar a lei superior, isto é, a constituição". (CANOTILHO, José Joaquim Gomes. **Direito constitucional e teoria da constituição.** 7 ed. Coimbra: Almedina, 2003 p. 56-58).

27 "Diferentemente do que sucedeu no constitucionalismo inglês e francês, o conceito de 'lei proeminente' (constituição) justificará a elevação do poder judicial a verdadeiro defensor da constituição e guardião dos direitos e liberdades. (...). Os juízes são competentes para medir as leis segundo a medida da constituição. Eles são os 'juízes' entre o povo e o legislador". (CANOTILHO, José Joaquim Gomes. **Direito constitucional e teoria da constituição.** 7 ed. Coimbra: Almedina, 2003 p. 60).

28 DIMOULIS, Dimitri; MARTINS, Leonardo. **Teoria geral dos direitos fundamentais.** 2 ed. São Paulo: Revista dos Tribunais, 2009, p. 23.

ainda maior de direitos, "tais como liberdade de religião, a livre manifestação do pensamento, a segurança, a proteção contra acusações penais infundadas e penas arbitrárias e a propriedade individual".[29] Conjunto de prescrições de direitos muito assemelhado às dispostas na Declaração dos Direitos do Homem e do Cidadão francesa, a ser formulada nesse interregno.

Por fim, ressalte-se o seguinte: a grande divergência entre as declarações de direitos do novo mundo e do velho mundo estava na relevância dada ao parlamento, como Poder Constituinte originário do novo Estado Francês, ao passo que, no sistema *norte-americano*, seguiu-se a visão individualista de o Estado ser decorrente de um *pacto social* entre cidadãos livres.

Isso, porque, enquanto os colonos americanos vinham de um regime impositivo decorrente do parlamento britânico – da metrópole –, o modelo francês de liberdade prezava, até certo ponto, pela representatividade do parlamento a fim de equacionar as desigualdades sociais. O legislador, portanto, representaria melhor o interesse geral.

A condição de igualdade era mais verificável entre os colonos protestantes que se estabeleceram no novo mundo, razão pela qual "a motivação política norte-americana relacionava-se com a liberdade individual e não com a igualdade", o que permitia certa uniformidade social.[30]

A sociedade francesa, por sua vez, já se estabelecera há séculos, de modo que os conflitos sociais entre classes também faziam parte do meio político. Segundo Dimoulis e Martins, as massas de miseráveis só foram bem-vindas no *constitucionalismo francês* enquanto do processo de transformação institucional, pois se confiaram as rédeas da Administração Pública a um parlamento composto, "em sua esmagadora maioria, por representantes da burguesia". Devido a isso,

---

[29] DIMOULIS, Dimitri; MARTINS, Leonardo. **Teoria geral dos direitos fundamentais.** 2 ed. São Paulo: Revista dos Tribunais, 2009, p. 23.

[30] DIMOULIS, Dimitri; MARTINS, Leonardo. **Teoria geral dos direitos fundamentais.** 2 ed. São Paulo: Revista dos Tribunais, 2009, p. 24-27.

assentou-se a ideologia política de que o parlamento seria o "único legítimo representante da soberania nacional e do 'interesse geral'".[31]

Não obstante tais distinções, não se deve afastar os méritos de ambos os *movimentos constitucionais* de consequências jurídicas semelhantes, no sentido de fundar as bases do Estado Constitucional, com a primordial função de limitar os arbítrios do poder, removendo-o das mãos do *soberano* para entendê-lo como instituição emanada do povo.

Tal é a "ideia da *supremacia ou da prevalência dos direitos fundamentais* que atualmente se encontra no direito constitucional de, praticamente, todos os países do mundo", dos quais se procederá ao estudo específico dos *direitos fundamentais de liberdade.*

2.2 CONCEITOS E CATEGORIAS DOS DIREITOS DE LIBERDADE

Antes de tudo, há de ser esclarecido em qual contexto de *direitos fundamentais* se inserem os ditos *direitos de liberdade*, assim expressados a partir das premissas da "Teoria Geral dos Direitos Fundamentais"[32] de Dimitri Dimoulis e Leonardo Martins, ainda que não em plena conformidade com seus termos.

Sem embargo, de acordo com tais autores, a definição de *direitos fundamentais*, conceito ainda mais amplo, já é bastante imprecisa no âmbito do Direito Constitucional, pois há uma pluralidade de nomenclaturas distintas que podem levar a interpretações enviesadas do próprio ordenamento jurídico.[33]

---

31 DIMOULIS, Dimitri; MARTINS, Leonardo. **Teoria geral dos direitos fundamentais.** 2 ed. São Paulo: Revista dos Tribunais, 2009, p. 24-27.

32 DIMOULIS, Dimitri; MARTINS, Leonardo. **Teoria geral dos direitos fundamentais.** 2 ed. São Paulo: Revista dos Tribunais, 2009, p. 45-50.

33 A propósito, confira-se: "Segundo a denominação do Título II da Constituição Federal, utiliza-se no presente trabalho, o termo 'direitos fundamentais'. Esse termo não é o único existente no direito constitucional e nas Constituições a designar tais direitos. Há uma série de outros termos, incluindo 'liberdades individuais', 'liberdades públicas', 'liberdades

Esse debate, entretanto, não é pertinente ao trabalho ora desenvolvido. Por isso mesmo, considerou-se mais produtivo ater-se às conclusões conceituais desenvolvidas na doutrina sob análise e não, propriamente, a seus processos de construção teórica, a começar pelas conclusões a respeito de *direitos fundamentais*:

(i) para Dimoulis e Martins, "direitos fundamentais são direitos público-subjetivos de pessoas (físicas ou jurídicas), contidos em dispositivos constitucionais e, portanto, que encerram caráter normativo supremo dentro do Estado", cuja finalidade é "limitar o exercício do poder estatal em face da liberdade individual";[34]

(ii) para Jorge Miranda, são "os direitos ou as posições jurídicas activas das pessoas enquanto tais, individual ou institucionalmente consideradas, assentes na Constituição, seja na Constituição formal, seja na Constituição material (...)";[35] e

(iii) para Gilmar Mendes, Inocêncio Coelho e Paulo Branco, "a locução *direitos fundamentais* é reservada aos direitos relacionados com posições básicas das pessoas, inscritos

---

fundamentais', 'direitos humanos', 'direitos constitucionais', 'direitos subjetivos'. Alguns desses termos são utilizados na própria Constituição Federal que não foi consequente na terminologia. Isso é lamentável, pois aqui temos uma 'questão terminológica essencial' em dois sentidos. Primeiro, porque os vários termos adquiriram significados diferentes na história constitucional mundial, segundo, porque o emprego de um termo pela Constituição Federal pode oferecer argumentos sistemáticos a favor ou contra a tutela de certos direitos, por exemplo, sugerindo a exclusão dos direitos sociais quando há referência a 'direitos individuais' ou a 'liberdades fundamentais', pelo menos em face de um entendimento de parte da doutrina que considera os direitos sociais como espécie de direitos coletivos e, portanto, não individuais". (DIMOULIS, Dimitri; MARTINS, Leonardo. **Teoria geral dos direitos fundamentais.** 2 ed. São Paulo: Revista dos Tribunais, 2009, p. 45).

34 DIMOULIS, Dimitri; MARTINS, Leonardo. **Teoria geral dos direitos fundamentais.** 2 ed. São Paulo: Revista dos Tribunais, 2009, p. 46-47.

35 MIRANDA, Jorge. **Manual de direito constitucional – Tomo IV – direitos fundamentais.** 4 ed. Coimbra: 2008, p. 9.

> em diplomas normativos de cada Estado;" ainda segundo os constitucionalistas brasileiros, "são direitos que vigem numa ordem jurídica concreta, sendo, por isso, garantidos e limitados no espaço e no tempo, pois são assegurados na medida em que cada Estado se consagra".[36]

Em suma, incide sobre os *direitos fundamentais*, dos quais os *direitos de liberdade* são espécie, a caracterização juspositivista "com referência exclusiva a normas constitucionais" ou, em outras palavras, cuja condição de existência jurídica perpassa inexoravelmente sua positivação, que estabelecerá seu real alcance *fundamental*.[37]

Os *direitos fundamentais* também costumam ser classificados em *gerações* ou *dimensões*,[38] cujas conquistas de concretização positiva se iniciaram com o *constitucionalismo* do *Estado Liberal*. Este correspondeu à *primeira geração*, de *direitos individuais*; a crise do liberalismo econômico e as inquietações sociais em prol de uma igualdade material deram azo ao movimento de *segunda geração*, de *direitos de igualdade*; por fim, a preocupação com o ambiente de realização desses direitos se intensificou com os riscos da tecnologia moderna, compreendendo-se a importância de um regime de assegurar uma *terceira geração*, de *direitos metaindividuais*, a exemplo da preservação do meio ambiente ecologicamente equilibrado para as futuras sociedades humanas.

Jorge Miranda os divide em categorias correspondentes ao bem jurídico protegido por cada direito. De fato, confere uma sistematização interessante, alocando *direitos fundamentais* nos seguintes grupos (categorias): (i) *existência*; (ii) *liberdade*; (iii) *participação*; (iv) *prestações*; e (v) *defesa*.[39]

---

36 MENDES, Gilmar; COELHO, Inocêncio Martires; BRANCO, Paulo Gustavo Gonet. **Curso de direito constitucional.** 3 ed. São Paulo: Saraiva, 2008, p. 244.

37 DIMOULIS, Dimitri; MARTINS, Leonardo. **Teoria geral dos direitos fundamentais.** 2 ed. São Paulo: Revista dos Tribunais, 2009, p. 51.

38 Ver maiores aprofundamentos em: AUAD, Denise. A perspectiva dinâmica do constitucionalismo. In: **Revista de Direito Constitucional e Internacional**, n. 77, p. 41-61, 2011, p. 45-52

39 MIRANDA, Jorge. **Manual de direito constitucional – Tomo IV – direitos fundamentais.** 4 ed. Coimbra: 2008, p. 91-92.

Existência: compreende conjunto de direitos, em função dos quais depende a existência do indivíduo, composto, por exemplo, pelos direitos à vida, à integridade física e psíquica, à personalidade, à cidadania, à honra, à imagem, à intimidade etc.

Liberdade: podem-se mencionar os direitos da liberdade física, de expressão e informação, de consciência, de religião e culto, de criação cultural etc., dos quais se extrai, a um só tempo, o direito de agir e de não sofrer interferência ou impedimento nesse intento de liberdade.

Participação: reúnem-se, aqui, direitos de democracia cidadã, exemplificados pelos direitos políticos em geral, de acesso a cargos públicos, de ação popular, de petição e de requisitar certidão, direito de participação na formação de políticas públicas etc.

Prestações: são os direitos à prestação jurisdicional, à assistência social, à segurança pública, à saúde, à educação, à moradia etc., cuja exigibilidade ainda é muito discutida em função do problema de concreção das normas programáticas que os prescrevem, consoante será abordado mais a frente.

Defesa: quinta e última categoria cunhada por Jorge Miranda, versa sobre um conjunto de direitos de (re)ação não adstritos somente para salvaguarda dos próprios interesses mas também em benefício de terceiros. Podem ser representados pelos direitos de resistência, à eficiência da tutela jurisdicional, de *habeas corpus* e demais remédios constitucionais, ao devido processo legal, ao contraditório e à ampla defesa, à greve, ao controle de constitucionalidade difuso e concentrado etc.[40]

Há, entretanto, uma peculiaridade que dificulta em demasia o estudo e a consequente lógica dos *direitos fundamentais*, qual seja a *baixa densidade normativa*,[41] característica do excessivo grau de

---

[40] MIRANDA, Jorge. **Manual de direito constitucional – Tomo IV – direitos fundamentais.** 4 ed. Coimbra: 2008, p. 91-92.

[41] *Vide* algumas considerações a respeito do tema: "Em primeiro lugar, as formulações da Constituição são muito abstratas e genéricas. Trata-se do fenômeno da *baixa densidade normativa*, que torna difícil decidir qual das

abstração dos dispositivos constitucionais que os prescrevem, dificultando a subsunção da norma constitucional correspondente às hipóteses verificadas no caso concreto, justamente porque a generalidade das hipóteses as torna de difícil verificação (subsunção de um fato à hipótese constitucional). Por isso, é comum se recorrer à concretização via legislador infraconstitucional, sem o qual os *direitos fundamentais, per se*, não contêm autonomamente instrumentos normativos de exigibilidade. Afinal, "as regras jurídicas são obrigatórias por essência, mas não temos obrigação de respeitá-las senão quando reunidas as condições de sua aplicação".[42]

Parcela considerável da doutrina[43] defende a *eficácia jurídica dos direitos fundamentais* de repercussão imediata. Entretanto, costuma-se fazer a ressalva no seguinte sentido: "nem todas as normas sobre direitos, liberdades e garantias são imediatamente exequíveis", sobretudo as programáticas, que prescindem de providências legislativas subsequentes para se tornarem plenamente efetivas, a

---

partes envolvidas em um conflito está com a razão constitucional, já que interpretações conflitantes entre elas são autorizadas por um texto constitucional extremamente genérico. Como interpretar uma norma que diz somente "é garantido o direito a vida", sem explicar o que é vida, seu começo e fim, e o que significa respeitar a vida? A tutela do direito fundamental à vida resume-se ao imperativo 'não matarás'? Ou garante também certas condições de bem-estar individual? Isso indica a particular importância da doutrina e da jurisprudência na elaboração de critérios concretos e na proposta de soluções que a Constituição não oferece de imediato". (DIMOULIS, Dimitri; MARTINS, Leonardo. **Teoria geral dos direitos fundamentais**. 2 ed. São Paulo: Revista dos Tribunais, 2009, p. 51).

42 ATALIBA, Geraldo. **Hipótese de incidência tributária**. 6 ed. São Paulo: Malheiros, 2008, p. 43.

43 Entre vários, citem-se alguns: CANOTILHO, José Joaquim Gomes. Tomemos a sério os direitos econômicos, sociais e culturais. In: **Estudos sobre direitos fundamentais.** 1 ed. São Paulo: Revista dos Tribunais; Coimbra: Coimbra Editora, 2008; MENDES, Gilmar; COELHO, Inocêncio Martires; BRANCO, Paulo Gustavo Gonet. **Curso de direito constitucional**. 3 ed. São Paulo: Saraiva, 2008, p. 251; SILVA, José Afonso da. **Comentário contextual à constituição.** 5 ed. São Paulo: Malheiros, 2008, p. 57.

considerar, mesmo assim, as condições econômicas indispensáveis.[44] Nesse ponto, notável o avanço do debate sobre a ponderação *juseconômica* de mínimo existencial, reserva do possível e vedação ao retrocesso social,[45] cujo estudo, por ora, não se mostra pertinente com a linearidade argumentativa deste trabalho.

Feitas essas considerações, o que se pode entender sobre *direitos de liberdade* e quais são os instrumentos normativos que os tornam exigíveis frente ao arbítrio ou a leniência estatal em respeitá-los e protegê-los, respectivamente?

Em primeiro lugar, cumpre conceituá-los, delimitando seu respectivo alcance jurídico, a partir de uma teoria geral dos *direitos fundamentais.*

A positivação dos *direitos de liberdade* (de *primeira geração*) na condição de norma constitucional do Estado importa compreendê-los em nível de supremacia perante o ordenamento jurídico.[46] Norteiam, portanto, toda a produção jurídica oriunda de lei, decisões judiciais e atos administrativos. Todo o sistema tripartido de poder está vinculado ao regime constitucional dos *direitos de liberdade*, além de serem oponíveis também no meio social, de modo a assumir duas funções básicas: (i) *negativa* e (ii) *positiva.*

A função *negativa*[47], também conhecida como função de *defesa*[48] ou *resistência,*[49] consiste na imposição ao Estado do dever

---

44 MIRANDA, Jorge. **Manual de direito constitucional - Tomo IV - direitos fundamentais**. 4 ed. Coimbra: 2008, p. 288-289.

45 A respeito do tema, recomenda-se: SARLET, Ingo Wolfgang. **Proibição de Retrocesso, Dignidade da Pessoa Humana e Direitos Sociais: manifestação de um constitucionalismo dirigente possível**. Disponível em: < http://tex.pro.br/tex/images/stories/PDF_artigos/proibicao_ingo_wlfgang_sarlett.pdf>. Acesso em: 26 de março de 2013; SARLET, Ingo Wolfgang; FIGUEIREDO, Mariana Filchtiner. Reserva do possível, mínimo existencial e direito à saúde: algumas aproximações. In: **Direitos Fundamentais & Justiça**, n. 1, p. 171-213, 2007.

46 AUAD, Denise. A perspectiva dinâmica do constitucionalismo. In: **Revista de Direito Constitucional e Internacional**, n. 77, p. 41-61, 2011, p. 46.

47 Nas palavras de Canotilho, estão inseridos na classificação de *direitos fundamentais* a atos negativos. *In verbis*: "Os direitos fundamentais são garantidos

de não interferência nas liberdades individuais por ato ilegítimo ou sem a prévia autorização do regime jurídico democrático, consoante premissas do *constitucionalismo moderno*. Posto de outra forma, é

---

como *direitos a actos negativos* (*Abwehrrecht*) numa tripla perspectiva: (1) direito ao não impedimento por parte dos entes públicos de determinados actos (ex.: art. 37.º/2 – direito a exprimir e divulgar livremente o seu pensamento, sem qualquer impedimento ou limitação por parte dos entes públicos); (2) direito à não intervenção dos entes públicos em situações jurídico-subjectivas (ex.: art. 34.º/4 – é proibida toda a ingerência das autoridades públicas na correspondência e telecomunicações); (3) direito à não eliminação de posições jurídicas (ex.: art. 62.º/1 – direito à não eliminação da propriedade privada e à sua transmissão em vida ou por morte)". (CANOTILHO, José Joaquim Gomes. **Direito constitucional e teoria da constituição**. 7 ed. Coimbra: Almedina, 2003 p. 1258-1259).

48 Termo utilizado amplamente na doutrina pátria, a exemplo de: MENDES, Gilmar; COELHO, Inocêncio Martires; BRANCO, Paulo Gustavo Gonet. **Curso de direito constitucional**. 3 ed. São Paulo: Saraiva, 2008, p. 255-256. Todavia, há interessante objeção de Dimitri Dimoulis e Leonardo Martins, cujo trecho segue transcrito: "O termo 'direito de defesa' faz pensar no direito de se defender em processo judicial (direito à ampla defesa, defensoria pública etc.) no intuito de contestar pretensão jurídico-material de outrem, mas, no caso em exame, tem-se a pretensão jurídico-material ao cumprimento da obrigação estatal de não fazer e não uma mera possibilidade de trazer argumentos da parte processual (titular do direito) a juízo. A possibilidade do titular de repelir ou impedir com todos os meios disponíveis uma intervenção injustificada do Estado se exprime com o termo 'resistência' que, evidentemente, não deve ser confundido com um possível direito à insurreição (...)". (DIMOULIS, Dimitri; MARTINS, Leonardo. **Teoria geral dos direitos fundamentais**. 2 ed. São Paulo: Revista dos Tribunais, 2009, p. 56).

49 Conforme João Gaspar Rodrigues: "Sempre que um agente público deixar de cumprir sua função ou executá-la além dos limites constitucionais, ou ainda a liberdade e a dignidade da pessoa humana forem reduzidas a ornamento inútil, surge o direito de resistência para garantir o predomínio do direito fundamental olvidado. E isto indica que esta garantia, sem prejuízo de expressa previsão, jaz implícita no feixe das instituições jurídicas, como uma sombra protetora". (RODRIGUES, João Gaspar. Direito de resistência

a função primordial dos *direitos de liberdade*, ao passo que decorre de um *direito público subjetivo* (*Teoria dos Quatro Status de Georg Jellinek*)[50] do indivíduo, que vincula o Estado a uma correspondente *norma de competência negativa*, isto é, obrigação de não invadir o espaço de autodeterminação do indivíduo.[50]

Sem embargo, dentro do mesmo sistema, a função *positiva*[51] infere o dever estatal de proteção a eventuais transgressões às liberdades dos indivíduos, de modo que estes possam se socorrer dos mecanismos e garantias jurídicas de defesa, a despeito de a ameaça partir de outro particular ou até mesmo de entidade do próprio Estado. São, assim, tanto o Estado como os demais particulares *sujeitos passivos* dos *direitos de liberdade*.[52]

A Constituição brasileira[53] consigna um extensivo rol de prescrições normativas destinadas a enunciar *direitos de liberdade* e a

---

e sua positivação constitucional. In: **Revista de Direito Constitucional e Internacional**, n. 63, p. 130-162, 2008, p. 134-135).

50 Ver em: MENDES, Gilmar; COELHO, Inocêncio Martires; BRANCO, Paulo Gustavo Gonet. **Curso de direito constitucional**. 3 ed. São Paulo: Saraiva, 2008, p. 255-256.

51 Com ênfase para os *atos positivos de natureza normativa*, veja-se: "Muitas normas da constituição consagram direitos dos indivíduos a acções positivas do Estado, quer reconhecendo o direito a uma *acção positiva de natureza fáctica* (ex.: art. 63.º – direito a prestações fácticas inerentes ao direito à segurança social) quer garantindo o direito a um *acto positivo de natureza normativa* (ex.: direito à proteção do direito à vida através de normas penais, emanadas do Estado). Muitas vezes, designam-se os direitos referidos em primeiro lugar como *direitos a prestações fácticas* (*Leistungsrechte im engere Sinne*), e os direitos referidos em segundo lugar como *direitos a prestações normativas* (*Leistungsrechte im weiteren Sinne*)". (CANOTILHO, José Joaquim Gomes. **Direito constitucional e teoria da constituição.** 7 ed. Coimbra: Almedina, 2003 p. 1259).

52 MENDES, Gilmar; COELHO, Inocêncio Martires; BRANCO, Paulo Gustavo Gonet. **Curso de direito constitucional**. 3 ed. São Paulo: Saraiva, 2008, p. 276-283.

53 BRASIL. **Constituição da república federativa do Brasil de 1988.** Disponível em: <http://www.planalto.gov.br/ccivil_03/constituicao/constituicao.htm>. Acesso em: 15 de abril de 2013.

fixar-lhes *garantias constitucionais*. Nessa linha, transcrevam-se os apontamentos de Mendes, Coelho e Branco:

> Na nossa ordem jurídica, esses direitos de defesa estão contidos, em grande medida, no art. 5º da Constituição Federal. A título de exemplo, enquadram-se nessa categoria de direitos fundamentais o de não ser obrigado a agir ou deixar de agir pelos Poderes Públicos senão em virtude de lei (inc. II), não ser submetido a tortura, nem a tratamento desumano ou degradante (inc. III), a liberdade de manifestação de pensamento (inc. IV), a liberdade de crença e de exercício de culto (inc. VI), a liberdade de expressão artística, científica e intelectual (inc. IX), a inviolabilidade da vida privada e da intimidade (inc. X), o sigilo de comunicações (inc. XII), a liberdade de exercício de trabalho, ofício ou profissão (inc. XIII), a liberdade de locomoção (inc. XV), a liberdade de associação para fins lícitos (inc. XVII), a proibição de penas de caráter perpétuo (inc. XLVII, *b*), entre outros.[54]

Ademais, cumpre mencionar, destacadamente, a classificação isolada das garantias fundamentais feita por Dimitri Dimoulis e Leonardo Martins. Isso, porque compete a tais institutos conferir exigibilidade tanto aos *direito fundamentais*, em geral, como aos *direitos de liberdade*, especificamente.

Para os autores, "tais garantias 'são meios destinados a fazer valer esses direitos'". Elas se dividem em garantias preventivas e repressivas. Quanto às primeiras podem ser chamadas de "garantias da Constituição", consistentes em controlar a atividade estatal, pertencendo a essa espécie os princípios da Administração Pública e as regras de austeridade fiscal e orçamentária. "As garantias repressivas (*remédios constitucionais*) visam a impedir violações de direitos ou

[54] MENDES, Gilmar; COELHO, Inocêncio Martires; BRANCO, Paulo Gustavo Gonet. **Curso de direito constitucional**. 3 ed. São Paulo: Saraiva, 2008, p. 256.

sanar lesões decorrentes de tais violações (*habeas corpus*, *mandado de segurança*, *ação popular* etc.)".[55]

É latente a coincidência entre as denominadas *garantias fundamentais* dos professores Dimoulis e Martins com os *direitos de defesa*, definidos entre as categorias da doutrina portuguesa de Jorge Miranda. Entretanto, ao que este constitucionalista português atribui a categoria de *direitos de liberdade* os professores Dimoulis e Martins denominam de *direito de resistência* e, para Mendes, Coelho e Branco, são *direitos de defesa*, causando uma verdadeira confusão conceitual.[56]

Por tudo isso, torna-se pertinente observar o quadro comparativo abaixo, entre a (i) posição adotada por este trabalho e as distintas formulações de (ii) Mendes, Coelho e Branco; (iii) Dimoulis e Martins; (iv) Jorge Miranda; e (v) Denise Auad (*gerações de direitos fundamentais*), conforme descrito apenas com pretensões meramente propedêuticas sobre o assunto:

---

55 DIMOULIS, Dimitri; MARTINS, Leonardo. **Teoria geral dos direitos fundamentais.** 2 ed. São Paulo: Revista dos Tribunais, 2009, p. 69.

56 Outra classificação que merece menção é a promovida por José Afonso da Silva quanto às garantias fundamentais. Observe-se: "Interessam-nos apenas as garantias dos direitos fundamentais, que distinguiremos em dois grupos: (a) *garantias gerais*, destinadas a assegurar a existência e a efetividade (eficácia social) daqueles direitos, as quais 'se referem à organização da comunidade política, e que poderíamos chamar condições econômico-sociais, culturais e políticas que favorecem o exercício dos direitos fundamentais'; o 'conjunto dessas garantias gerais formará a estrutura social que permitirá a existência real dos direitos fundamentais'; trata-se da estrutura de uma sociedade democrática, que conflui para a concepção do Estado Democrático de Direito, consagrada agora no art. 1º, de que já falei; (b) *garantias constitucionais*, que consistem nas instituições, determinações e procedimentos mediante os quais a própria Constituição tutela a observância ou, em caso de inobservância, a reintegração dos direitos fundamentais". (SILVA, José Afonso da. **Comentário contextual à constituição**. 5 ed. São Paulo: Malheiros, 2008, p. 60).

Comparativo entre os conceitos e categorias de direitos fundamentais

Posição adotada	M., C. e Branco	Dimoulis e Martins	Jorge Miranda	Denise Auad (ger. de direitos)
Direitos de liberdade	Direitos de defesa	Direitos de *status negativus* ou pretensão de resistência à intervenção estatal	Direitos de existência Direitos de liberdade	Individuais (1ª)
---	Direitos fundamentais à participação	Direitos de *status activus* ou políticos ou de participação	Direitos de participação	
---	Direitos à prestação Direitos à prestação material	Direitos de *status positivus* ou sociais ou a prestações	Direitos a prestações	Igualdade (2ª)
---	---	Direitos coletivos (de natureza coletiva ou Direitos difusos)	---	Metaindividuais (3ª)
Garantias fundamentais	Garantias fundamentais Direitos à prestação jurídica	Garantias fundamentais	Direitos de defesa	Individuais (1ª); Igualdade (2ª); e Metaindividuais (3ª)
---	Garantias institucionais	Garantias de organização	---	

Fonte: Próprio autor.

As lacunas deixadas na coluna referente às opções adotadas por este trabalho se devem ao fato de que o estudo a seguir delineado se aterá aos *direitos de liberdade* e às *garantias fundamentais* destinadas a garantir-lhes a exigibilidade, em atenção ao *princípio da eficácia jurídica* dos *direitos fundamentais*.[57]

[57] MIRANDA, Jorge. **Manual de direito constitucional – Tomo IV – direitos fundamentais.** 4 ed. Coimbra: 2008, p. 286-290.

2.3 LIMITES CONSTITUCIONAIS ÀS INTERVENÇÕES RESTRITIVAS

O Estado Democrático de Direito tem como regra a proibição de intervenções restritivas em *direitos fundamentais*, o que abrange, conforme já dito, os *direitos de liberdade*, excetuando-se as condições expressamente dispostas na própria ordem constitucional.

Tais condições, entretanto, não ficam a cargo da plena discricionariedade do legislador, limitam-se às *garantias constitucionais* das liberdades, bem como a um juízo de *proporcionalidade*, do qual se afirma ser "proibido proibir o exercício do direito além do necessário".[58]

A esse respeito, cumpre transcrever o entendimento de Winfried Hassemer, relacionando, sob o enfoque do *contrato social*, o equilíbrio que deve haver acerca dos *direitos de liberdade* e das *garantias fundamentais* com as normas que os restringem, *ex vi*:

> Com ele [contrato social], aqueles que tem que viver socializados uns com os outros renunciam, alternativamente, a uma parte da sua liberdade natural e exigem, com isto, uma garantia de liberdade para todos. A uniformidade e a reciprocidade da renúncia à liberdade são próprias do contrato social: sem este equilíbrio o balanço teórico-democrático do contrato cairia no domínio de uns sobre os outros. Assim, de modo teoricamente evidente e normativamente concludente, o contrato social é como um fundamento do direito, ele é suscetível ao cotidiano. Os limites da renúncia à liberdade precisam ser marcados com garantias muito especiais.[59]

De início, a prescrição de *garantias fundamentais* integraliza o núcleo normativo dos *direitos de liberdade*, a fim de dotá-los de carga de exigibilidade imediata, bem como de instrumentos jurídicos de

---

[58] DIMOULIS, Dimitri; MARTINS, Leonardo. **Teoria geral dos direitos fundamentais**. 2 ed. São Paulo: Revista dos Tribunais, 2009, p. 151.

[59] HASSEMER, Winfried. Características e Crises do Moderno Direito Penal. Trad. de Pablo Rodrigo Alflen da Silva. In: **Revista síntese de direito penal e processual penal**, n. 18, p. 144-157, 2003, p. 146-147.

reintegração de seus efeitos caso haja uma conduta lesiva ao bem jurídico por eles protegidos.[60] Carregam consigo um sistema de proteção de direitos: *proteção social*, *proteção política* e *proteção jurídica*.

A intervenção do Estado está limitada, destarte, à "estreita relação entre liberdade e lei (ou a colocação da lei ao serviço da liberdade)" que "remonta ao constitucionalismo liberal".[61] Daí porque a *legalidade* como princípio consiste em *garantia fundamental* sobremaneira relevante na proteção dos *direitos de liberdade*. Afinal, os princípios em geral, para Paulo de Barros Carvalho, "aparecem como linhas diretivas que iluminam a compreensão de setores normativos, imprimindo-lhes caráter de unidade relativa e servindo de fator de agregação num dado feixe de normas".[62]

Legalidade, assim tratada, é corolário do regime democrático e orienta todos os ramos do Direito,[63] sobretudo aqueles destinados a estudar as regras e princípios que regem a atividade estatal com interferência no domínio privado.

---

[60] Nesse sentido: "*garantias constitucionais gerais*, que são instituições constitucionais que se inserem no mecanismo de freios e contrapesos dos Poderes e, assim, impedem o arbítrio - com o quê constituem, ao mesmo tempo, técnicas de garantias e respeito aos direitos fundamentais; são garantias gerais precisamente porque consubstanciam salvaguardas de um regime de respeito à pessoa humana em toda a sua dimensão; (2) *garantia constitucionais especiais*, que são prescrições constitucionais estatuindo técnicas e mecanismos que, limitando a atuação dos órgãos estatais ou de particulares, protegem a eficácia, a aplicabilidade e a inviolabilidade dos direitos fundamentais de modo especial; são técnicas preordenadas com o objetivo de assegurar a observância desses direitos considerados em sua manifestação isolada ou em grupos". (SILVA, José Afonso da. **Comentário contextual à constituição**. 5 ed. São Paulo: Malheiros, 2008, p. 61)

[61] MIRANDA, Jorge. **Manual de direito constitucional - Tomo IV - direitos fundamentais**. 4 ed. Coimbra: 2008, p. 365.

[62] CARVALHO, Paulo de Barros. **Curso de direito tributário**. 23 ed. São Paulo: Saraiva, 2011, p. 197.

[63] ZAINAGHI, Diana Helena de Cássia Guedes Mármora. Princípio da legalidade e segurança jurídica. In: **Revista de direito constitucional e internacional**, n. 53, p. 114-147, 2005, p. 122.

No âmbito do Direito Administrativo, segundo expõe Hely Lopes Meirelles, a "*legalidade*, como princípio de administração (CF, art. 37, *caput*), significa que o administrador público está, em toda a sua atividade funcional, sujeito aos mandamentos da lei e às exigências do bem comum, e deles não se pode afastar ou desviar"; norma jurídica cujo descumprimento corresponde à "responsabilização disciplinar, civil e criminal,[64] conforme o caso".[65]

Segundo Carvalho, com relação ao Direito Tributário, a *legalidade* impõe que "qualquer das pessoas políticas de direito constitucional interno somente poderá instituir tributos, isto é, descrever a regra-matriz de incidência, ou aumentar os existentes, majorando a base de cálculo ou a alíquota, mediante a expedição de lei".[66]

Particularmente no Direito Penal, cuja repercussão restritiva nos *direitos de liberdade* é deveras intensificada,[67] a *legalidade* se desdobra em uma série de outros princípios específicos da tutela penal, no afã de se preservar um núcleo mínimo de *direitos de liberdade*. Para Eduardo Medeiros Cavalcanti: "este princípio [*legalidade*], ao lado do princípio da culpabilidade, constitui a mais evidente limitação da autoridade do Estado no processo de criminalização de condutas, devido à liberdade individual".[68]

---

64 Interessantes as considerações de Miranda sobre o assunto: "os fundamentos do próprio Estado de Direito democrático mostrar-se-iam abalados se aqueles que são investidos em seu nome ficassem impunes perante ofensas dos bens jurídicos correspondentes aos crimes de responsabilidade (quer dizer, perante ofensa desses mesmos fundamentos)". (MIRANDA, Jorge. **Manual de direito constitucional - Tomo IV - direitos fundamentais.** 4 ed. Coimbra: 2008, p. 413).

65 MEIRELLES, Hely Lopes. **Direito administrativo brasileiro**. 34 ed. São Paulo: Malheiros, 2008, p. 89.

66 CARVALHO, Paulo de Barros. **Curso de direito tributário**. 23 ed. São Paulo: Saraiva, 2011, p. 208.

67 Ver: LIMA, Alberto Jorge Correia de Barros. **Direito penal constitucional: a imposição dos princípios constitucionais penais**. São Paulo: Saraiva, 2012, p. 59-60.

68 CAVALCANTI, Eduardo Medeiros. **Crime e sociedade complexa.** Campinas: LZN, 2005, p. 286.

A fim de se propor um conceito sobre a *legalidade* no Direito Penal, cumpre analisar suas *funções*, a partir da transcrição dos brocardos que as sintetizam: (i) *nullum crimen, nulla poena sine lege praevia*; (ii) *nullum crimen, nulla poena sine lege scripta*; (iii) *nullum crimen, nulla poena sine lege stricta*; e (iv) *nullum crimen, nulla poena sine lege certa*.[69]

Nullum crimen, nulla poena sine lege praevia: tratado como garantia constitucional dos direitos do homem, designa-se princípio da anterioridade da lei penal, devido ao qual não se pode permitir a imputação de crime a certa conduta humana e, consequentemente, a cominação de pena pela mesma razão, caso não haja disposição legal anterior nessa direção.

Nullum crimen, nulla poena sine lege scripta: apenas lei em sentido formal pode dispor sobre crime e correspondentes penas, vedada tal tarefa aos costumes. O contrário, entretanto, é possível. "A presença do costume no Direito Penal pode não agredir o princípio da legalidade, desde que seja aplicado em benefício do agente".[70]

Nullum crimen, nulla poena sine lege stricta: por força desta *função* do *princípio da legalidade*, é vedada analogia de norma penal incriminadora ou de agravamento de penas. Há necessidade de hipótese penal expressa, cuja subsunção ao caso concreto não dependa de mecanismos hermenêuticos integradores, a exemplo da analogia *in malam partem*.

Nullum crimen, nulla poena sine lege certa: aqui, o *princípio da legalidade* corresponde ao *princípio da taxatividade*, o texto da norma penal não pode deixar dúvida quanto a seus elementos típicos, proibindo-se tipificações abertas ou a utilização de conceitos vagos, indeterminados ou ambíguos.[71] Afinal, "o que sig-

[69] LIMA, Alberto Jorge Correia de Barros. **Direito penal constitucional: a imposição dos princípios constitucionais penais**. São Paulo: Saraiva, 2012, p. 94-96.

[70] CAVALCANTI, Eduardo Medeiros. **Crime e sociedade complexa**. Campinas: LZN, 2005, p. 295.

[71] LIMA, Alberto Jorge Correia de Barros. **Direito penal constitucional: a imposição dos princípios constitucionais penais**. São Paulo: Saraiva, 2012, p. 94-96.

nifica 'mulher honesta', 'casa mal-afamada' e 'espetáculo capaz de pervertê-lo'"?[72]

Segundo leciona Alberto Jorge C. de Barros, a propósito do princípio da legalidade, seus consectários "dizem respeito à necessidade de lei para a criação de crimes e, portanto, à proibição do estabelecimento de crimes pelos costumes, à vedação da analogia *in malam partem* e à exigência da tipicidade fechada, além da proibição da retroatividade *in pejus*" [73] da legislação penal.

A *legalidade*, no Direito Penal, assume duas perspectivas em favor dos *direitos de liberdade*. A primeira consiste na exigência de lei *prévia*, *formal*, *expressa* e *certa* para se criminalizar condutas ou agravar penas que atinjam a liberdade dos indivíduos. A segunda, por sua vez, torna a *legalidade* mitigada devido à aderência dos costumes, desde que em benefício da situação penal do agente. A propósito, cabe lembrar que a lei penal mais severa não retroage, enquanto a mais branda ou descriminalizadora tem seus efeitos retroagidos a fim de reduzir ou cessar, respectivamente, a lesão à liberdade decorrente da sanção.

Outras várias garantias incidem não apenas sobre o Direito Penal, mas também sobre os diversos ramos jurídicos. Com relação àquele, cabe mencionar os princípios da *culpabilidade*, *intervenção mínima*, *subsidiariedade* (ou *ultima ratio*) e *proporcionalidade*. Destes se tratará mais adiante, em contexto oportuno, salvo o último (*proporcionalidade*), sobre o qual se tecerão algumas considerações específicas.

Como dito acima, a intervenção restritiva em *direitos de liberdade* pressupõe o atendimento às *garantias fundamentais*, tal como exemplificado com o *princípio da legalidade*. Mesmo assim,

---

72 CAVALCANTI, Eduardo Medeiros. **Crime e sociedade complexa**. Campinas: LZN, 2005, p. 298.

73 LIMA, Alberto Jorge Correia de Barros. **Direito penal constitucional: a imposição dos princípios constitucionais penais**. São Paulo: Saraiva, 2012, p. 93.

"se fosse reservado ao legislador o poder de concretizar as reservas legais conforme seu entendimento e avaliação política, os direitos fundamentais abstratamente garantidos poderiam perder qualquer significado prático". É dizer: "a garantia constitucional restaria, em última instância inócua, abandonando-se, na prática, o princípio da supremacia constitucional".[74]

Há, portanto, a necessidade de impor limites aos limites (*Schranken-Schranke*)[75] impingidos aos *direitos de liberdade* pelo parlamentar, no exercício de sua discricionariedade legislativa, abrangido aí o Poder Constituinte Derivado.

Tanto é que a Constituição Federal prescreve, em seu art. 60, § 4º, IV,[76] a impossibilidade de se sujeitar a emenda constitucional os "direitos e garantias individuais"; ou seja, até que a sociedade brasileira entenda por bem iniciar novel regime político-jurídico nacional, instituído por outra *constituição*, o Estado brasileiro não poderá reduzir ou abolir os *direitos de liberdade* que o sustentam.

Jorge Miranda aponta a existência da formulação implícita do "princípio da carácter restritivo das restrições". Antes, afirma que *os direitos de liberdade* e as *garantias fundamentais* "referem-se tanto às formas de realização e de defesa das pessoas como a padrões objectivos da ordem jurídica. Não subsistindo, isolados, têm de ser apercebidos também na sua conexão com interesses, princípios e valores ali ínsitos".[77]

Para o autor português, o "princípio da carácter restritivo das restrições" ganhou maior relevo à luz do desenvolvimento teórico da força normativa da Constituição. Consiste em atender os seguintes ditames:

---

74 DIMOULIS, Dimitri; MARTINS, Leonardo. **Teoria geral dos direitos fundamentais.** 2 ed. São Paulo: Revista dos Tribunais, 2009, p. 151.

75 MENDES, Gilmar; COELHO, Inocêncio Martires; BRANCO, Paulo Gustavo Gonet. **Curso de direito constitucional.** 3 ed. São Paulo: Saraiva, 2008, p. 314.

76 BRASIL. **Constituição da república federativa do Brasil de 1988.** Disponível em: <http://www.planalto.gov.br/ccivil_03/constituicao/constituicao.htm>. Acesso em: 15 de abril de 2013.

77 MIRANDA, Jorge. **Manual de direito constitucional – Tomo IV – direitos fundamentais.** 4 ed. Coimbra: 2008, p. 366-367.

(i) "nenhuma restrição pode deixar de se fundar na Constituição; pode deixar de fundar-se em regras ou princípios constitucionais; pode deixar de se destinar, insista-se, à salvaguarda de interesses constitucionalmente protegidos (...)";

(ii) "como corolário, as leis restritivas devem designar expressamente os direitos em causa e indicar os preceitos ou princípios da Constituição em que repousam";

(iii) "nenhuma restrição pode ser definida ou concretizada a não ser por lei; (...); a Administração não pode agir para esse efeito senão com fundamento na lei e no exercício de um poder vinculado";

(iv) "o grau de exigência e determinabilidade da lei há-de ser tal que se garanta aos destinatários da normação um conhecimento preciso, exacto e atempado dos critérios legais";

(v) "as leis restritivas têm de revestir carácter geral e abstracto (...), ficando vedadas não apenas leis individuais mas também leis gerais e concretas";

(vi) "as leis restritivas, apresentem-se como inovadoras ou como interpretativas, não podem ter efeito retroactivo (...)";

(vii) "não pode haver (...) leis restritivas de retroactividade imprópria ou retrospectivas (quer dizer: que se apliquem a situações vindas do passado e ainda não terminadas)";

(viii) "as leis restritivas não podem diminuir a extensão e o alcance do conteúdo essencial dos direitos, liberdades e garantias";

(ix) "as restrições devem ater-se aos fins em nome dos quais são estabelecidas ou permitidas (...); e só deverão ser adoptadas se esses fins não puderem ser alcançados por meio de medidas menos gravosas";

(x) "as restrições devem corresponder à medida exigida por esses fins; não devem ultrapassar as suas justas exigências (...); devem limitar-se ao necessário para salvaguardar outros interesses constitucionalmente protegidos (...)";

(xi) "conter-se na estrita medida das exigências destes, não ser utilizadas para além do estritamente necessário (...) – de novo, o *princípio da proporcionalidade* como proibição do excesso"; e

(xii) "na dúvida, os direitos devem prevalecer sempre sobre as restrições (*in dúbio pro libertae*); e as leis restritivas devem ser interpretadas, senão restritivamente, pelo menos sem recurso à interpretação extensiva e à analogia".[78]

Trata-se de uma análise bastante completa e objetivamente disposta,[79] que resume boa parte dos pontos levantados até agora, sobretudo com relação à *garantia fundamental* que consiste no *princípio da legalidade*, e seus corolários. Contudo, cabe destaque especial aos quatro últimos itens, quais sejam (ix) a (xii), porquanto consignam várias implicações decorrentes da *proporcionalidade.*

De modo que "todas as limitações impostas ao direito pelo legislador devem satisfazer o critério da proporcionalidade que tutelará conteúdos essenciais do direito limitado".[80]

Segundo Dimitri Dimoulis e Leonardo Martins, a restrição decorrente de reserva legal deve ser anteriormente analisada quanto a seus meios restritivos e os fins que almeja com a intervenção, analisando-se a adequação de meios e a necessidade real dos fins.[81]

Aliás, mesmo que reste motivada a necessidade imperiosa de obtenção dos fins inerentes à proposição restritiva de direitos, a

---

[78] MIRANDA, Jorge. **Manual de direito constitucional – Tomo IV – direitos fundamentais.** 4 ed. Coimbra: 2008, p. 376-379.

[79] Embora se tenha preferido utilizar a sistematização de Jorge Miranda, outra opção de estudo esquematizado sobre as restrições a *direitos de liberdade* pode ser encontrada na obra de José Joaquim Gomes Canotilho: CANOTILHO, José Joaquim Gomes. **Direito constitucional e teoria da constituição.** 7 ed. Coimbra: Almedina, 2003 p. 1275-1284.

[80] DIMOULIS, Dimitri; MARTINS, Leonardo. **Teoria geral dos direitos fundamentais.** 2 ed. São Paulo: Revista dos Tribunais, 2009, p. 152.

[81] DIMOULIS, Dimitri; MARTINS, Leonardo. **Teoria geral dos direitos fundamentais.** 2 ed. São Paulo: Revista dos Tribunais, 2009, p. 153.

avaliação da adequação dos meios é indispensável, porquanto pode demonstrar não serem esses suficientes para viabilizar tais intenções do Estado. Em outras palavras, ainda que o fim seja constitucionalmente válido, não é recomendável aventurar-se em medidas prejudiciais de *direitos de liberdade* caso não se mostrem cem por cento eficazes.

Para isso, jaz inadequada a utilização de meras ponderações retóricas quanto à observância ou à inobservância da *proporcionalidade* em dado caso concreto de restrição de liberdades. É cogente para sua aplicação responsável proceder a uma racionalização fria da realidade, mediante detida análise dos efeitos e custos, estes decorrentes da perda de liberdades individuais a serem suportados.[82]

A restrição, portanto, deve ser amplamente fundamentada em critérios de racionalidade prática, amparados sempre na preservação dos *direitos de liberdade*, sobre os quais se sustenta o regime democrático.

Todavia, a fundamentação precária é comum nos provimentos jurisdicionais em que se decide geralmente entre colisões[83] de

---

82 Podem ser úteis para reforçar o real alcance da análise econômica, inclusive como alternativa às eruditas teorias decisionistas: "as pessoas sem conhecimento de economia tendem a associar economia a dinheiro, capitalismo e egoísmo, a uma concepção redutivista e irrealista das motivações e do comportamento do homem, bem como a um espantoso aparato matemático e uma queda por conclusões cínicas, pessimistas e conservadoras" (POSNER, Richard. **Fronteiras da teoria do direito**. São Paulo: Martins Fontes, 2011, p. 9); "não há porque tratarmos o judiciário como um repositório de santos, gênios e heróis, miraculosamente imunes às tentações do interesse pessoal. Ao tratar os juízes como pessoas comuns, minha abordagem os transforma em matéria adequada para a análise econômica, pois os economistas não possuem teorias satisfatórias sobre a genialidade. Felizmente para os analistas econômicos, a lei não se faz cumprir pelas mãos de grandes juízes, mas pelas mãos da massa de juízes comuns" (POSNER, Richard. **Para além do Direito**. São Paulo: Martins Fontes, 2009, p. 118).

83 Segue um conceito sobre o tema: "considera-se existir uma colisão autêntica de direitos fundamentais quando o exercício de um direito fundamental por parte do seu titular colide com o exercício do direito fundamental por

direitos de liberdade e *interesses coletivos*[84] *ou estatais*, abrindo-se mão cada vez mais da preservação daqueles supostamente em prol da concretização destes. Diz-se "supostamente" porque não há a preocupação com a real eficiência dos meios restritivos de *liberdades* para o alcance dos fins *coletivos*. Por vezes, sequer a necessidade de tais fins é devidamente motivada nas decisões, uma vez ausente uma legítima *interpretação sistemática da Constituição*.

---

parte de outro titular. Aqui não estamos perante um *cruzamento* ou *acumulação* de direitos (como na concorrência de direitos), mas perante um choque, um autêntico *conflito* de direitos. A colisão de direitos em sentido impróprio tem lugar quando o exercício de um direito fundamental colide com os outros bens constitucionalmente protegidos. A colisão ou conflito de direitos fundamentais encerra, por vezes, realidades diversas nem sempre diferenciadas com clareza. (...). Os *grupos* que, tendo como base a titularidade dos direitos e a natureza dos bens em conflito (direitos, posições, interesses), se podem descortinar, são os seguintes: Grupo 1 – Colisão de direitos entre vários titulares de direitos fundamentais (colisão autêntica); Grupo 2 – Colisão entre direitos fundamentais e bens jurídicos da comunidade e do Estado (colisão não autêntica)". (CANOTILHO, José Joaquim Gomes. **Direito constitucional e teoria da constituição**. 7 ed. Coimbra: Almedina, 2003 p. 1270-1271).

84 Referem-se à classificação de Dimitri Dimoulis e Leonardo Martins acerca dos *direitos fundamentais*. São, portanto, *direitos coletivos* aqueles equivalentes aos *direitos metaindividuais* ou de *terceira geração*, conforme classificação de Denise Auad. (AUAD, Denise. A perspectiva dinâmica do constitucionalismo. In: **Revista de Direito Constitucional e Internacional**, n. 77, p. 41-61, 2011, p. 50-52.). Veja-se o conceito daqueles professores: "Uma situação diferente se configura com o surgimento dos denominados *novos* direitos coletivos que são direitos de natureza coletiva, muitas vezes denominados 'direitos difusos' que começaram a ser garantidos no século XX, sobretudo após a Segunda Guerra mundial e constituem verdadeiros direitos de titularidade coletiva ou mesmo difusa. Isso ocorre com o direito ao meio ambiente, com os direitos dos consumidores e com os direitos de solidariedade que exprimem valores comuns e deveres de mútuo respeito entre países e grupos sociais (direito ao desenvolvimento econômico e à paz). (DIMOULIS, Dimitri; MARTINS, Leonardo. **Teoria geral dos direitos fundamentais**. 2 ed. São Paulo: Revista dos Tribunais, 2009, p. 61).

A respeito do tema, torna-se inevitável transcrever precisa crítica formulada pelos professores Dimitri Dimoulis e Leonardo Martins acerca da insuficiente fundamentação judicial:

> A doutrina pode contribuir na fixação de limites, estudando os casos típicos de colisão e propondo soluções. A decisão final cabe ao Poder Judiciário que deverá, para que sua decisão seja juridicamente correta, *justificar*, isto é, *fundamentar* o modo de limitação dos direitos em conflito. A Constituição Federal impõe, em seu art. 93, IX, que todas as decisões dos tribunais sejam fundamentadas e a necessidade de fundamentação deriva também do próprio significado dos direitos fundamentais no Estado democrático de direito. O frequente desrespeito do imperativo de fundamentação na prática jurisdicional que se exprime com fundamentações incompletas e de cunho retórico não pode ser justificado com a simples referência à sobrecarga que enfrenta o pode Judiciário. A fundamentação é dever e não simples faculdade do juiz.[85]

Até então, tanto na elaboração de atos normativos quanto em decisões judiciais, nota-se com maior ênfase o avanço de teorias hermenêuticas descompromissadas com a racionalidade pura do Direito, muito menos com os reais efeitos da norma produzida no meio social.[86] Isso, porque a recepção da *proporcionalidade* no Brasil se deu de modo muito confuso, razão pela qual comumente se alegam sinônimos *proporcionalidade* e *razoabilidade*. Este conceito contempla substancial carga retórica, o que contamina a ideia mais

---

85 DIMOULIS, Dimitri; MARTINS, Leonardo. **Teoria geral dos direitos fundamentais**. 2 ed. São Paulo: Revista dos Tribunais, 2009, p. 155.

86 Então, com a finalidade de propor uma racionalização jurídica da matéria, Dimoulis e Martins sugerem um verdadeiro *check list* para o "Exame de Constitucionalidade de Lei que Limita Direitos Negativos (de Resistência) e Políticos" e para o "Exame de Constitucionalidade de Medida Administrativa ou Judiciária que Limita Direitos Negativos (de Resistência) e Políticos". Ver em: DIMOULIS, Dimitri; MARTINS, Leonardo. **Teoria geral dos direitos fundamentais**. 2 ed. São Paulo: Revista dos Tribunais, 2009, p. 220-221.

cartesiana de proporção. O equilíbrio derivado da interpretação dita *razoável* não condiz com parâmetros de objetividade e segurança jurídica. A lógica daquilo que se preza proporcional necessita de precisão e não de "referências genéricas a ideais tais como a harmonização e o balanceamento que abrigam todos os subjetivismos possíveis, entendendo a proporcionalidade com uma abstração idealista enquanto 'constante busca de equilíbrio'"[87], dado entre o exercício do poder estatal e a preservação de *direitos de liberdade*. Por evidente, tal "equilíbrio" retórico[88] prescinde de racionalidade na sua definição, limitando-se a transformar o Direito em subterfúgio para se chegar aonde se quer chegar, mesmo que, pelo caminho, fiquem atropeladas as liberdades dos indivíduos. Afinal, "uma 'relação meio-fim' no âmbito da tutela de bens jurídicos em conflito será *sempre*, mesmo na pior das ditaduras, 'objetivamente demonstrável'."[89]

---

87 DIMOULIS, Dimitri; MARTINS, Leonardo. **Teoria geral dos direitos fundamentais**. 2 ed. São Paulo: Revista dos Tribunais, 2009, p. 166.

88 A ponderação, ao contrário do que ora se defende, é bastante louvada na obra de Mendes, Coelho e Branco, com vistas a se proceder ao exercício de *proporcionalidade*. A título informativo, veja-se: "o juízo de ponderação a ser exercido liga-se ao princípio da proporcionalidade, que exige que o sacrifício de um direito seja útil para a solução do problema, que não haja outro meio menos danoso para atingir o resultado desejado e que seja proporcional em sentido estrito, isto é, que o ônus imposto ao sacrificado não sobreleve o benefício que se pretende obter com a solução". (MENDES, Gilmar; COELHO, Inocêncio Martires; BRANCO, Paulo Gustavo Gonet. **Curso de direito constitucional**. 3 ed. São Paulo: Saraiva, 2008, p. 285).

89 Complementando-se: "trata-se de uma redução do critério da proporcionalidade à condição de mero instrumento (retórico) do antigo e sempre questionado método da interpretação teleológica objetiva. (...). Esta tese subverte o sentido do controle de proporcionalidade, na medida em que põe ser apta a ampliar a margem de ação da medida estatal limitadora ou restritiva do direito individual. Como consequência de tais incertezas e imprecisões, vislumbra-se o risco para a segurança jurídica da aplicação de um princípio aberto que só exige a aplicação da ideia de justiça ao caso concreto por meio da ponderação de bens ou valores jurídicos". (DIMOULIS, Dimitri; MARTINS, Leonardo. **Teoria geral dos direitos fundamentais**. 2 ed. São Paulo: Revista dos Tribunais, 2009, p. 168).

Nesse cerne, como exceção à regra, eis a escorreita abordagem de Humberto Ávila: "o exame de proporcionalidade aplica-se sempre que houver uma *medida concreta* destinada a realizar uma *finalidade*". O exame de adequação, para o autor, envolve saber se a medida eleita é a menos restritiva aos *direitos de liberdade* envolvidos, em comparação com aquelas que poderiam ter sido utilizadas para também atingir certa finalidade (exame de necessidade). A distinção do campo meramente retórico, conforme a obra de Ávila, está na imposição do "exame de proporcionalidade em sentido estrito", consistente em aferir se a finalidade pública é tão vantajosa que compensa os custos de tamanha restrição de liberdades.[90]

É dizer: a "decisão política de tutelar (de certa maneira, privilegiar) um bem jurídico-constitucional em detrimento de outro só pode prevalecer se a forma desta escolha poupar o máximo possível o direito restringido".[91]

Muitas vezes, a análise detida da relação custo-benefício leva à conclusão de que o fim pretendido pode ser concebido "mesmo na ausência de normas jurídicas e de conceitos jurídicos",[92] o que economizaria *direitos de liberdade.*

Entretanto, qual seria o método hábil para desvendar a real adequação de meios jurídicos restritivos de liberdade aos fins desejados?

Humberto Ávila admite que "a adequação exige uma relação *empírica* entre o meio e o fim: o meio deve levar à realização do fim. Isso exige que o administrador utilize um meio cuja eficácia (e não o meio, ele próprio) possa contribuir para a promoção gradual do fim".[93]

---

[90] ÁVILA, Humberto. **Teoria dos princípios.** 8 ed. São Paulo: Malheiros, 2008, p. 163.

[91] DIMOULIS, Dimitri; MARTINS, Leonardo. **Teoria geral dos direitos fundamentais.** 2 ed. São Paulo: Revista dos Tribunais, 2009, p. 171.

[92] ÁVILA, Humberto. **Teoria dos princípios.** 8 ed. São Paulo: Malheiros, 2008, p. 163.

[93] ÁVILA, Humberto. **Teoria dos princípios.** 8 ed. São Paulo: Malheiros, 2008, p. 165.

Uma das intenções deste trabalho, conforme se verá mais adiante, é justamente propor a utilização da metodologia analítico-interpretativa da teoria econômica como tal solução empírica para o exame de adequação nas restrições de *direitos de liberdade*, em virtude da criticada expansão do Direito Penal. A necessidade dos fins também será objeto de abordagem mais detida.

A propósito, algumas abordagens interessantes acerca de restrições a *direitos de liberdade* em função da política criminal podem ser encontradas nos seguintes trabalhos: "Restrição de Direitos Fundamentais e Segurança Pública: uma análise penal-constitucional",[94] de Vinicius Diniz Vizzoto; "As Recentes Transformações no Sistema Penal Português: a tensão entre garantias e a resposta à criminalidade",[95] de Conceição Gomes e José Mouraz Lopes; e "A Relação entre Bem Jurídico-Penal e Constituição",[96] de Michael Schneider Flach. Em todas, há a preocupação com a mitigação de direitos e garantias devido a discutíveis avanços da legislação penal, que guarda relação com o funcionalismo liberal de Claus Roxin.[97]

Aplicada a abordagens do tipo, a Economia do Crime cumpre o papel de verificação precisa de parâmetros de *proporcionalidade*. Aliás, considera este conceito como elemento da *eficiência econômica*, na condição de norma jurídica maximizadora da concreção de deveres positivos do Estado em harmonia com a preservação dos *direitos de liberdade*.

Associada, então, a racionalidade econômica à análise jurídica da *proporcionalidade*, adota-se a conclusão obtida por Dimitri

94 VIZZOTO, Vinicius Diniz. Restrição de direitos fundamentais e segurança pública: uma análise penal-constitucional. In: **Revista de Direito Constitucional e Internacional**, n. 57, p. 132-154, 2006.

95 FLACH, Michael Schneider. A relação entre bem jurídico-penal e constituição. In: **Sistema Penal & Violência**, v. 2, n. 1, p. 45-63, Porto Alegre, 2010.

96 GOMES, Conceição; LOPES, José Mouraz. **As Recentes Transformações no Sistema Penal Português: a tensão entre garantias e a resposta à criminalidade**, v. 1, n. 1, p. 22-32, Porto Alegre, 2009.

97 ROXIN, Claus. **A proteção de bens jurídicos como função do direito penal**. 2 ed. Porto Alegre: Livraria do Advogado, 2009.

Dimoulis e Leonardo Martins, na linha também do defendido por Humberto Ávila, conforme o trecho transcrito a seguir:

> A proporcionalidade deve ser entendida como elemento disciplinador do limite à competência constitucional atribuída aos órgãos estatais de restringir a área de proteção de direitos fundamentais [*de liberdade*], isto é, como resposta jurídica ao problema do vínculo do legislador aos direitos fundamentais, configurando um *limite* de seu poder limitador.[98]

Ademais, o paradigma filosófico pragmatista também legitima a análise econômica de fenômenos criminais a seguir desenvolvida. Afinal, conforme observa Flavianne Nóbrega,[99] o "método pragmatista de pensar o significado possibilitaria, assim, trazer para o núcleo conceitual da decisão jurídica, as consequências que esta produz na realidade fática, acrescida à sua formatação apriorística original dada pela norma jurídica abstrata". Em suma, conforme a autora, "a decisão jurídica ganharia significação em decorrência de suas consequências capturadas no contexto da descoberta, a partir do raciocínio abdutivo". Perceber as consequências requer métodos de análise e prognose, largamente utilizados na ciência econômica.

[98] DIMOULIS, Dimitri; MARTINS, Leonardo. **Teoria geral dos direitos fundamentais.** 2 ed. São Paulo: Revista dos Tribunais, 2009, p. 171.

[99] NÓBREGA, Flavianne Fernanda Bitencourt. **Um método para investigação das consequências: a lógica pragmática da absução de C. S. Pierce aplicada ao Direito.** João Pessoa: Ideia, 2013, p. 124.

3

ECONOMIA DO CRIME

3.1 ALGUMAS QUESTÕES SOCIOECONÔMICAS E CRIMINALIDADE NO BRASIL

As mais diversas abordagens científicas sobre o fenômeno da criminalidade admitem a forte influência dos indicadores socioeconômicos na redução ou na elevação de fatos criminosos em dado contexto social.

No caso brasileiro, é notório que o processo intenso de urbanização, vivenciado no Século XX, ensejou diversas questões de conflito socioeconômico com a formação de bolsões de pobreza no entorno das grandes cidades, estereotipado nas sub-habitaçoes chamadas favelas.[1]

---

1 A respeito do assunto, confira-se: "O crescimento populacional aliado a um déficit de políticas públicas eficientes é responsável pela geração de uma estrutura urbana contraditória, composta pela fragmentação do espaço que se difere, essencialmente, pela abundância e escassez de serviços e infraestrutura inerentes à vida na cidade. A apropriação destas contrastantes partes do território urbano é possível de acordo com a posição que a população se situa na divisão social do trabalho, isto é, a depender de seu poder aquisitivo. (...). E também ocasionam a produção de um espaço desigual, no qual a sociedade é extorquida dos direitos básicos essenciais para a vida na cidade". (COMITRE, Felipe; e ANDRADE, Alexandre Carvalho. Crescimento populacional e contradições no espaço urbano: uma análise da

Cristiano Aguiar de Oliveira sustenta que o tamanho das cidades brasileiras é um fator de aumento da criminalidade, principalmente devido ao processo de urbanização desordenado.[2] Confira-se o gráfico abaixo (média de homicídios por população):

Criminalidade e o Tamanho das Cidades Brasileiras 1991-2000

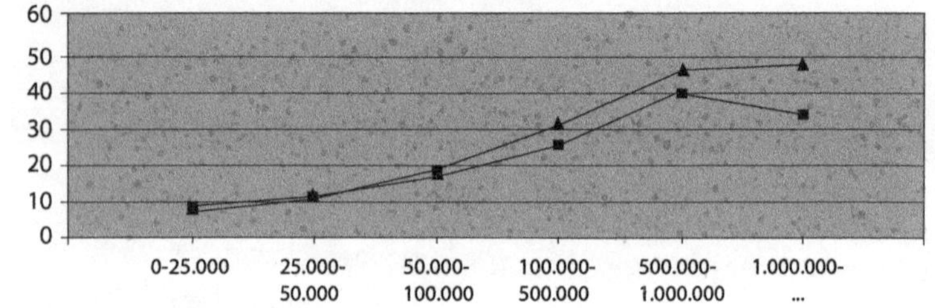

Fonte: Adaptado de OLIVEIRA, Cristiano Aguiar de. Criminalidade e o tamanho das cidades brasileiras: um enfoque da economia do crime. In: **XXXIII Encontro nacional de economia**, 2005, Natal, Associação Nacional dos Centros de Pós-Graduação em Economia (ANPEC). Natal: ANPEC, 2005, p. 13. Disponível em: <http://www.anpec.org.br/encontro2005/artigos/A05A152.pdf>. Acesso em 1.º de maio de 2013.

A propósito, ao contrário do que se pensa, a criminalidade concentrada nas grandes metrópoles nacionais, mais especificamente São Paulo e Rio de Janeiro, não se deve, necessariamente, à migração de indivíduos das regiões Norte e Nordeste.[3] Isso, porque,

expansão periférica na cidade média de Sorocaba-SP. In: II Simpósio cidades médias e pequenas da Bahia, 2011, Vitória da Conquista, Universidade do Estadual do Sudoeste da Bahia (UESB). **Anais Segregação, Periferia e Pobreza Urbana**. Vitória Conquista: UESB, 2011, p. 13. Disponível em: <http://www.uesb.br/eventos/simposio_cidades/anais/artigos/eixo7/7d.pdf>. Acesso em 27 de abril de 2013.

2 OLIVEIRA, Cristiano Aguiar de. Criminalidade e o tamanho das cidades brasileiras: um enfoque da economia do crime. In: **XXXIII Encontro nacional de economia**, 2005, Natal, Associação Nacional dos Centros de Pós-Graduação em Economia (ANPEC). Natal: ANPEC, 2005, p. 13. Disponível em: <http://www.anpec.org.br/encontro2005/artigos/A05A152.pdf>. Acesso em 1.º de maio de 2013.

3 A esse respeito, veja-se: "Nisto parece apoiar-se o estigma do migrante interestadual, procedente de regiões "atrasadas" onde o modo de vida dominante

segundo a pesquisa empírica desenvolvida por Eliana Blumer Trindade Bordini e Sérgio França Adorno de Abreu, "a condição de migrante não indica uma inclinação provável para a delinquência", pois "os autores de ilícitos penais em sua maioria não são recrutados no interior de grupos migrantes".[4]

Nas últimas três décadas, em que pese as crises políticas e econômicas, o cenário econômico nacional passou por uma considerável transformação positiva, por meio de medidas eficazes no controle da inflação e manutenção de uma balança comercial superavitária, o que levou o Brasil a estar entre as dez maiores economias mundiais.

Contudo, o crescimento econômico brasileiro não foi acompanhado no mesmo ritmo pelo desenvolvimento social. Os avanços na área aconteceram aquém do projeto de uma sociedade mais próspera, de modo que os indicadores de qualidade de vida e de desigualdade de renda ainda se encontram em patamares insuficientes.

Apesar de considerar certo declínio na desigualdade social brasileira, o Centro Internacional de Políticas para o Crescimento Inclusivo, do Programa das Nações Unidas para o Desenvolvimento (PNUD),[5] alerta que o país ainda possui um elevado nível de

---

se definiria por padrões de conduta e de relacionamento social incompatíveis com aqueles padrões vigentes nas grandes metrópoles. Sob esta ótica, o migrante 'nordestino' – reduzido com frequência à 'baiano' – é considerado portador de 'cultura inferior', razão por que é incapaz de compreender, assinalar e se ajustar aos valores da cultura urbana hiperdesenvolvida, estaria mais propenso a construir uma carreira delinquencial". (BORDINI, Eliana Blumer Trindade; ABREU, Sérgio França Adorno de. Migração e criminalidade. In: **Revista são paulo em perspectiva**, n. 2, v. 1, p. 36-38, 1987, p. 37. Disponível em: <http://www.seade.gov.br/produtos/spp/v01n02/v01n02_05.pdf>. Acesso em: 27 de abril de 2013).

4 BORDINI, Eliana Blumer Trindade; ABREU, Sérgio França Adorno de. Migração e criminalidade. In: **Revista são paulo em perspectiva**, n. 2, v. 1, p. 36-38, 1987, p. 37. Disponível em: <http://www.seade.gov.br/produtos/spp/v01n02/v01n02_05.pdf>. Acesso em: 27 de abril de 2013.

5 IPCIG. International Policy Centre for Inclusive Growth (IPCIG). What explains the decline in brazil's inequality. In: **One pager**, Brasília, n. 89, 2009. Disponível em: <http://www.ipc-undp.org/pub/IPCOnePager89.pdf>. Acesso em: 27 de abril de 2013.

desigualdade a ser reduzido, mediante fortalecimento do mercado de trabalho e de melhor acesso à educação e à renda.[6]

O Índice de Gini, indicador utilizado para aferir a distribuição de renda em dado contexto social, o qual varia de 0 (situação de total igualdade) a 1 (situação de total desigualdade), serve de parâmetro para alertas dessa natureza, que, inexoravelmente, devem ser observados no estudo do avanço da criminalidade. Por sua vez, o Índice de Desenvolvimento Humano (IDH)[7] apresenta classificação inversa,

---

6 *"Brazil still has a high level of inequality and progress in being made towards lowering it. It is too early to say with certainty, but one reason why the financial and economic crisis did not hit Brazil as hard as other countries may be the growing domestic market and changes in the structure of demand created in the last* decade". (IPCIG. International Policy Centre for Inclusive Growth (IPCIG). What explains the decline in brazil's inequality. In: **One pager**, Brasília, n. 89, 2009. Disponível em: <http://www.ipc-undp.org/pub/IPCOnePager89.pdf>. Acesso em: 27 de abril de 2013).

7 Cabe transcrever a abordagem do tema de Ari Francisco de Araújo Júnior e Claudio Djissey Shikida: "O IDH foi criado no início da década de 1990 para o Programa das Nações Unidas para o Desenvolvimento (PNUD) como uma contribuição para a busca de bons indicadores de qualidade de vida. O IDH combina três componentes básicos do desenvolvimento humano: a longevidade, que reflete as condições de saúde da população, medida pela esperança de vida ao nascer; a educação, medida por uma combinação da taxa de alfabetização de adultos e a taxa de matrícula nos níveis de ensino – fundamental, médio e superior; a renda, medida pelo poder de compra da população, baseado no PIB *per capita* ajustado ao custo de vida local através da metodologia conhecida como paridade do poder de compra (PPC). A metodologia de cálculo do IDH envolve a transformação destas dimensões em índices de longevidade, educação e renda, que variam entre 0 (pior) e 1 (melhor), além da combinação dos índices em um indicador sintético. Quanto mais próximo de 1 o valor deste indicador, maior será o nível de desenvolvimento humano do país ou região. Para a classificação dos países em três grandes categorias o PNUD estabeleceu as seguintes faixas: $0 \leq IDH < 0,5$ Baixo Desenvolvimento Humano; $0,5 \leq IDH$ 0,8 Médio Desenvolvimento Humano; e $0,8 \leq IDH \leq$ Alto Desenvolvimento Humano". (ARAÚJO JÚNIOR, Ari Francisco de; SHIKIDA, Claudio Djissey. **Macroeconomia**. In: TIMM, Luciano Benetti (org.). Direito e economia no brasil. São Paulo: Atlas, p. 75-114, 2011, p. 113).

ou seja, quanto mais próximo de 1, melhores as condições de expectativa de vida, educação e produto interno bruto *per capita*, também impactantes na redução da criminalidade.

Embora o Brasil tenha alcançado melhor IDH nos últimos levantamentos do PNUD, de 2013[8] e de 2019,[9] a desigualdade de renda, aferida pelo Índice de Gini, ainda preocupa, haja vista que o posiciona ao lado de países como República Centro Africana e Guiné-Bissau, todos detentores de péssimas condições socioeconômicas. Economicamente mais assemelhados ao Brasil, México e Argentina apresentam índices melhores tanto em desenvolvimento humano quanto em distribuição de renda. Ademais, mesmo em países com IDH bastante diferentes como Myanmar e Noruega, a distribuição de renda é sobremaneira mais equilibrada do que a brasileira. *Vide* tabela abaixo:

Comparativo entre Índice de Gini e IDH

País	Índice de Gini	IDH
Noruega	0,275	0,954 (1º)
Myanmar	0,381	0,584 (145º)
Argentina	0,406	0,830 (48º)
México	0,434	0,767 (76º)
Colômbia	0,497	0,761 (79º)
Guiné-Bissau	0,507	0,461 (178º)
Brasil	0,533	0,761 (79º)
República Centro Africana	0,562	0,381 (188º)

Fonte: Adaptado de Programa das Nações Unidas para o Desenvolvimento (PNUD). **Human development report 2019**. Disponível em: < http://hdr.undp.org/sites/default/files/hdr2019.pdf>. Acesso em: 15 de junho de 2020.

[8] PNUD. Programa das Nações Unidas para o Desenvolvimento (PNUD). **Human development report 2013**. Disponível em: <http://www.undp.org/content/dam/undp/library/corporate/HDR/2013GlobalHDR/English/HDR2013%20Report%20English.pdf>. Acesso em: 27 de abril de 2013.

[9] PNUD. Programa das Nações Unidas para o Desenvolvimento (PNUD). **Human development report 2019**. Disponível em: < http://hdr.undp.org/sites/default/files/hdr2019.pdf>. Acesso em: 15 de junho de 2020.

Evidentemente, a desigualdade de renda é um fator cujas causas são diversas em um regime democrático. Afinal, a existência de um grande mercado informal – de subempregos e de baixa qualificação técnica devido ao insuficiente acesso à educação de qualidade – reduz o valor da mão de obra, ao passo que a pequena parcela de pessoas com melhor educação e empregos formais desponta com rendas bem mais elevadas.

Assim, as mazelas sociais que persistem repercutem na sociedade com o incremento de conflitos diuturnos, algumas vezes materializados no crime. Os indivíduos reagem ao contexto social instável na medida de suas fragilidades a fim de satisfazer seus anseios individuais conforme os meios lícitos ou ilícitos disponíveis, a depender dos custos e resultados que cada um oferece.

Com relação aos dados da criminalidade no Brasil, os avanços socioeconômicos, não obstante aquém do desejado, provavelmente surtiram efeito na década de 2000, com uma discreta redução no número de homicídios por 100 mil habitantes, notadamente no ano de 2004. Em estudo pormenorizado sobre o assunto, Julio Jacobo Waiselfisz consolida os dados nacionais e estaduais a fim de chegar às seguintes conclusões com relação à criminalidade homicida naquela década (2000):

(i) "as taxas continuam crescendo até 2003, há quedas relevantes até 2005 e, a partir dessa data, equilíbrio instável com oscilações em torno de 26 homicídios em 100 mil habitantes"; e

(ii) "os estados que lideravam as estatísticas no início da década apresentam quedas que podem chegar a extremos altamente significativos. Em contrapartida, os estados que possuíam taxas baixas ou moderadas vão apresentar crescimento".[10]

[10] WAISELFISZ, Julio Jacobo. **Mapa da Violência 2012: os novos padrões da violência homicida no Brasil**. 1 ed. São Paulo: Instituto Sangari, 2011, p. 237. Disponível em: <http://www.mapadaviolencia.org.br/pdf2012/mapa2012_web.pdf>. Acesso em: 27 de abril de 2013.

Por outro lado, a queda identificada na pesquisa de Waiselfisz foi rapidamente desfeita. Segundo o Atlas da Violência de 2019, a década de 2010 trouxe acentuado crescimento na violência homicida para, em 2017, alcançar o patamar histórico de 31,6 homicídios para cada grupo de 100 mil habitantes, isto é, 65.602 homicídios nesse ano.[11]

Seguindo a tendência de 2018, o ano de 2019 apresentou relevante redução nos números, inédita quanto ao grande percentual de queda em face do ano anterior, da ordem de 19% - para 20 homicídios para cada grupo de 100 mil habitantes, totalizando 41.726 homicídios. As causas de tamanha redução ainda não foram delimitadas na literatura, cabendo um maior aprofundamento no tema.

De todo modo, a seção Economia do Crime Aplicada pode revelar como fatos, em princípio negligenciados pelos formadores de opinião, especialistas e a literatura acadêmica, são capazes de influenciar no crescimento ou na diminuição da criminalidade, seja ela violenta ou não. Isso, porque ou são aparentes em demasia - e os teóricos relutam para aceitar o óbvio - ou são fatos inusitadas que não correspondem ao viés ideológico do pesquisador.[12]

Com relação à distribuição dos homicídios por Entes da Federação, as conclusões de Waiselfisz levam a crer que: (i) nos Estados onde havia uma concentração demasiada de homicídios, tais como São Paulo, Rio de Janeiro e Pernambuco houve uma redução significativa dos números; e (ii) nos Estados que apresentavam taxas bem inferiores de homicídios, houve um incremento de elevada magnitude, razão pela qual o ranking de violência homicida possui, agora, novos líderes.[13]

---

[11] BRASIL. Atlas da Violência. Brasília: Instituto de Pesquisa Econômica Aplicada (Ipea), 2019, p. 5.

[12] Sobre os vieses, *vide* o artigo RODRIGUES, Fillipe Azevedo. A 'crise' da violência e suas causas ou soluções: leis de drogas e armas como vetores da violência homicida. In: **Revista Jurídica Luso-Brasileira (RJLB)**, Ano 5, n. 3, p. 673-688, 2019.

[13] WAISELFISZ, Julio Jacobo. **Mapa da Violência 2012: os novos padrões da violência homicida no Brasil**. 1 ed. São Paulo: Instituto Sangari, 2011, p. 238. Disponível em: <http://www.mapadaviolencia.org.br/pdf2012/mapa2012_web.pdf>. Acesso em: 27 de abril de 2013.

À mencionada migração da criminalidade se atribui o termo *interiorização do crime*, que passou a ser mais comum em cidades de menor porte, em um ritmo de crescimento inverso do apresentado nas grandes regiões metropolitanas, cujo aparato de segurança pública se demonstrou de certa forma eficiente. O crime se tornou mais viável e comum em ambientes urbanos menos protegidos.

A atualização do gráfico anterior traduz esse processo e sua dinâmica de acordo com o tamanho das cidades:

Criminalidade e o Tamanho das Cidades Brasileiras 1991, 2000 e 2010

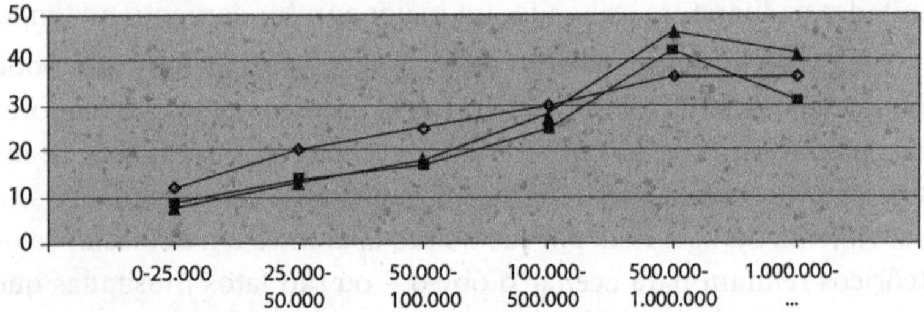

■ 1991 / ▲ 2000 / ♦ 2010

Fonte: Adaptado de XAVIER, Bruno Damasceno; OLIVEIRA, Raphael Rodrigues de Oliveira. Criminalidade e o tamanho dos municípios brasileiros: uma análise de dados em painel. In: XXIII Congresso Brasileiro de Economia, 2019, Florianópolis, Conselho Regional de Economia de Santa Catarina (Corecon-SC). Florianópolis: Corecon-SC, 2019, p. 4825. Disponível em: < http://corecon-sc.org.br/anais-cbe2019/arquivos/anais-cbe2019-4825.pdf>. Acesso em 15 de junho de 2020.

Não apenas isso, a *interiorização do crime* também pode ser especulada, *a priori*, como uma consequência do recente maior crescimento demográfico das cidades de médio porte em comparação com as capitais dos Estados. Trata-se de uma tendência demográfica diversa da que marcou o processo de urbanização de outrora, identificada em municípios com população entre 100 mil e 500 mil habitantes, como Marília - SP, Passo Fundo - RS e Mossoró - RN. Este último apresentou um crescimento demográfico de 22% em dez anos e um aumento de 209% da renda *per capita* entre 2000 e 2009,[14]

[14] NOGUEIRA, Pablo. Médias cidades, grandes negócios e muitos problemas. In: **Revista Unespciência**, n. 29, p. 20-26, 2012. Disponível em: < http://www.

ao passo que o número de homicídios entre jovens (de zero a 29 anos) praticamente dobrou no mesmo período.[15]

Em síntese, cumpre transcrever algumas das conclusões de Julio Jacobo Waiselfisz sobre o diagnóstico da violência homicida na última década:

> Há um fenômeno de interiorização da violência homicida. Se até 1996 o crescimento dos homicídios concentrava-se nas capitais e nos grandes conglomerados metropolitanos, entre 1996 e 2003 esse crescimento praticamente estagna e o dinamismo se transfere aos municípios do interior dos estados. A partir de 2003, a taxas médias nacionais das capitais e regiões metropolitanas começam a encolher, enquanto as do interior continuam a crescer, mas com um ritmo mais lento. Vários fatores parecem explicar essa reversão: o Plano Nacional de Segurança Pública de 1999 e o Fundo Nacional de Segurança, de janeiro de 2001, canalizando recursos para o aparelhamento dos sistemas de segurança pública das regiões de maior incidência, dificultam a ação da criminalidade organizada que migra para áreas de menor risco. Também o processo de desconcentração econômica, com o aparecimento de polos de crescimento no interior dos estados, atua como fator impulsor da violência.[16]

Como será visto mais adiante, a evolução demográfica e econômica pode contribuir para o crescimento dos índices de criminalidade, de modo que há sentido no fenômeno da *interiorização do crime* em função da *interiorização econômica e populacional*, conforme demonstrado.

---

unesp.br/aci_ses/revista_unespciencia/acervo/29/cidademedia>. Acesso em: 27 de abril de 2013.

15 WAISELFISZ, Julio Jacobo. **Mapa da Violência 2010: anatomia dos homicídios no Brasil**. 1 ed. São Paulo: Instituto Sangari, 2010, p. 59 e 105. Disponível em: < http://www.mapadaviolencia.org.br/pdf2010/MapaViolencia2010.pdf>. Acesso em: 27 de abril de 2013.

16 WAISELFISZ, Julio Jacobo. **Mapa da Violência 2011: os jovens do Brasil**. São Paulo: Instituto Sangari, 2011, p. 153. Disponível em: < http://mapadaviolencia.org.br/pdf2011/MapaViolencia2011.pdf>. Acesso em: 27 de abril de 2013.

Outros dados preocupantes giram em torno da criminalidade entre jovens (15 a 29 quatro anos de idade), geralmente relacionados com o comércio de drogas ilícitas. Enquanto se pode identificar uma redução geral dos homicídios no país, a vitimização de jovens continua bastante elevada, representando mais da metade de todos os homicídios contabilizados em 2017.[17]

Luiz Tadeu Viapiana aborda a elevada incidência de crimes entre jovens como um fenômeno comum também em países desenvolvidos, tanto na condição de vítimas como de agressores. Destaca, outrossim, que há uma considerável predominância do sexo masculino na delinquência e na vitimização juvenil, superior a 90% do total de ilícitos praticados.[18] O reflexo desses dados é encontrado nos números superiores de encarceramento de jovens com relação à população carcerária em geral, situado na faixa de 18 a 28 anos de idade.[19]

Por fim, embora o Estado do Rio Grande do Norte e o Estado do Ceará tenham se destacado negativamente nos últimos anos com o incremento da violência, sobretudo entre jovens, cabe trazer os apontamentos contextuais de Luiz Tadeu Viapiana a respeito da criminalidade letal no Brasil, inserida no cenário socioeconômico acima delineado:

(i) "taxa nacional bastante elevada quando comparada às taxas internacionais";

---

17 BRASIL. **Atlas da Violência**. Brasília: Instituto de Pesquisa Econômica Aplicada (Ipea), 2019, p. 25.

18 VIAPIANA, Luiz Tadeu. **Economia do crime: uma explicação para a formação do criminoso**. Porto Alegre: AGE Editora, 2006, p. 27.

19 A propósito, além da maioria ser composta por homens, interessante o perfil do encarcerado paranaense traçado por Pery Francisco Assis Shikida: "maioria de cor branca, majoritariamente jovens de até 28 anos, oriundos do próprio Paraná – meio urbano –, e religiosos (sendo a maioria católica, seguida de evangélicos, espíritas, protestantes; menos de 15% declaram não possuir religião). Tal distribuição segue uma tendência nacional e regional, que diz que o maior número de praticantes de crimes é de pessoas jovens". (SHIKIDA, Pery Francisco Assis. Economia do crime no Brasil. In: RIBEIRO, Marcia Carla Pereira Ribeiro; KLEIN, Vinicius (coord.). **O que é análise econômica do direito: uma introdução**. Belo Horizonte: Fórum, 2011, p. 162).

(ii) "distribuição desigual entre as diversas unidades da Federação, com forte concentração nos Estados de São Paulo, Rio de Janeiro, Pernambuco e Espírito Santo";

(iii) "crescimento elevado dos homicídios na maioria dos Estados, ainda que em muitos deles as taxas permaneçam em patamares que podem ser considerados baixos";

(iv) "taxas mais elevadas nas Capitais e regiões Metropolitanas do que as taxas nacionais";

(v) "desde 1999, taxa de crescimento dos homicídios no interior em níveis superiores aos das Capitais e Regiões Metropolitanas";

(vi) "nas Capitais, os índices de homicídios tendem a ser mais elevados nas regiões mais pobres, que se caracterizam como zonas de forte atuação do tráfico de drogas e precária presença de policiamento"; e

(vii) "maior incidência dos homicídios entre a população jovem de 15 a 24 anos em praticamente todas as Capitais brasileiras".[20]

3.2 ECONOMIA, DIREITO E CRIME

3.2.1 Uma Introdução à Análise Econômica do Direito (AED)

3.2.1.1 Realismo Jurídico e Primeiros Passos do Movimento AED

Tradicionalmente, ao pronunciar-se a palavra *lei*, tem-se em mente que se trata de um assunto atinente ao Direito, área do conhecimento cujo objeto *supracientífico* de análise, também chamado de *direito* (atenção para a inicial minúscula), é de difícil conceituação. Nas palavras de Maria Helena Diniz, "a tarefa de definir, ontologicamente, o direito resulta sempre frustrada, ante a complexidade do fenômeno jurídico".[21]

[20] VIAPIANA, Luiz Tadeu. **Economia do crime: uma explicação para a formação do criminoso.** Porto Alegre: AGE, 2006, p. 28.

[21] DINIZ, Maria Helena. **Compêndio de introdução à ciência do direito.** São Paulo: Saraiva, 2005, p. 242.

Essa correlação comum entre a área jurídica do conhecimento (Direito) e a *lei* se deve ao fato de que *lei* e *direito* são sinônimos em certos contextos semânticos. Muito em função do tradicionalismo jurídico arraigado à Teoria Pura do Direito de Hans Kelsen, além das bases fundadas pelo positivismo jurídico de Herbert Hart e Norberto Bobbio, os quais atribuíram ao Direito a autonomia científica pela noção filosófica prescritiva do *dever-ser*.[22]

Contudo, apesar do bem sucedido corte epistemológico promovido por Kelsen, as discussões quanto ao conteúdo semântico do *direito* permaneceram tanto no meio jurídico quanto em outras ciências, a exemplo da Sociologia Jurídica, da História do Direito[23] e, sobretudo, da Economia, na linha da proposta deste trabalho.

Para a Economia, uma das *leis* - ou um dos *direitos* - mais irrefutáveis do universo é a *lei das consequências não intencionais*, da qual se extrai o enunciado a seguir: "as pessoas respondem a incentivos, embora não necessariamente de maneiras previsíveis".[24]

Esses incentivos existem porque as incontáveis necessidades das pessoas expandem-se indefinidamente, ao passo que os recursos para as atender são finitos ou, melhor dizendo, escassos. Por isso, com vistas a satisfazer suas demandas, cada um costuma reagir positivamente aos melhores incentivos e negativamente aos incentivos contrários a seus interesses, haja vista a escassez e iminência de conflito com interesses antagônicos de outros sujeitos em sociedade.

---

22 "Expressão da normatividade do direito, que deve ser investigado pela ciência jurídica, que é uma ciência normativa, pois seu objetivo consiste em estudar normas que enunciam o que se deve fazer, e não o que sucedeu, sucede ou sucederá. (...). A substância da concepção de Kelsen está nessa distinção e contraposição lógico-transcendental entre ser e dever-ser, isto é, entre o mundo físico, submetido às leis da causalidade, e o mundo das normas, regido pela imputabilidade". (DINIZ, Maria Helena. **Compêndio de introdução à ciência do direito**. São Paulo: Saraiva, 2005, p. 120).

23 DINIZ, Maria Helena. **Compêndio de introdução à ciência do direito**. São Paulo: Saraiva, 2005, p. 242.

24 LEVITT, Steven David; DUBNER, Stephen. **Superfreakonomics: o lado oculto do dia a dia**. Trad. Afonso Celso da Cunha Serra. Rio de Janeiro: Elsevier, 2010, p. xvi.

Como ciência social aplicada, a Economia se presta ao estudo da melhor alocação possível dos recursos escassos entre usos alternativos e fins competitivos,[25] dentro de um habitat socializante. Em outras palavras, Fábio Nusdeo entende que "a atividade econômica é, pois, aquela aplicada na escolha de recursos para o atendimento das necessidades humanas. Em uma palavra: é a administração da escassez".[26]

A priori, a intercomunicação entre Economia e Direito fica evidente,[27] ainda que restrita ao aspecto propedêutico ou sendo uma área o objeto da outra, tal qual a disciplina jurídica Direito Econômico, cujo objeto de análise é a regulação da ordem econômica ou do(s) mercado(s), através de regras e princípios jurídicos.[28]

Já para a Economia, os institutos jurídico-normativos são deveras relevantes, pois consistem nas arestas da atividade econômica - os limites, nos quais, os agentes econômicos devem pautar suas reações aos incentivos existentes. Por essa razão, a reciprocidade que

---

25 PETTER, Lafayete Josué. **Princípios constitucionais da ordem econômica**. São Paulo: Revista dos Tribunais, 2005, p. 30.

26 NUSDEO, Fábio. **Curso de economia: introdução ao direito econômico**. 3 ed. São Paulo: Revista dos Tribunais, 2001, p. 28.

27 Acerca do tema e da etimologia da palavra *economia*, observe-se o que leciona Fábio Nusdeo: "a etimologia: *oiko* + *nomos* põe em realce um dado essencial da realidade econômica, nem sempre devidamente lembrado ou trabalhado. É o da íntima relação entre Direito e Economia. Mais do que íntima relação, trata-se, na verdade, de uma profunda imbricação, pois os fatos econômicos são o que são e se apresentam de uma dada maneira em função direta de como se dá a organização ou normatização - *nomos* - a presidir a atividade desenvolvida na *oikos* ou num dado espaço físico ao qual ela possa se assimilar. E o *nomos* nada mais vem a ser do que normas ou regras, estas objeto da ciência do Direito". (NUSDEO, Fábio. **Curso de economia: introdução ao direito econômico**. 3 ed. São Paulo: Revista dos Tribunais, 2001, p. 29-30).

28 RODRIGUES, Fillipe Azevedo. Análise econômica da execução penal: ressocialização e regime semiaberto. In: **Revista Direito e Liberdade**, v. 13, n. 2, p. 101-124, 2012, p. 108-109. Disponível em: <http://www.esmarn.tjrn.jus.br/revistas/index.php/revista_direito_e_liberdade/article/view/403/433>. Acesso em: 28 de abril de 2013.

há entre Economia e Direito pode ser reduzida, inicialmente, à seguinte explanação de Fábio Nusdeo sobre o assunto: "quanto mais escassos os bens e aguçados os interesses sobre eles, maior a quantidade e diversidade de normas se fazem necessárias para o equilíbrio de tais interesses".[29]

Em que pese à profunda confluência dos assuntos econômicos e jurídicos, o diálogo entre as áreas ainda está muito aquém do ideal, muitas vezes em função do desconhecimento e do desinteresse mútuo pelo que se passa nos distintos departamentos acadêmicos. O divórcio científico apenas prejudica a qualidade das pesquisas, cujas conclusões, amparadas sobre frágeis referenciais teóricos da ciência diversa, não repercutem positivamente como deveriam para o mundo real. Mesmo assim, além do pouco que já foi feito, há muito que pesquisar em aberto, sem dúvida a partir de um diálogo interdisciplinar mais profícuo.

De imediato, em sendo este trabalho destinado à academia do Direito, é importante transcrever o esclarecimento aos juristas, feito por Ivo Gico Júnior:

> quando falamos em economia nossa pré-compreensão nos leva automaticamente a pensar em dinheiro, mercados, emprego, inflação, juros etc. Assim, por exemplo, são consideradas questões econômicas perguntas do tipo: qual é o efeito da taxa de juros sobre o nível do emprego? Por que empresas nacionais pregam a criação de barreiras tarifárias para seus produtos? (...). Por outro lado, não são tradicionalmente consideradas econômicas perguntas do tipo: por que estupradores costumam atacar entre 5h e 8h30 da manhã ou à noite? Por que os quintais de locais comerciais são geralmente sujos, enquanto as fachadas normalmente são limpas? (...) Por que em Brasília os motoristas param para que um pedestre atravesse na faixa, mas em outros locais do Brasil isso não ocorre? Por que os advogados passaram a juntar cópia integral dos autos para instruir um agravo

[29] NUSDEO, Fábio. **Curso de economia: introdução ao direito econômico.** 3 ed. São Paulo: Revista dos Tribunais, 2001, p. 30.

> de instrumento quando a lei pede apenas algumas peças específicas? (...). Para a surpresa de alguns essa perguntas são tão econômicas quanto as primeiras e muitas delas têm sido objeto de estudos por economistas ou cientistas sociais empregando o método econômico.[30]

Entre as questões suscitadas por Ivo Gico Júnior, há em comum a existência de *decisões* dos agentes envolvidos, afinal, se estão em jogo escolhas, todas as condutas sob análise podem se sujeitar à abordagem[31] metodológica econômica. Em suma, conforme já foi dito, a *lei* considerada, por economistas, como a mais importante para seus estudos é a reação dos indivíduos a incentivos - jurídicos, amorosos, éticos, biológicos *et cetera* -, isto é, a diuturna tomada de decisões, típica do comportamento humano.

Parte-se, destarte, da seguinte premissa da *Teoria da Escolha Racional*: os indivíduos comportam-se em função da maximização daquilo a que atribuem o valor de utilidade. Desse modo, o comportamento previsível das empresas é a maximização dos lucros, assim como o Fisco maximiza a arrecadação, o ativista ambiental maximiza a preservação do meio ambiente e o assaltante maximiza os benefícios oriundos do objeto roubado.

---

[30] GICO JÚNIOR, Ivo. Introdução ao direito e economia. In: TIMM, Luciano Benetti (org.). **Direito e economia no brasil**. São Paulo: Atlas, p. 1-33, 2011, p. 12.

[31] Sobre a utilização do termo abordagem para análises econômicas de fatos do cotidiano, Levitt e Dubner explicam a origem do termo: "Em vez de encarar essas histórias como 'economia', é melhor vê-las como exemplo de 'abordagem econômica'. Essa expressão foi popularizada por Gary Becker, há muito tempo economista da Universidade de Chicago que recebeu o Prêmio Nobel em 1992. No discurso que proferiu quando da premiação, ele explicou que a abordagem econômica 'não assume que os indivíduos são motivados exclusivamente por egoísmo ou ganho. Trata-se de um *método* de análise, não de uma premissa sobre determinadas motivações... O comportamento é determinado por um conjunto de valores e preferências muito mais rico'". (LEVITT, Steven David; DUBNER, Stephen. **Superfreakonomics: o lado oculto do dia a dia.** Trad. Afonso Celso da Cunha Serra. Rio de Janeiro: Elsevier, 2010, p. 12).

Isso, porque a premissa utilitarista apontada consiste em considerar que a maioria das pessoas é racional, agindo tal qual *homo economicus* à procura da satisfação de seus interesses particulares.[32]

É evidente que tais modelos maximizadores operam com margens de erro, pois o comportamento previsível do indivíduo está suscetível ao fluxo de vários outros aspectos sociais e culturais, a exemplo da religião e da ética, entretanto isso não suprime seu valor e sua funcionalidade no aspecto macrocomportamental.

Ao maximizar uma situação concreta da qual se extraem várias alternativas de reação, o indivíduo, como agente econômico, toma uma decisão por aquilo que melhor lhe satisfaz com o menor esforço – ou custo – possível, trata-se de um julgamento de eficiência. Afinal, nessa ponderação, levam-se em conta, para obtenção do resultado, os custos que o precedem.

Pois bem, pode-se entender também a Economia como um *método de investigação* que "estuda o comportamento humano como uma relação entre fins e meios escassos que possuem usos alternativos".[33] Assim sendo, consoante o exposto por Ivo Gico Júnior, a "abordagem econômica serve para compreender toda e qualquer decisão individual ou coletiva que verse sobre recursos escassos, seja ela tomada no âmbito do mercado ou não. Toda atividade humana relevante, nessa concepção, é passível de análise econômica".[34]

---

32 Sobre o tema, veja-se o que disserta Richard Posner: "*The task of economics, so defined, is to explore the implications of assuming that man is a rational maximizer of his ends in life, his satisfaction – what we shall call his 'self-interest'. Rational maximization must not be confused with conscious calculation, however*". (POSNER, Richard A. **Economic analysis of law**. Nova Iorque: Aspen Publishers, 2010, p. 4).

33 ROBBINS, Lionel. **An essay on the nature and significance of economic science**. 2 ed. Londres: Macmillan, 1945, p. 16. Disponível em: <https://mises.org/books/robbinsessay2.pdf>. Acesso em: 29 de abril de 2013.

34 GICO JÚNIOR, Ivo. Introdução ao direito e economia. In: TIMM, Luciano Benetti (org.). **Direito e economia no brasil**. São Paulo: Atlas, p. 1-33, 2011, p. 13.

Assim como a ciência do Direito não está restrita às concepções mais convencionais do *direito*, a Economia, como método científico, não se confunde nem muito menos se propõe apenas ao estudo da atividade humana a que normalmente se chama de *economia* ou de *mercado*.[35]

Feitas essas considerações, o movimento interdisciplinar *Análise Econômica do Direito* (AED), também tratado como *Direito e Economia* - denominação traduzida do inglês *Law and Economics* -, propõe-se a otimizar as pesquisas científicas pertinentes tanto à área jurídica como à área econômica.[36]

---

[35] Em sua obra, Posner parte de idêntica premissa: "*Central to this book is the further assumption that a person is rational utility maximizer in all areas of life, not just in his 'economic' affairs, that is, not just when engaged in buying and selling in explicit markets. This idea - which is vital to economic analysis of law because so much of law concerns nonmarket behavior (such as crime, marriage and divorce, accidents, and bequests) - goes back to Jeremy Bentham in the eighteenth and early nineteenth century, but received little attention from economists until the work of Gary Becker in the 1950s and 1960s*". (POSNER, Richard A. **Economic analysis of law**. Nova Iorque: Aspen Publishers, 2010, p. 4).

[36] Nessa linha: "A ideia de concatenar os estudos de Direito e de Economia é, naturalmente, bem mais antiga do que a disciplina de Direito e Economia. É que aqui tomo a expressão 'Direito e Economia' como uma disciplina específica cujo referencial teórico é o movimento da Law and Economics. A expressão 'Direito e Economia' é, portanto, tradução ao pé da letra da expressão original em inglês, 'Law and Economics'. Essa terminologia vigora também na Alemanha (onde é comum adotar a expressão Recht und Ökonomik) e na Itália (Diritto ed Economia). Na Espanha, e também em toda a América hispânica, em geral utiliza-se Análisis Económico del Derecho, o que se deu talvez por influência da popular obra de Richard Posner, Economic Analysis of Law. Da mesma forma, em Portugal adotou-se Análise Económica do Direito. Na França, utiliza-se também a expressão 'Economia do Direito' (Economie du Droit)". (SALAMA, Bruno Meyerhof. O que é pesquisa em direito e economia. In: **Cadernos direitoGV**, v. 5, n. 2, estudo n. 22, 2008, p. 9-10. Disponível em: <http://bibliotecadigital.fgv.br/dspace/bitstream/handle/10438/2811/caderno%2520direito%252022.pdf?sequence=1>. Acesso em 29 de abril de 2013).

Entretanto, antes de se adentrar na caracterização do movimento da Análise Econômica do Direito, cabem algumas considerações sobre sua formação histórica, sobretudo no âmbito das ciências jurídicas.

No transcorrer do Século XX,[37] surgiu uma nova visão do Direito denominada *Realismo Jurídico*, que buscou a desvinculação dos pressupostos *juspositivistas*, do ordenamento positivo, ou *jusnaturalistas*, do valor de justiça, a fim de aproximar a ciência jurídica da realidade social, na qual o *direito* se forma e transforma, por meio das ações humanas que criam e destroem as regras de conduta, bem como mediante o juízo daqueles agentes estatais incumbidos da prestação jurisdicional.[38] Para Rachel Sztajn, "o direito é sistema aberto" e, portanto, "influenciado pelo meio que o produz, e não pode ignorar que a atuação dos agentes econômicos, criando para si novas formas de relacionamento, devem ser captadas pelo ordenamento para que se tenha segurança quanto à eficácia daquelas normas".[39]

37 Norberto Bobbio adverte que, ainda no Século XIX, as manifestações *historicistas* já se pautavam por perspectivas realistas do Direito, consoante a obra de Friedrich Carl Von Savigny. Também no século XIX, há uma reação antijusnaturalista e antiformalista chamada de *concepção sociológica do direito*, do qual Bobbio recorda o movimento *direito livre*, nas suas palavras, "advindo sobretudo da Alemanha, pela obra de Kantorowicz, que escreveu um manifesto em defesa da liberdade de criação normativa por parte do juiz". (BOBBIO, Norberto. **Teoria da norma jurídica.** 3 ed. Trad. Fernando Pavan Baptista e Ariani Bueno Sudatti. Bauru: EDIPRO, 2005, p. 63-64).

38 Para Norberto Bobbio, os realistas: "travam uma batalha em duas frentes: contra o jusnaturalismo, que teria uma concepção *ideal* do direito, e contra o positivismo em sentido estrito, que tem uma concepção *formal* do direito. Em antítese ao primeiro, estas correntes podem ser chamadas de realistas e ao segundo conteudísticas, no sentido em que não veem o direito como deve ser, mas como efetivamente é, e nem o entendem como complexo de normas válidas, mas como normas efetivamente aplicadas em uma sociedade". (BOBBIO, Norberto. **Teoria da norma jurídica.** 3 ed. Trad. Fernando Pavan Baptista e Ariani Bueno Sudatti. Bauru: EDIPRO, 2005, p. 62).

39 SZTAJN, Rachel. **Teoria jurídica da empresa.** São Paulo: Atlas, 2004, p. 28.

O movimento, contudo, dividiu-se em duas frentes: (i) a escandinava, capitaneada sobretudo por Alf Ross; e (ii) a norte-americana, conhecida também por *jusrealismo*, que combatia a concepção formal do Direito de Christopher Columbus Langdell, muito assemelhado ao juspositivismo.[40]

Segundo Ivo Gico Júnior, o realismo jurídico pretendia demonstrar que: (i) o direito é incapaz de fornecer sempre uma única resposta para casos análogos, ou seja, é de caráter indeterminado; (ii) as prestações jurisdicionais não são nem nunca foram aplicações mecânicas da lei, sobretudo porque o conteúdo delas é influenciado pela identidade, ideologia e linha política dos magistrados; e (iii) diante disso, o juiz deveria aplicar o direito a partir de fundamentos mais pragmáticos, até mesmo fundado nas conclusões teóricas e empíricas de outras ciências, a fim de alcançar a plena eficácia social da norma jurídica.[41]

A análise interdisciplinar dos assuntos jurídicos ganha relevo com os realistas, pois se admite que a aproximação do jurista às demais ciências o levará à melhor compreensão da realidade social, afastando-o do formalismo exacerbado e improdutivo. Especialmente nos Estados Unidos da América surge a AED, como um desses movimentos interdisciplinares, fomentados pela escola realista norte-americana.[42]

---

40 Ver mais em: COPETTI NETO, Alfredo. Pragmatismo em filosofia, realismo em direito e o duplo assalto à economia política clássica. In: **Revista direito mackenzie**, v. 5, n. 2, p. 71-92, 2011, p. 75. Disponível em: < http://editorarevistas.mackenzie.br/index.php/rmd/article/view/5074/3869>. Acesso em: 29 de abril de 2013.

41 GICO JÚNIOR, Ivo. Introdução ao direito e economia. In: TIMM, Luciano Benetti (org.). **Direito e economia no brasil**. São Paulo: Atlas, p. 1-33, 2011, p. 7.

42 Nessa linha, atente-se: O longo caminho percorrido por esses pioneiros, ou clássicos, desemboca finalmente na Análise Econômica do Direito, que disputa hoje uma parte da herança intelectual dos protoinstitucionalisas (Commons) e dos realistas americanos (Llewellyn, Cohen, Hale)". (LOPES, José Reinaldo de Lima. Direito e economia: os caminhos do debate. In: LIMA, Maria Lúcia L. M. Padua (coord.). **Direito e economia: 30 anos de Brasil**. Tomo 1. São Paulo: Saraiva, 2012, p. 242).

Sobre a obra de Alf Ross, principal realista escandinavo, há de se destacar a visão pragmática bastante assemelhada à construção teórica do *homo economicus* e à *teoria dos jogos* – a ser melhor abordada adiante –, tão relevantes para as Ciências Econômicas. *Vide* transcrição do autor:

> Os interesses são experimentados por pessoas – não conhecemos outros centros de experiência – e, neste sentido, são individuais. Falar de interesses coletivos ou comunitários, no sentido de que é o grupo ou a comunidade que experimenta ou tem o interesse, carece de sentido. Devemos procurar outra maneira de atribuir a essas palavras significado aceitável. Imaginemos dois indivíduos, A e B, prisioneiros de uma mesma cela. Ambos querem fugir, os dois têm, cada um de sua parte, interesse em sair da prisão. Nesta medida pode-se afirmar que seus interesses coincidem. Suponhamos, além disso, que a fuga requer necessariamente a cooperação dos dois. Cada um deles, portanto, tem interesse em ajudar o outro, não por razões altruístas, mas porque a fuga de cada um depende de uma cooperação que possibilita também a do outro. (...). Fica claro que o fato dos interesses coincidentes estarem também ligados depende unicamente de circunstâncias externas, no caso, uma situação fatual de solidariedade, que move A na direção de B, e reciprocamente, como instrumentos necessários para a satisfação de seus interesses egoístas.[43]

Em suma, a ideia central dos realistas era a maximização do critério de eficácia das normas, acima, inclusive, de qualquer critério de justiça ou validade; a Análise Econômica do Direito, por sua vez, aperfeiçoou a eficácia do realismo para o critério econômico-jurídico de eficiência.

Essa visão de eficácia e concretude normativa como fonte do Direito fundou os alicerces das primeiras obras voltadas à sua análise econômica, tratando-se de "aplicar as premissas básicas da

43 ROSS, Alf. **Direito e justiça**. Trad. Edson Bini. Bauru: EDIPRO, p. 412.

Microeconomia aos diversos ramos do Direito"[44] e não mais apenas aos ramos ligados às políticas econômicas propriamente ditas.

Assim, o movimento de *Law and Economics* ganhou força na década de 1960, mormente nas esferas do Direito Tributário (Henry Simons), do Direito das Obrigações e dos Contratos (Robert Hale) e do Direito Econômico, com ênfase para regulação antitruste. O avanço maior, entretanto, estava por vir com as obras de Guido Calabresi sobre Responsabilidade Civil e com o artigo de Ronald Coase intitulado "*The Problem of Social Cost*", em função de inaugurarem a abordagem econômica em áreas do Direito não vinculadas diretamente com relações financeiras. Além desses autores, cumpre mencionar com destaque os nomes Richard Posner e Gary Stanley Becker, os quais estenderam a análise econômica para as mais diversas searas jurídicas, a exemplo do estudo do crime e das penas, da discriminação racial e dos casamentos e divórcios. Tudo isso, na linha, conforme o próprio Posner afirma, do utilitarismo de Jeremy Bentham.[45]

Entre esses vários autores, Steven Levitt e Stephen Dubner mencionam, em especial, o conceito de Becker sobre a utilidade da abordagem econômica e de suas aplicações nos fatos sociais e jurídicos, conforme trecho transcrito a seguir:

> Becker sugeriu que a abordagem econômica não é matéria acadêmica nem meio para explicar 'a economia', mas, sim, a decisão de observar e analisar o mundo de maneira um tanto diferente. É uma forma sistemática de descrever como as pessoas decidem e como mudam de opinião; como escolhem alguém a quem amar e com quem casar, e talvez alguém para odiar e até matar; como, ao deparar com uma pilha de dinheiro, alguém a saqueará, a deixará intocada ou até a aumentará com o próprio dinheiro; por que, não raro,

---

44 STELZER, Joana; GONÇALVES, Everton das Neves. Análise econômica do direito: uma inovadora teoria geral do direito. In: OLIVEIRA, Amanda Flávio de (coord.). **Direito econômico: evolução e institutos**. Rio de Janeiro: Forense, 2009, p. 34.

45 POSNER, Richard A. **Economic analysis of law**. Nova Iorque: Aspen Publishers, 2010, p. 30-31.

> se tem medo de alguma coisa e se anseia por outra apenas um pouco diferente; por que se pune certo tipo de comportamento e se recompensa outro semelhante.[46]

A partir desses estudos, consolidou-se a AED como "toda tendência crítica do realismo jurídico norte-americano, fundamentada na utilização da teoria Econômica para análise do Direito",[47] isso de um ponto de vista amplo. Já em sentido estrito, essa nova concepção representou um novo papel instrumental-metodológico da Teoria Econômica aplicada ao âmbito jurídico, servindo-o de bases analíticas e interpretativas para seus diversos ramos, pautando-se sempre pela eficácia da norma.[48]

Para Robert Cooter e Thomas Ulen, além de uma teoria científica comportamental, a Economia "fornece um padrão normativo útil para avaliar o direito e as políticas públicas. As leis não são apenas argumentos arcanos, técnicos; elas são instrumentos para atingir objetivos sociais importantes".[49] O parâmetro de eficiência, portanto, é sobremaneira relevante já que o alcance dos resultados com o menor custo possível é de interesse público e privado.

A abordagem econômica do Direito, contudo, dividiu-se em duas grandes frentes, especificamente: AED *Positiva* (ou *Descritiva*) e AED *Normativa* (ou *Prescritiva*).

---

46 LEVITT, Steven David; DUBNER, Stephen. **Superfreakonomics: o lado oculto do dia a dia**. Trad. Afonso Celso da Cunha Serra. Rio de Janeiro: Elsevier, 2010, p. 12.

47 STELZER, Joana; GONÇALVES, Everton das Neves. Análise econômica do direito: uma inovadora teoria geral do direito. In: OLIVEIRA, Amanda Flávio de (coord.). **Direito econômico: evolução e institutos**. Rio de Janeiro: Forense, 2009, p. 35.

48 RODRIGUES, Fillipe Azevedo. **Análise econômica da execução penal: ressocialização e regime semiaberto.** Revista Direito e Liberdade, v. 13, n. 2, p. 101-124, 2012, p. 110. Disponível em: <http://www.esmarn.tjrn.jus.br/revistas/index.php/revista_direito_e_liberdade/article/view/403/433>. Acesso em: 28 de abril de 2013.

49 COOTER, Robert; ULEN, Thomas. **Direito e economia**. 5. ed. Porto Alegre: Bookman, 2010, p. 26.

Para Richard Posner, a frente *Positiva* atenta para a análise do arcabouço jurídico vigente e propor – sem fugir dele – quais as construções hermenêuticas que podem torná-lo mais eficiente em sua unidade, preservados os valores jurídico-normativos que inauguram o sistema.[50] No caso brasileiro, tratar-se-ia da aplicação da metodologia econômica em prol de otimizar o ordenamento jurídico para os fins constitucionais positivos (especialmente, garantia de direitos fundamentais), oferecendo uma alternativa pragmática à retórica jurídica.[51] Há, nessa linha de abordagem, um diálogo harmônico entre juseconomistas e juspositivistas, pois ficam preservadas a dogmática e a unidade do ordenamento jurídico.

50 Confira-se: "*As for the positive role of economic analysis of Law – the attempt to explain legal rules and outcomes as they are rather than to change them to make them better – we shall see in subsequent chapters that many areas of Law bear the stamp of economic reasoning. Few judicial opinions contain explicit references to economic concepts. But often the true grounds of legal decision are concealed rather than illuminated by the characteristic rhetoric of opinions. Indeed, a good legal education equips students to dig beneath the rhetorical surface to find those grounds, many of which may turn out to have an economic character*". (POSNER, Richard A. **Economic analysis of law.** Nova Iorque: Aspen Publishers, 2010, p. 31-32).

51 No ambiente atual do Neoconstitucionalismo, emerge a *Tópica* como uma suposta técnica racional para a formação retórica de decisões valorativas isentas do torpor político no Direito. Entretanto, Ivo Gico Júnior alerta que tal construção hermenêutica prescinde de "qualquer pretensão de sistematicidade, visto que a lógica [da *Tópica*] seria derivável do e aplicável ao caso concreto". Para o autor: "Obviamente, a argumentação tópica é falha na medida em que apenas identifica *topoi* aceitáveis para uma determinada audiência, sem fornecer qualquer instrumental analítico que possibilite a comparação entre eles, nem sua hierarquização valorativa, ou seja, não constitui nem oferece uma teoria de valores, que é justamente o problema que teria se proposto a resolver. Além disso, ao relativizar toda e qualquer forma de conhecimento como um *topos* (argumento possível(=), eleva ao mesmo nível conhecimento científico e senso comum, desde que suas proposições sejam razoáveis. Para minar ainda mais a sua utilidade enquanto método de análise, não apenas em Wiehweg, mas também na práxis jurídica atual, não fica clara a relação entre a tópica e o direito escrito, que muitas vezes se torna apenas mais um *topos* e, portanto, pode ser desconsiderado em nome de um critério idiossincrático de justiça, normalmente não explicitado". (GICO JÚNIOR, Ivo. Introdução ao direito e economia. In: TIMM, Luciano Benetti (org.). **Direito e economia no brasil**. São Paulo: Atlas, p. 1-33, 2011, p. 9).

Quanto à frente *Normativa*, Posner demonstra que o conceito econômico de *eficiência* se torna um dos principais parâmetros valorativos do Direito, ao lado, se for o caso, de construções valorativas de *justiça* ou de *direitos fundamentais*. O juseconomista filiado à frente *Normativa* enfrentará, por vezes, os valores que dão gênese ao sistema jurídico, sugerindo a conformação do espaço jurídico às soluções econômicas pautadas pela *eficiência*.[52] Em matéria de Direito Penal, poder-se-ia conceber uma análise crítica sobre a vedação às penas incapacitantes, típico direito fundamental (e individual) do Ordenamento Jurídico brasileiro, no sentido de recomendar a utilização, por exemplo, da pena de castração química a estupradores, porquanto seria um método eficiente para a garantia da ordem e da segurança pública (também direito fundamental, porém de caráter coletivo), sob a perspectiva econômica. Aqui, o diálogo científico entre a abordagem econômica e a dogmática é tensionado, com margem menor de possibilidade de consenso metodológico.

Como será visto adiante, optou-se com mais ênfase pela linha (*soft*) da AED *Positiva*, ao se entender que a abordagem introdutória sobre crime e sistema penal na realidade brasileira se mostra mais profícua a partir dos pressupostos constitucionais, que inauguram o ordenamento jurídico. Isto é, as instituições do Direito são variáveis valiosas e pontos de partida desse estudo.[53]

Sem embargo, por ser fruto de um processo de abertura metodológica interdisciplinar, a AED (tanto *Positiva* como *Normativa*) apresenta

---

[52] No original: "*The theory has normative as well as positive aspects. Although the economist cannot tell society whether it should seek to limit theft, he can show that it would be inefficient to allow unlimited theft and can thus clarify a value conflict by showing how much of one value - efficiency - must be sacrificed to achieve another. Or, taking a goal of limiting theft as given, the economist may be able to show that the means by which society has sought to attain that goal are inefficient - that society could obtain more prevention, at lower cost, by using different methods. If the more efficient methods impaired no other values, they would be socially desirable even if efficiency were low on the totem pole of social values*". (POSNER, Richard A. **Economic analysis of law**. Nova Iorque: Aspen Publishers, 2010, p. 31).

[53] Embora, em certos momentos, poderão ser suscitadas algumas críticas da linha (*hard*) *Normativa*, a fim de enriquecer ainda mais o debate.

perspectivas variadas de abordagem, que transitam, por exemplo, pelas Ciências Sociais e pelas Ciências Políticas. De modo que, a seguir, serão feitas breves considerações sobre abordagens com esse perfil.

3.2.1.2 Teoria da Escolha Racional

Conforme já foi adiantado acima, a *Teoria da Escolha Racional* consiste em entender o comportamento humano a partir de paradigmas funcionais. Isto é, diante de um conjunto de opções dadas por uma situação concreta, o indivíduo maximizador de seu bem-estar decide por uma delas, após ponderar os custos de oportunidade (*trades off*) e os demais custos intrínsecos à escolha em conjunto com os benefícios que dela obterá.[54]

Uma escolha deriva, pois, de uma vontade individual e serve para satisfazê-la, razão pela qual se afirma que o comportamento humano costuma ter uma função precedida e motivada pela vontade do indivíduo maximizador.

A fim de melhor esclarecer o assunto, trata-se de conceitos fundamentais aplicados à *Microeconomia*, dos quais se extrai a assertiva: "toda escolha pressupõe um custo". A esse inevitável preço a ser pago se denomina *custo de oportunidade*. De tal modo que, *exempli gratia*, caso você decida ler este trabalho, deixa de praticar outras atividades como estar com amigos, namorar, assistir televisão, exercitar-se ou dormir. Os benefícios extraídos de cada uma dessas atividades é o custo de oportunidade pago por ler esta dissertação. Observe-se, ademais, que a existência de um custo não se confunde, necessariamente, com um valor pecuniário.[55]

---

54 SALAMA, Bruno Meyerhof. O que é pesquisa em direito e economia. In: **Cadernos direito GV**, v. 5, n. 2, estudo n. 22, 2008, p. 15. Disponível em: <http://bibliotecadigital.fgv.br/dspace/bitstream/handle/10438/2811/caderno%2520direito%252022.pdf?sequence=1>. Acesso em 29 de abril de 2013

55 GICO JÚNIOR, Ivo. Introdução à análise econômica do direito. In: RIBEIRO, Marcia Carla Pereira Ribeiro; KLEIN, Vinicius (coord.). **O que é análise econômica do direito: uma introdução.** Belo Horizonte: Editora Fórum, 2011, p. 22.

Reitere-se, então, que os indivíduos comportam-se em função da maximização daquilo a que atribuem o valor de utilidade; o comportamento previsível e típico da *escolha racional* é o que leva as empresas a maximizarem lucros, assim como o Fisco maximiza a arrecadação, o ativista ambiental maximiza a preservação do meio ambiente ecologicamente equilibrado e o assaltante maximiza os benefícios oriundos do objeto roubado.

Além disso, em Economia, a ponderação algébrica dessas *escolhas maximizantes* se chama *função de utilidade*, que deve ser associada às restrições no processo de escolha, denominadas de *restrição de viabilidade*. Em síntese, "diz-se que o consumidor que vai às compras maximiza a utilidade dependendo de sua restrição orçamentária".[56]

Outro conceito fundamental, derivado da *escolha racional*, é o de *equilíbrio* na interação entre indivíduos maximizadores. O *equilíbrio* é o padrão inaugural que se perpetua até a interferência de fatores externos à relação. A premissa na qual se baseiam os economistas é a de que as interações, alheias a interferências externas, costumam tender ao *equilíbrio*, independentemente se inseridas no mercado lícito, ilícito, em eleições, jogos ou até mesmo em casamentos. Por analogia, cite-se as *Condições Normais de Temperatura e Pressão* (*CNTP*) da Física, nas quais são desenvolvidas suas teorias e empreendidas seus cálculos. Na Economia, *CNTP* podem ser entendidas como *mercado, lato sensu*.

Relacionado a *equilíbrio*, emerge o conceito de eficiência, talvez o mais conhecido da Economia, pois resume a *Teoria da Escolha Racional*. Assim como os demais conceitos, diz-se respeito à satisfação de preferências individuais a menor custo possível. Para tanto, segundo a formulação do cientista político Vilfredo Pareto, considera-se certa situação Pareto eficiente[57] ou Alocativamente eficiente

---

[56] COOTER, Robert; ULEN, Thomas. **Direito e economia**. 5. ed. Porto Alegre: Bookman, 2010, p. 37.

[57] Mais uma concepção de eficiência merece destaque: *ótimo Kaldor-Hicks*. Trata-se de uma melhoria potencial do *ótimo de Pareto*. Da *eficiência de Kaldor-Hicks*, pode-se dizer: "é uma tentativa de superar a limitação do

se é impossível mudá-la de forma a deixar pelo menos um indivíduo em situação mais benéfica (na sua própria opinião) sem, em consequência, deixar outro em situação pior (também em sua própria opinião). Para fins de exemplificação, conforme propõem Robert Cooter e Thomas Ulen, suponha-se que dois agentes econômicos, Smith e Jones, detêm dois bens distribuídos de forma aleatória, guarda-chuvas e pão. "Inicialmente, os bens estão distribuídos entre eles. Essa alocação é Pareto Eficiente? Sim, se é impossível realocar o pão e os guarda-chuvas de modo a deixar Smith ou Jones em situação melhor sem deixar o outro em situação pior".[58]

Os modelos econômicos, desenvolvidos nos parâmetros ideais de *mercado*, assim como as leis da Física, operam com margens de variância, pois o comportamento previsível do indivíduo maximizador está suscetível ao fluxo de diversos outros aspectos sociais e culturais, a *custos de transação* – que serão abordados adiante –, bem como às chamadas *falhas de mercado*,[59] entre as quais cabe destaque às *assimetrias de informação* e às *externalidades*.

---

critério de Pareto de que só se recomendam aquelas mudanças em que ao menos uma pessoa fique em situação melhor e nenhuma fique em situação pior. Esse critério exige que os ganhadores indenizem explicitamente os perdedores em qualquer mudança. Isto é, toda mudança tem de ser feita por consentimento unânime. Isso tem desvantagens claras como orientação para políticas públicas. Em contraposição a isso, uma melhoria potencial de Pareto permite mudanças em que haja tanto ganhadores quanto perdedores e ainda ter um excedente que sobre para eles mesmos. Para uma melhoria potencial de Pareto, a indenização não precisa ser feita efetivamente, mas tem de ser possível em princípio. Na análise custo-benefício, um projeto é empreendido quando seus benefícios excedem seus custos, o que implica que os ganhadores poderiam compensar os perdedores". (COOTER, Robert; ULEN, Thomas. **Direito e economia**. 5. ed. Porto Alegre: Bookman, 2010, p. 64-65).

58 COOTER, Robert; ULEN, Thomas. **Direito e economia**. 5. ed. Porto Alegre: Bookman, 2010, p. 38.

59 Nos termos expostos por Ana Lúcia Pinto silva, Bráulio Borges, Carlos Eduardo Carvalho e Cláudia Viegas: "As falhas de mercado mais comumente encontradas são: a) assimetria de informação; b) externalidades; c) recursos comuns; d) bens públicos; e) monopólio. Diante dessas situações,

O *equilíbrio* na transação entre dois indivíduos maximizadores depende do nível de informação que ambos possuem a respeito do bem ou interesse transacionado. De modo que, na hipótese de uma das partes ser detentora de mais informação, tanto em caráter quantitativo como qualitativo, o mecanismo de *mercado* não levará a trocas eficientes para ambos os agentes. Uma das implicações, *a posteriori*, pode ser a opção de vendedores saírem do "mercado ou que compradores fiquem excessivamente desconfiados sobre a qualidade/características do bem a ser adquirido e optem por cancelar a compra".[60] Em situações como essa, além dos mecanismos convencionais de mercado, torna-se necessária a interferência de outras variáveis para equilibrar a transação. A variável mais comum para tal mister são os institutos jurídicos.

Indo além das relações de consumo, disciplinadas pela legislação consumerista, tal qual o exemplo *retro*, as assimetrias de informação podem gerar agressões a bens jurídicos tutelados, inclusive, pelo Direito Penal. Afinal, indaga-se: como costuma se dar o *modus operandi* do estelionatário[61] (art. 171 do Decreto-Lei n. 2.848, de 7

---

transações mediadas exclusivamente pela variável preço não resultarão em uma alocação eficiente de recursos. Ou seja, o resultado final será distinto do obtido em *concorrência perfeita*, e a intervenção do Estado, via regulação econômica, ou a busca de contratos mais complexos que aqueles obtidos exclusivamente pelo funcionamento do mecanismo mercado serão requeridos para mitigar o efeito das falhas de mercado de forma a aproximar o resultado final daquele obtido em concorrência perfeita". (SILVA, Ana Lúcia Silva; *et alli*. Principais conceitos econômicos. In: LIMA, Maria Lúcia L. M. Padua (coord.). **Direito e economia: 30 anos de Brasil**. Tomo 1. São Paulo: Saraiva, 2012, p. 521).

60 SILVA, Ana Lúcia Silva; *et alli*. Principais conceitos econômicos. In: LIMA, Maria Lúcia L. M. Padua (coord.). **Direito e economia: 30 anos de Brasil**. Tomo 1. São Paulo: Saraiva, 2012, p. 521.

61 Para Edgard Magalhães Noronha: "É o estelionato, como já ficou dito, forma de criminalidade evolutiva, crime do homem civilizado [ou do *homo economicus*] e que toma vulto com o progresso e o desenvolvimento. O mundo moderno oferece-lhe, dessarte, *clima* propício, pela multiplicidade de relações jurídicas que a expansão econômica e o desenvolvimento das atividades humanas

de dezembro de 1940 - Código Penal Brasileiro)[62] ou do manipulador do mercado pela prática ilícita do *insider trading*[63] (art. 27-D da Lei Federal n. 6.385, de 7 de dezembro de 1976)?[64] Evidente que os benefícios ilícitos auferidos pelo delinquente se dão por meio da manipulação de assimetrias informacionais em seu favor.[65]

impõem. Ora, o equilíbrio e a harmonia social exigem que essas relações se assentem sobre o pressuposto da boa-fé, e daí o objetivo particular da lei de tutelá-la, ameaçando com a pena as violações da lisura, da honestidade, que, como imperativo constante, deve reinar nas relações jurídicas [e econômicas], em torno das quais a vida hodierna se agita. Esse interesse é eminentemente social, pelo que somos dos que pensam que a tutela do dispositivo não se dirige tanto a proteger a boa-fé *individual* no negócio jurídico - já que aceitamos que o crime existe ainda que a vítima não se tenha havido com grande lisura - mas é inspirada no *interesse público* de reprimir de qualquer maneira a fraude causadora do dano alheio". (NORONHA. Edgard Magalhães. **Direito penal.** V. 2, 23 ed. São Paulo: Editora Saraiva, 1988, p. 362).

62 BRASIL. **Decreto-Lei n. 2.848, de 7 de dezembro de 1940**. Disponível em: <http://www.planalto.gov.br/ccivil_03/decreto-lei/del2848compilado.htm>. Acesso em: 29 de abril de 2013.

63 Ver mais em: RODRIGUES, Fillipe Azevedo. Intervenção pública e proibição do insider trading: eficiência e *ultima ratio* na *responsive regulation*. In: **Revista de informação legislativa**, n. 210, p. 211-238, Brasília, 2016. Disponível em: <http://www2.senado.leg.br/bdsf/handle /id/522907>. Acesso em: 27 de dezembro de 2017. Ainda sobre o tema: OLIVEIRA, Natália Silva Teixeira Rodrigues de. *Insider trading*: uma realidade à luz do Direito Penal. In: **Revista da faculdade de direito da UFMG**, n. 60, p. 365-390, Belo Horizonte, 2012. Disponível em: <http://www.direito.ufmg.br/revista/index.php/revista/article/view/P.0304-2340.2012v60p365/171>. Acesso em: 29 de abril de 2013.

64 "Dispõe sobre o mercado de valores mobiliários e cria a Comissão de Valores Mobiliários". (BRASIL. **Lei Federal n. 6.385, de 7 de dezembro de 1976.** Disponível em: <http://www.planalto.gov.br/ccivil_03/leis/6385.htm>. Acesso em: 29 de abril de 2013).

65 Sobre o comportamento oportunista do detentor de informações em assimetria, veja o que afirma Marcia Carla Pereira Ribeiro: "Também as assimetrias informacionais dos agentes impactam na formação da vontade negocial. A quantidade de dados disponíveis em relação ao objeto negociado, assim como o custo para obtenção de informações adicionais, formam o contexto psicológico dos contratantes. Quando a ciência econômica passa a considerar as falhas de racionalidade, o pressuposto da eficiência

Externalidades, por outro lado, são custos ou benefícios acidentais auferidos por terceiros em função de uma ação individual. Quando se impõem custos, fala-se em *externalidade negativa*; quando se verificam benefícios, fala-se em *externalidade positiva*. Trata-se, pois, de uma *falha de mercado* devida justamente à existência de custos e benefícios não internalizados pelo(s) agente(s) de fato envolvido(s) na atividade causadora. Um exemplo bastante lembrado de *externalidade negativa* é a poluição, haja vista que: uma atividade industrial, na qual apenas *custos privados* de produção são internalizados, desconsidera os elevados *custos sociais* decorrentes dos resíduos poluentes que a indústria libera no meio ambiente. Enquanto que haverá *externalidade positiva* no eventual desenvolvimento, por um laboratório privado, de medicamento mais eficaz no combate ao vírus HIV, cujos benefícios mercadológicos e sociais serão auferidos por todos os concorrentes farmacêuticos e consumidores no mercado brasileiro, em função da quebra de patentes e da política de *genéricos*. Importa dizer que parcela dos benefícios do laboratório privado foram externalizados como *benefícios sociais* e *privados* de terceiros.[66]

absoluta a partir da liberdade contratual, aponta para desvios como aqueles decorrentes de comportamentos oportunistas por parte dos contratantes. Aquele que titula uma informação que não chega a ser acessível à outra parte pode se aproveitar desta informação para lucrar de forma injustificada. O outro, lesado pela carência de informação, é exemplo da limitação de racionalidade que pode atingir os agentes econômicos". (RIBEIRO, Marcia Carla Pereira. Racionalidade limitada. In: RIBEIRO, Marcia Carla Pereira Ribeiro; KLEIN, Vinicius (coord.). **O que é análise econômica do direito: uma introdução**. Belo Horizonte: Editora Fórum, 2011, p. 66).

66 Segundo Ana Lúcia Pinto silva, Bráulio Borges, Carlos Eduardo Carvalho e Cláudia Viegas, a hipotética *externalidade positiva* da quebra de patentes pode ensejar uma outra *externalidade*, derivada da primeira e, nesse caso, de caráter *negativo*. Em suas palavras, haveria "baixos incentivos para que os produtores dediquem-se à atividade de pesquisa e desenvolvimento para o lançamento de novos produtos, pois tais investimentos poderão beneficiar a todos os produtores, de maneira indiscriminada. Sem uma solução para esse efeito, o resultado final poderá ser um subinvestimento em pesquisa e

Dito isso, apesar de o *desvio* comportamental por causas culturais ou religiosas, as *falhas de mercado* e as demais variáveis do dia a dia separarem o *Mercado* ideal da realidade factual, a construção utilitarista do *homo economicus* e a *Teoria da Escolha Racional* não perdem seu valor e sua funcionalidade no aspecto macrocomportamental, pois, assim como os modelos físicos são desenvolvidos em *CNTP*, os modelos econômicos são bem sucedidos utilizando-se do critério de *mercado*.

Nessa linha, respondendo às objeções quanto à influência das variáveis externas no *mercado*, Levitt e Dubner são precisos em tratá-las como exceções à regra (*mercado*). Veja-se: "Essas objeções são válidas e verdadeiras. Porém, embora toda regra tenha exceções, também é bom conhecer a norma. Em um mundo complexo, onde as pessoas podem ser *atípicas*, de infinitas maneiras, é muito importante identificar padrões". Dito isso, concluem: "saber o que acontece em média é bom ponto de partida. Assim agindo, blindamo-nos contra a tendência de desenvolver nosso raciocínio – nossas decisões diárias, nossas leis, nossa governança – com base em exceções e anomalias, em vez de com fundamento na realidade".[67]

Pois bem, a AED, tendo em vista o seu caráter interdisciplinar, aperfeiçoa os modelos econômicos comportamentais ao não prescindir de posteriores verificações empíricas, bem como ao considerar a influência crucial das instituições – onde se inserem as regras e princípios jurídicos – no (des)equilíbrio do *mercado*.[68]

---

desenvolvimento". (SILVA, Ana Lúcia Silva; *et alli*. Principais conceitos econômicos. In: LIMA, Maria Lúcia L. M. Padua (coord.). **Direito e economia: 30 anos de Brasil**. Tomo 1. São Paulo: Saraiva, 2012, p. 525).

67 LEVITT, Steven David; DUBNER, Stephen. **Superfreakonomics: o lado oculto do dia a dia**. Trad. Afonso Celso da Cunha Serra. Rio de Janeiro: Elsevier, 2010, p. 13.

68 Para se aprofundar, veja em Posner: "*Will show how the insights of the pioneers have been generalized, empirically tested, and integrated with the insights of the 'old' law and economics to create a comprehensive economic theory of law having explanatory power and empirical support*". (POSNER, Richard A. **Economic analysis of law**. Nova Iorque: Aspen Publishers, 2010, p. 31).

3.2.1.3 Nova Economia Institucional e Custos de Transação

Tanto nas Ciências Econômicas quanto no Direito, o estudo das transformações institucionais atrai grande interesse dos pesquisadores. Não obstante, muitas vezes o discurso em cada área negligencie a interdisciplinaridade premente do tema.

A respeito da importância da confluência dos discursos jurídicos e econômicos, principalmente no aspecto das novas instituições, Robert Cooter e Thomas Ulen asseveram abaixo:

> A análise econômica do direito é um assunto interdisciplinar que reúne dois grandes campos de estudo e facilita uma maior compreensão de ambos. A economia nos ajuda a perceber o direito de uma maneira nova, que é extremamente útil para os advogados e para qualquer pessoa interessada em questões de políticas públicas. (...) também constataremos que o direito traz algo para a economia. Muitas vezes, a análise econômica pressupõe como algo óbvio instituições jurídicas como a propriedade e o contrato, que afetam drasticamente a economia. (...). Se os economistas prestarem atenção no que o direito tem a lhes ensinar, verão que seus modelos irão ficar mais próximos da realidade.[69]

Assim, a análise das variadas nuances da mudança institucional requer a definição prévia do que se entende por *instituições*. Para Douglass North, "instituições são as regras do jogo, enquanto as organizações são as equipes que jogam o jogo",[70] subsistindo uma relação de dependência entre as organizações e as instituições, afinal aquelas perdem a razão de ser caso estas deixem de existir.

A eficiência das instituições, do mesmo modo, repercute na eficiência das organizações. E as instituições, segundo North,[71] exis-

---

69 COOTER, Robert; ULEN, Thomas. **Direito e economia**. 5. ed. Porto Alegre: Bookman, 2010, p. 33.

70 SZTAJN, Rachel; AGUIRRE, Basília. **Mudanças institucionais**. In: ZYLBERSZTAJN, Decio; SZTAJN, Rachel (org.). **Direito e economia**. 5 ed. Rio de Janeiro: Campus, p. 228-243, 2005, p. 235.

71 NORTH, Douglass. Institutions. In: **Journal of economic perspectives**, v. 5, n. 1, p. 97-112, 1991, p. 97. Disponível em: <http://pt.scribd.com/doc/127539041/Douglas-North>. Acesso em: 29 de abril de 2013.

tem porque há incertezas no meio privado. Em última análise, são imprescindíveis para o estabelecimento do equilíbrio nas relações entre os agentes econômicos.

Importante advertir que o conceito de eficiência das instituições distingue-se da eficiência econômica (pura), porquanto a maximização dos agentes inseridos numa estrutura institucional deve adaptar-se às regras que dirigem a Economia naquele momento, sem afastar a possibilidade de alteração futura do regime. Trata-se, pois, da denominada eficiência adaptativa, de caráter dinâmico, por meio da qual é possível o estabelecimento de sucessivos ajustes ao equilíbrio institucional a cada transformação empreendida no regime vigente.

Entretanto, quanto maior o número de novas conformações menor será a estabilidade das instituições e a eficiência das organizações. Especialmente nesse cerne, North afirma que a "estabilidade é garantida por um conjunto complexo de restrições que incluem regras formais aninhadas em uma hierarquia, onde cada nível representa uma mudança mais custosa que a do anterior".[72]

As mudanças institucionais, portanto, são desejáveis desde que os custos de seu empreendimento somem valor inferior em função da utilidade advinda pela transformação nas regras do jogo. Isto é, são regras melhores e, consequentemente, desejadas pelos jogadores.

Outra relação importante sobre o assunto é a seguinte: a observância dessas instituições gera *custos de transação*, de modo que quanto maiores forem tais custos menos eficientes serão as instituições. Sobre esse tema, Ronald Coase elaborou obra na qual afirmava que todos arcam com os custos de usar o *mercado*.[73]

---

72 SZTAJN, Rachel; AGUIRRE, Basília. Mudanças institucionais. In: ZYLBERSZTAJN, Decio; SZTAJN, Rachel (org.). **Direito e economia**. 5 ed. Rio de Janeiro: Campus, p. 228-243, 2005, p. 239.

73 "A ideia principal de Coase nos diz que esses custos influenciam decisões sobre como organizar as diversas etapas da produção de bens e serviços, se dentro de uma firma ou através da troca entre produtores no mercado. Isto se justifica pois os custos de se usar o mercado podem ser comparados aos custos que uma empresa tem para realizar as mesmas etapas de

Assim, cada vez maiores os trâmites burocráticos e cada vez maior a incerteza quanto às obrigações e às sanções do Direito, serão maiores os custos de transação de negócios privados ou da atuação estatal. De acordo com Decio Zylbersztajn e Rachel Sztajn:

> Coase explicou que a inserção dos custos de transação na Economia e na Teoria das Organizações implica a importância do Direito na determinação de resultados econômicos. Segundo o Teorema de Coase, em um mundo hipotético sem custos de transação (pressuposto da Economia Neoclássica), os agentes negociarão os direitos, independentemente da sua distribuição inicial, de modo a chegar à sua alocação eficiente. Nesse mundo, as instituições não exercem influência no desempenho econômico. Ocorre que, como asseverou Coase, esse é o mundo da *blackboard economics*. Ao criticar a análise econômica ortodoxa, Coase enfatizou que, no mundo real, os custos de transação são positivos e, ao contrário do que inferem os neoclássicos tradicionais, as instituições legais impactam significativamente o comportamento dos agentes econômicos. Guido Calabresi, jurista da Universidade de Yale, por sua vez, demonstrou a importância da análise de impactos econômicos da alocação de recursos para a regulação da responsabilidade civil, seja em âmbito legislativo ou judicial. Sua obra inseriu explicitamente a análise econômica em questões jurídicas, apontando que uma análise jurídica adequada não prescinde do tratamento econômico das questões.[74]

Amparados pelo método dedutivo, o pensamento da Nova Economia Institucional se sustenta nas seguintes premissas básicas: (i) as instituições são de extrema relevância para a análise econômica

produção internamente". (PESSALI, Huáscar Fialho. Custos de transação. In: RIBEIRO, Marcia Carla Pereira Ribeiro; KLEIN, Vinicius (coord.). **O que é análise econômica do direito: uma introdução**. Belo Horizonte: Editora Fórum, 2011, p. 80).

74 SZTAJN, Rachel; ZYLBERSZTAJN, Decio. Análise econômica do direito e das obrigações. In: ZYLBERSZTAJN, Decio; SZTAJN, Rachel (org.). **Direito e economia**. 5 ed. Rio de Janeiro: Campus, p. 1-15, 2005, p. 1-2.

do Direito e da sociedade; (ii) as consequências dessas instituições podem ser estudadas por meio do instrumental da teoria econômica; (iii) as instituições interferem tanto na macroeconomia quanto no comportamento do *homo economicus*.[75] De modo que, além da ideia do *homo economicus*, "são conceitos centrais para a Nova Economia Institucional a *propriedade*, o *contrato* e os *custos de transação*.[76]

3.2.1.4 Teoria dos Jogos: Considerações Iniciais sobre O Dilema dos Prisioneiros, Estratégias Dominantes e o Equilíbrio de Nash

Nos casos em que os agentes maximizadores interagem, sobreleva-se o comportamento estratégico, uma vez que os resultados de seus atos dependem do comportamento assumido pelos demais.

Esse embate é o objeto de aplicação da *Teoria dos Jogos*, cada vez mais pertinente no Direito e na Nova Economia Institucional, pois prevê como os agentes econômicos (jogadores) reagem interativamente às instituições (regras do jogo). A Teoria Econômica, dessa forma, "pode ajudar juristas e legisladores a analisar e entender as consequências de determinadas estruturas legais".[77]

---

75 Marcia Carla Pereira Ribeiro e Eduardo Oliveira Agustinho contribuem para o estudo ao delimitar os princípios informadores da Nova Economia Institucional. Observe: "Tem-se assim, como princípios fundamentais: (i) a assunção de que os indivíduos seguem o autointeresse consoante com sua racionalidade, a qual é sujeita a limitações mais numerosas do que aquelas assumidas pelos neoclássicos; (ii) os indivíduos buscam a maximização da riqueza, cuja concepção é a de persecução de estruturas institucionais que aprimorem a capacidade de produção na sociedade". (RIBEIRO, Marcia Carla Pereira; AGUSTINHO, Eduardo Oliveira. Economia institucional e nova economia institucional. In: RIBEIRO, Marcia Carla Pereira Ribeiro; KLEIN, Vinicius (coord.). **O que é análise econômica do direito: uma introdução.** Belo Horizonte: Editora Fórum, 2011, p. 125).

76 RIBEIRO, Marcia Carla Pereira; AGUSTINHO, Eduardo Oliveira. Economia institucional e nova economia institucional. In: RIBEIRO, Marcia Carla Pereira Ribeiro; KLEIN, Vinicius (coord.). **O que é análise econômica do direito: uma introdução.** Belo Horizonte: Editora Fórum, 2011, p. 124-125.

77 HILBRECHT, Ronald. Uma introdução à teoria dos jogos. In: TIMM, Luciano Benetti (org.), Direito e economia no brasil. São Paulo: Atlas, p. 115-138, 2011, p. 115.

A teoria dos jogos apresenta-se como um método do comportamento racional em situação de interação. Em outros termos, serve de ferramenta preditiva das decisões dos indivíduos quando em interação, útil, portanto, para modelar incentivos bastantes a produzir decisões desejadas ou para antever as indesejadas.

Para melhor compreensão, são necessárias algumas considerações sobre o modelo básico da *Teoria dos Jogos*, conhecido como *O Dilema dos Prisioneiros*.[78]

Dois suspeitos, chamados Alberto e João, são capturados próximo ao local do crime, entretanto não há prova robusta para incriminá-los com rigor, a não ser que a autoridade policial obtenha a confissão de pelo menos um dos dois. Diante disso, isolados em salas distintas de interrogatório, tanto a Alberto como a João são propostas reduções consideráveis das penas na hipótese de confessarem e delatarem o companheiro. Informados sobre as implicações penais de seus atos, os suspeitos deverão optar entre as seguintes condições: (i) se ambos confessarem, ambos serão punidos com 6 anos de pena; (ii) se não confessarem, ambos serão punidos com apenas 2 anos de pena; e (iii) se um confessar e outro não confessar, este será severamente punido com 10 anos e aquele receberá uma pena módica de apenas 1 ano.

Por ser a opção de menor risco de punição elevada (melhor *payoff*),[79] ambos os suspeitos deverão *confessar*, o que torna esta a *estratégia dominante*[80] do problema. Para melhor entendimento, a

[78] Obter maiores conclusões em: STIGLITZ, Joseph; WALSH, Carl. **Introdução à microeconomia**. Trad. Helga Hoffman. Rio de Janeiro: Elsevier, 2003, p. 321-323.

[79] Para Hilbrecht, *payoffs* "são os resultados que cada jogador espera conseguir em cada combinação possível das estratégias escolhidas pelos jogadores". (HILBRECHT, Ronald. **Uma introdução à teoria dos jogos**. In: TIMM, Luciano Benetti (org.), Direito e economia no brasil. São Paulo: Atlas, p. 115-138, 2011, p. 117).

[80] "Uma estratégia é chamada de estratégia dominante quando seus *payoffs* forem maiores do que os das estratégias alternativas, independentemente das escolhas dos rivais. (...). Como uma estratégia

matriz de *payoffs* abaixo demonstra o comportamento esperado dos suspeitos nesse jogo:

Dilema dos Prisioneiros			
JOGO "O DILEMA DOS PRISIONEIROS"			
		Mévio	
		Confessa	**Não Confessa**
Tício	Confessa	-6, -6	-1, -10
	Não Confessa	-10, -1	-2, -2
Payoffs: (**Tício**, **Mévio**)			
Fonte: HILBRECHT, Ronald. **Uma introdução à teoria dos jogos**. In: TIMM, Luciano Benetti (org.), Direito e economia no brasil. São Paulo: Atlas, p. 115-138, 2011, p. 120.			

O equilíbrio de estratégias dominantes no Dilema dos Prisioneiros também é considerado como o *equilíbrio de Nash* do problema, o qual é atingido quando cada jogador escolhe a estratégia que lhe renda maior *payoff* possível, considerando-se as estratégias escolhidas pelos demais jogadores. Conforme esclarece Hilbrecht,[81] "em um equilíbrio de Nash nenhum jogador gostaria de mudar sua estratégia quando souber o que seus rivais fizeram. (...). Cada jogador escolhe suas ações de forma independente, motivado pelo seu *payoff*".

Os jogos podem ser categorizados em dois grandes grupos: (i) *jogos de movimentos simultâneos* e (ii) *jogos de movimentos sequenciais*. O Dilema dos Prisioneiros é um exemplo do primeiro, afinal os jogadores desconhecem a ação um do outro.

---

dominante dá sempre o melhor *payoff* em relação às alternativas, ela deve ser jogada sempre. Da mesma forma, se o rival tiver uma estratégia dominante, pode-se esperar que ele sempre irá usá-la". (HILBRECHT, Ronald. Uma introdução à teoria dos jogos. In: TIMM, Luciano Benetti (org.), Direito e economia no brasil. São Paulo: Atlas, p. 115-138, 2011, p. 118).

81 HILBRECHT, Ronald. Uma introdução à teoria dos jogos. In: TIMM, Luciano Benetti (org.), Direito e economia no brasil. São Paulo: Atlas, p. 115-138, 2011, p. 120-121.

Os jogos de movimento simultâneo ocorrem *com ou sem repetição*. Aplicando apenas uma vez a lógica do Dilema dos Prisioneiros, não há dúvida que a estratégia dominante permanecerá na delação, isto é, na não cooperação entre jogadores. No entanto, caso fosse possível repetir esse jogo em situações futuras entre os mesmos jogadores, também inexiste dúvida que punições poderiam ser aplicadas ao jogador delator, recalibrando seus incentivos para cooperar, isso significa não mais delatar.

Essa conclusão implica seriamente a persecução penal. O tempo é inimigo de quem espera a não cooperação entre jogadores e, consequentemente, a colaboração de ambos com a o sistema de justiça. Com repetições ou com mais tempo para recalibração dos incentivos à margem do jogo (uma ameaça de morte aos jogadores tendentes a delatar), mais se retroalimentará o comportamento socialmente indesejado.

É importante saber que, nos jogos de movimento simultâneo, quanto maior a paciência dos jogadores, maior o número de interações (ou repetições) e maior a facilidade da detecção de trapaça entre eles, maior também será a cooperação entre os jogadores. Para a persecução penal, cooperação entre jogadores significa o fracasso da colaboração com a Justiça.

Pode causar espanto, porém as organizações criminosas mais sofisticadas possuem códigos de conduta e políticas de conformidade difundidas entre seus membros como antídoto para estratégias a exemplo do Dilema dos Prisioneiros. Assim, se lhes for dado tempo, o jogador mais fiel à organização não desejará ser mais esperto e começará cooperando com seu comparsa, não o entregando. Com tempo para agir, os demais membros conseguirão detectar a traição do outro jogador, o delator. Assim, a ele poderá ser dirigida ameaça ou aplicada punição. Esse enredo é denominado de estratégia *tit for tat*, possível apenas quando o jogo admite mais interações ou repetições. É a teoria dos jogos sendo utilizada pelos prisioneiros como contragolpe a teoria dos jogos utilizada pelos policiais.

Os jogos de movimentos sequenciais são aqueles em que os jogadores se sucedem, de modo que o último só age conhecedor da decisão tomada pelos anteriores. Em princípio, percebendo a assimetria de informação entre jogadores, costuma-se imaginar que o último jogador é privilegiado porque atua com toda informação. Contudo, se o primeiro dominar as estratégias inerentes a esse tipo de jogo, conduz as jogadas supervenientes, fazendo prevalecer sua decisão sobre os demais jogadores.

Um exemplo de aplicação da teoria é o jogo da extorsão mediante sequestro. O sequestrador toma uma decisão inaugural e aguarda a decisão da família da vítima, que deverá decidir por pagar ou não o preço do resgate. Nenhum dos dois lados ganha se a família da vítima decidir por não pagar o resgate, sobretudo porque os delinquentes agiram motivados pelo ganho econômico e, sem ele, suportarão apenas o custo potencial da condenação criminal, ao passo que a família poderá perder seu familiar sequestrado. No entanto, o custo de oportunidade imposto à família é tamanho (morte da vítima) que a decisão de sequestrar, em regra, condiciona os familiares a pagarem pelo resgate e a não comunicarem o fato à polícia.

Somente com incentivos externos que produzam maior incerteza para os sequestradores, torna-se possível inibir a decisão de sequestrar. Um bom exemplo de incentivo dessa natureza seria a adoção de uma legislação antirresgate, proibindo o familiar de fazê-lo e fornecendo um aparato policial especializado na dissuasão do delito, mediante canais seguros para comunicação do crime e ação ágil e silenciosa.

Ao lado da *Teoria da Escolha Racional* e da *Nova Economia Institucional*, a *Teoria dos Jogos* "é uma ferramenta muito utilizada, sobretudo na economia, para a interpretação do comportamento das pessoas quando interagem entre si". Como visto, a capacidade de raciocinar estrategicamente, analisada através de tal instrumental metodológico, não se limita ao campo econômico *stricto sensu*, mas alcança o Direito[82] (*e.g.*) por contribuir "na indução de comportamentos socialmente desejados", permitindo que o jurista defina "os

[82] Ver maiores abordagens sobre a matéria em: CARVALHO, José Augusto Moreira de. **Introdução à teoria dos jogos**. In: **Revista de Direito Constitucional e Internacional**, n. 59, p. 213-234, 2007.

resultados pretendidos ao optar por um ou outro modelo econômico, tendo em vista critério de eficiência e eficácia, normalmente ignorados pela tradição legalista".[83]

A advertência quanto a tais instrumentos serem normalmente ignorados pelo Direito, cedeu lugar aos "novos meios ocultos de investigação contra o crime organizado",[84] em especial ao instituto da colaboração premiada – disciplinado pela Lei Federal n. 12.850, de 2 de agosto de 2013[85] –, cuja aplicação durante a persecução penal, conforme sustentam Cibele Benevides Guedes da Fonseca[86] e Alexandre Morais da Rosa[87], busca inspiração no sistema de *plea bargain* norte-americano. Este, por sua vez, tem origem na lógica dos jogos não cooperativos de movimentos simultâneos em que é possível antever as estratégias dominantes e o equilíbrio de Nash, tal qual no Dilema dos Prisioneiros.[88] Com outras palavras, para atuar bem na

---

83 BECUE, Sabrina Maria Fadel. Teoria dos jogos. In: RIBEIRO, Marcia Carla Pereira Ribeiro; KLEIN, Vinicius (coord.). **O que é análise econômica do direito: uma introdução.** Belo Horizonte: Editora Fórum, 2011, p. 111-112.

84 RODRIGUES, Fillipe Azevedo; RODRIGUES, Liliana Bastos Pereira Santo de Azevedo. **Lavagem de dinheiro e crime organizado**: um diálogo entre Brasil e Portugal. Belo Horizonte: Del Rey, 2016, p. 62-66.

85 BRASIL. **Lei Federal n. 12.850, de 2 de agosto de 2013**. Disponível em: <http://www.planalto.gov.br/ccivil_03/_ato2011-2014/2012/lei/l12737.htm>. Acesso em: 15 de junho de 2020.

86 FONSECA, Cibele Benevides Guedes da. **Colaboração premiada**. Belo Horizonte: Del Rey, 2017, p. 215-224.

87 ROSA, Alexandre Morais da. **Guia compacto do processo penal conforme a teoria dos jogos**. Florianópolis: Empório do Direito, 2016, p. 284-289.

88 A mesma sistemática foi aplicada na Lei Federal n. 12.846, de 1.º a agosto de 2013, "mais conhecida como Lei Anticorrupção, que tem por objeto a responsabilização objetiva, nos âmbitos civil e administrativo, de empresas cujas práticas resultem em atos lesivos à Administração Pública nacional e estrangeira". No trabalho a seguir referenciado, as teorias dos jogos e da agência são conjugadas para melhor compreender o funcionamento do acordo de leniência, criado na Lei Anticorrupção: SANTOS, Natália Batista da Costa; RODRIGUES, Fillipe Azevedo. Os jogos da leniência: uma análise econômica da Lei Anticorrupção. In: **Revista Direito Público**, v. 14, n. 78, 2017, p. 54-71, nov-dez, 2017.

nova justiça penal negociada, do inquérito aos tribunais recursais, há que se entender de teoria dos jogos.[89]

3.2.2 Teoria Econômica do Crime

As teorias do comportamento criminoso, de certo modo, têm como base a *escolha racional* conforme as propostas idealizadas por Cesare Beccaria e Jeremy Bentham ainda no Século XVIII.[90] Já em 1788, na obra *Principles of Penal Law*, Bentham afirmava que o benefício obtido com o crime é a força que estimula o homem à delinquência: a dor da punição é a força empregada para demovê-lo do crime. Se a primeira dessas forças for superior, o crime será cometido; se a segunda for superior, o crime não será cometido.[91]

A principal ideia de Bentham foi aperfeiçoada no trabalho *Crime and Punishment: An Economic Approach*,[92] de Gary Becker,

---

89 A respeito do assunto, cumpre transcrever a advertência de André Luiz Bermudez: "há um grande desconforto em admitir a influência da prova produzida em fase extrajudicial no convencimento do juiz, mas tal fator não deve ser descartado quando da discussão do processo penal via Teoria dos Jogos. As escolhas racionais dos *players* da fase processual se baseiam no que foi estruturado pelo presidente da investigação criminal, de modo que até mesmo as estratégias dos jogadores se encontram contaminadas pelos elementos informativos pré-processuais". (BERMUDEZ, André Luiz. **A investigação criminal orientada pela teoria dos jogos.** Florianópolis: Emais, 2018, p. 185).

90 EIDE, Erling. Economics of crime behavior. In: BOUCKAERT, Boudewijn; GEEST, Gerrit de. **Encyclopedia of law & economics**, n. 8100, p. 345-389, 1999, p. 346. Disponível em: <http://encyclo.findlaw.com/8100book.pdf>. Acesso em: 30 de abril de 2013.

91 Veja o original: "*the profit of the crime is the force which urges a man to delinquency: the pain of the punishment is the force employed to restrain him from it. If the first of these forces be the greater, the crime will be committed; if the second, the crime will not be committed*". (BENTHAM, Jeremy. **Principles of penal law**. Adelaide: University of Adelaide Library, 2012. Disponível em: <http://ebooks.adelaide.edu.au/b/bentham/jeremy/principles_of_penal_law/complete.html>. Acesso em 30 de abril de 2013).

92 BECKER, Gary Stanley. Crime and punishment: an economic approach. In: **Journal of political economy: Essays in the economics of crime and punishment**, National Bureau of Economic Research, p. 169-217, 2001, p. 169-172.

considerada ainda hoje a obra mais relevante para o estudo da AED aplicada à teoria dos delitos e das penas. Trata o fenômeno da criminalidade como resultado da maximização racional[93] dos agentes envolvidos: Estado, delinquente e vítima.

Para Becker,[94] o delito ocorre na medida em que o delinquente, como *homo economicus*,[95] reage racionalmente a incentivos, assim

---

Disponível em: < http://www.jstor.org/discover/10.2307/1830482?uid=3737664&uid=2&uid=4&sid=21101968867553>. Acesso em: 30 de abril de 2013.

93 Sobre o assunto: "A premissa comportamental implícita na Teoria dos Preços é a de que os indivíduos farão escolhas que atendam seus interesses pessoais, sejam eles quais forem. Daí dizer-se que indivíduos racionalmente maximizam seu bem-estar. Note que a ideia é a de que todas as pessoas são maximizadoras racionais de bem-estar, e também de que a maximização se dá em todas as suas atividades. Esse comportamento maximizador é, portanto, tomado como abrangendo uma enorme gama de ações, que vão desde a decisão de consumir ou produzir um bem, até a decisão de contratar com alguém, de pagar impostos, de aceitar ou propor um acordo em um litígio, de falar ao telefone celular ao dirigir e, até mesmo, de votar contra ou a favor de um projeto de lei. Claro que no cálculo de maximização entram os custos e benefícios monetários e também aqueles não monetários (tais como poder, prestígio, sensação do dever moral cumprido, etc.)". (SALAMA, Bruno Meyerhof. O que é pesquisa em direito e economia. In: **Cadernos direitoGV**, v. 5, n. 2, estudo n. 22, 2008, p. 16-17. Disponível em: <http://bibliotecadigital.fgv.br/dspace/bitstream/handle/10438/2811/caderno%2520direito%252022.pdf?sequence=1>. Acesso em 29 de abril de 2013).

94 BECKER, Gary Stanley. Crime and punishment: an economic approach. In: **Journal of political economy: Essays in the economics of crime and punishment**, National Bureau of Economic Research, p. 169-217, 2001, p. 169-172. Disponível em: < http://www.jstor.org/discover/10.2307/1830482?uid=3737664&uid=2&uid=4&sid=21101968867553>. Acesso em: 30 de abril de 2013.

95 "A pessoa voltada para seu bem-estar abrange as realizações e oportunidades do indivíduo no contexto de sua vantagem pessoal. (...) modelo comportamental em que a motivação é baseada apenas no auto-interesse". (PETTER,

como os não criminosos o fazem. Esses incentivos são delimitados através de uma análise de custos e benefícios entre praticar ou não a conduta criminosa.

A estratificação social propicia referenciais diversos acerca de eventuais custos e benefícios em delinquir, pois é evidente que os indivíduos integrantes das camadas sociais mais favorecidas não sofrerão os mesmos incentivos - em nível e natureza - a que os integrantes da parcela marginalizada da população são sujeitos.

Conforme se tentou demonstrar no tópico inaugural deste capítulo, as questões socioeconômicas brasileiras indicam uma relação com o fenômeno da delinquência. Afinal, também no crime está em jogo um custo de oportunidade ou um *trade off*. Ao seguir a carreira do crime, o delinquente, *homo economicus*, abre mão (paga o *preço*) de se afastar de atividades lícitas. Os benefícios esperados com o ilícito penal devem, portanto, ser muito elevados para suprir os custos de oportunidade e compensar os riscos inerentes ao submundo do crime.[96]

Lafayete Josué. **Princípios constitucionais da ordem econômica**. São Paulo: Revista dos Tribunais, 2005, p. 48)

96 Posner aborda o tema, fazendo a conexão do que se tratou no início deste capítulo (questões socioeconômicas, sobretudo desigualdade social) com a criminalidade. Vejam como se dão tais reflexos para o autor: "*A person commits a crime because the expected benefits exceed the expected costs. The benefits are the various tangible (in the case of crimes of pecuniary gain) or intangible (in the case of so-called crimes of passion) satisfactions from the criminal act. The costs include various out-of-pocket expenses (for guns, burglar tools, masks, etc.), the opportunity costs of the criminal's time, and expected costs of criminal punishment. The last of these costs will be the focus of our analysis, but it is good to mention the others in order to bring out the possibility of controlling the level of criminal activity in ways other than by tinkering with the level of law enforcement activity and the severity of punishment. The opportunity costs of crime could be increased, and thus the incidence of crime reduced, by reducing unemployment, which would increase the gains from lawful work. The benefits of theft, and hence its incidence,*

Deixe-se claro que decidir pela carreira do crime costuma significar correr riscos. Trata-se de uma *tomada de decisão em situação de incerteza.*[97] A condição social, portanto, tem papel considerável na dimensão de *utilidade* decorrente da prática do delito – isso, porque, quanto mais se tem, mais receio se tem de perder e menos necessidade se tem de arriscar. Assim, é possível afirmar que a *utilidade da atividade criminosa* ou *utilidade de correr o risco* (*Uc*) está em função da *renda do potencial criminoso* (*Rc*):

$$Uc = U(Rc)$$

Esclarecendo a questão, suponha-se que, em um crime de furto, a *utilidade da atividade criminosa* significa o valor pecuniário a ser subtraído da vítima, enquanto a condição social remete à *renda do potencial criminoso.* Definidos esses parâmetros, o gráfico abaixo ilustra a *função* típica de *aversão ao risco*:[98]

might also be reduced by a redistribution of wealth away from the wealthy – or might be increased: The costs of protecting wealth may be smaller per unit of wealth, if wealth is concentrated. It is easier to fence goods in common use and they are more widely possessed in an egalitarian society; and a welfare system (a standard component of a program for reducing income inequalities) reduces the opportunity costs of crime by taxing legitimate income heavily. Losing welfare benefits is a cost of marking enough money to get off welfare, and (like an explicit income tax) reduces the net income from working". (POSNER, Richard A. **Economic analysis of law**. Nova Iorque: Aspen Publishers, 2010, p. 278-279).

97 Ver: COOTER, Robert; ULEN, Thomas. **Direito e economia**. 5. ed. Porto Alegre: Bookman, 2010, p. 65-71.

98 As pessoas costumam ser avessas ao risco, de modo que cumpre transcrever a definição da matéria: "Diz-se que uma pessoa é avessa ao risco quando ela considera a utilidade de uma perspectiva certa de renda pecuniária maior do que a utilidade esperada de uma perspectiva incerta de um valor monetário esperado igual". (COOTER, Robert; ULEN, Thomas. **Direito e economia**. 5. ed. Porto Alegre: Bookman, 2010, p. 67).

99 Adverte-se que, por representar dados hipotéticos, o Gráfico sobre a curva de utilidade possui caráter ilustrativo, não adstrito a precisões matemáticas, tal como é método de praxe nos manuais das Ciências Econômicas para demonstrar formulações essencialmente teóricas.

Curva da Utilidade Marginal da Atividade Criminosa vs. Renda do Potencial Criminoso[99]

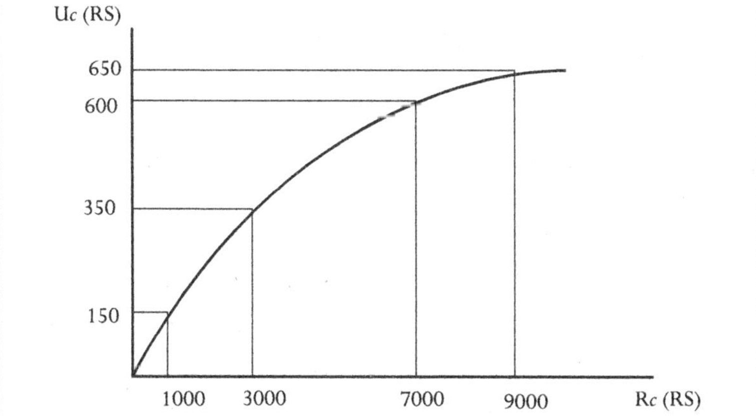

Fonte: Adaptado de COOTER, Robert; ULEN, Thomas. **Direito e economia**. 5. ed. Porto Alegre: Bookman, 2010, p. 67.

No entanto, a despeito de qual camada social se origina o delinquente, ele age pautado pela *probabilidade da condenação* (*p*) e pelo *efeito dissuasivo da pena* (*f*), variáveis de risco ponderadas em função do benefício (pecuniário ou não) a ser auferido com o delito.

As políticas destinadas à segurança pública e às normas jurídicas que as fundam giram em torno dessas duas variáveis sistematizadas por Becker, isto é, *p* e *f*.[100]

O investimento tanto em polícia ostensiva como judiciária e em instituições como o Ministério Público e o Poder Judiciário representam crescimento na variável *p*, pois essas instituições representam a prevenção, investigação e repressão do crime, aumentando a probabilidade da condenação.

---

100 BECKER, Gary Stanley. Crime and punishment: an economic approach. In: **Journal of political economy: Essays in the economics of crime and punishment**, National Bureau of Economic Research, p. 169-217, 2001, p. 177. Disponível em: < http://www.jstor.org/discover/10.2307/1830482?uid=3737664&uid=2&uid=4&sid=21101968867553>. Acesso em: 30 de abril de 2013.

Por outro lado, a alteração legislativa para o aumento da duração das penas e o investimento em construção de penitenciárias, dotadas de mais celas, onde seja possível manter por mais tempo no cárcere os apenados, representa acréscimo na variável *f*, maior *efeito dissuasivo da pena*.

A primeira conclusão a se extrair das variáveis apresentadas é que *p* e *f* são fatores cujo produto demonstrará o grau de *eficiência geral* da política criminal em coibir a atividade criminosa, afinal, caso as penas sejam tão brandas que não dissuadam o comportamento criminoso, em nada adiantará eficientes processos de persecução criminal e julgamento. Por lógica, a recíproca também procede.

A propósito, quanto à função da pena, a principal é a *dissuasão* para a abordagem econômica do Direito Penal, pois se demonstrou como a modalidade com maior potencial de eficiência ao lado da *reparação* (embora de difícil solvência e quantificação nos crimes violentos). Com relação às demais, diga-se: (i) a *reabilitação*, ineficaz; (ii) a *incapacitação*, onerosa em excesso; e (iii) a *retribuição*, de elevado custo social.[101]

Bem verdade que, além dos critérios racionais expostos, existem *características exógenas*[102] (*u*), como "o histórico de relacio-

[101] Sobre o assunto, recomenda-se a leitura do artigo "Análise Econômica da Execução Penal: resocialização e regime semiaberto", da lavra deste autor. (RODRIGUES, Fillipe Azevedo. Análise econômica da execução penal: ressocialização e regime semiaberto. In: **Revista Direito e Liberdade**, v. 13, n. 2, p. 101-124, 2012. Disponível em: <http://www.esmarn.tjrn.jus.br/revistas/index.php/revista_direito_e_liberdade/article/view/403/433>. Acesso em: 28 de abril de 2013).

[102] A aversão ao risco, conforme aludido no Gráfico 1, também é considerada uma característica exógena. Confira-se: "Inicialmente, cada indivíduo tem seu grau de aversão ao risco, que pode determinar a sua propensão a atividade criminosa. Vale ressaltar que o grau de aversão ao risco modifica-se com o passar do tempo e é muito mais comum encontrar jovens propensos ao risco do que indivíduos em idade avançada. Entretanto, as características locais afetam a probabilidade de um indivíduo ser punido, portanto alteram o risco da atividade, mas não alteram a aversão ao risco de um indivíduo,

namentos do indivíduo, que conforme ressaltado anteriormente é fundamental na sua construção de valores que irá seguir. Neste caso, a família, como inclusa na primeira etapa deste processo, tem um papel fundamental".[103] Tratam-se de desvios ao modelo econômico básico, a ser estudado e quantificado com maior propriedade a partir de pesquisas empíricas nas Ciências Sociais e na Psicologia, sobretudo.

A *quantidade de crimes* (*O*), portanto, está em função da *probabilidade da condenação* (*p*), do *efeito dissuasivo da pena* (*f*) e das *variáveis exógenas* (*u*),[104] perfazendo a seguinte formulação algébrica:

$$O = O(p, f, u)$$

A formulação gráfica da função acima - deixando de lado as *características exógenas* (*u*) inversamente proporcionais à *quantidade de crimes* (*O*) - está representada como uma curva negativa, porquanto a evolução de *p*, *f* e *u* importa a redução de *O*. Observe-se:

pois esta é uma característica individual exógena". (OLIVEIRA, Cristiano Aguiar de. Criminalidade e o tamanho das cidades brasileiras: um enfoque da economia do crime. In: **XXXIII Encontro nacional de economia**, 2005, Natal, Associação Nacional dos Centros de Pós-Graduação em Economia (ANPEC). Natal: ANPEC, 2005, p. 8. Disponível em: <http://www.anpec.org.br/encontro2005/artigos/A05A152.pdf>. Acesso em 1.º de maio de 2013).

103 OLIVEIRA, Cristiano Aguiar de. Criminalidade e o tamanho das cidades brasileiras: um enfoque da economia do crime. In: **XXXIII Encontro nacional de economia**, 2005, Natal, Associação Nacional dos Centros de Pós-Graduação em Economia (ANPEC). Natal: ANPEC, 2005, p. 8. Disponível em: <http://www.anpec.org.br/encontro2005/artigos/A05A152.pdf>. Acesso em 1.º de maio de 2013.

104 No original: "*'O' is the number of offenses he would commit during a particular period, 'p' his probability of conviction per offense, 'f' his punishment per offense, and 'u' a portmanteau variable representing all these other influences*". (BECKER, Gary Stanley. Crime and punishment: an economic approach. In: **Journal of political economy: Essays in the economics of crime and punishment**, National Bureau of Economic Research, p. 169-217, 2001, p. 177. Disponível em: <http://www.jstor.org/discover/10.2307/1830482?uid=3737664&uid=2&uid=4&sid=21101968867553>. Acesso em: 30 de abril de 2013).

Curva da Quantidade de Crimes vs. Probabilidade de Condenação e Efeito Dissuasivo da Pena

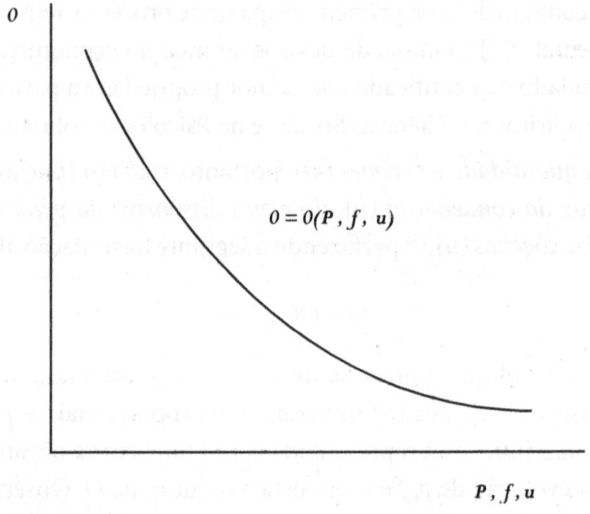

Fonte: Próprio autor.

No entanto, inseridos nas ações de segurança pública, os investimentos tanto em *p* como em *f* importam altos custos. Cabe à sociedade avaliar tais custos, considerar os benefícios e primar pela eficiência das políticas públicas desse jaez.

Está em jogo o orçamento estatal, o qual deve prezar pela gestão ótima. Assim, Becker identifica outras variáveis importantes a serem mencionadas.

Os investimentos em aparatos estatais para o incremento na variável *p* podem ser classificados como *custos para combater o crime* (*C*). Tais custos visam a prevenir e combater, por óbvio, os *danos causados pelo crime* (*D*).

Além disso, associado ao *efeito dissuasivo da pena* (*f*) está o *coeficiente do custo social da pena* (*b*). Ele varia de acordo com a natureza da punição. Penas de tortura, prisão, e morte transcendem seus efeitos à sociedade, importam um custo social elevado a ser suportado também pela família do apenado; ou até mesmo pelo próprio corpo social no momento da reinserção delicada do egresso no mercado de trabalho, por exemplo.[105] Penas pecuniárias ou de multa,[106] segundo Becker, não ensejam esses custos sociais, tal qual verificado nas demais, mas sim repercutem, por vezes, em uma reparação ao dano causado pelo delinquente, o que já é, em si, um ganho para a sociedade. Fixado o coeficiente, conclui-se: (i) para tortura, prisão ou pena de morte, $b > 1$; (ii) para penas pecuniárias e de multa, $b \approx 0$. Assim, com a finalidade de se aferir o *custo social da pena* (f'), denota-se a seguinte relação de equivalência:[107]

105 Posner complementa os custos sociais elevados da pena de prisão com a seguinte explanação: "*The social costs of imprisonment exceed those of collecting fines from solvent defendants. There is the expense of constructing, maintaining, and operating prisons (only partly offset by the savings in the living expenses on the outside that criminal would incur if he were not in prison), the loss of the incarcerated individual's lawful production (if any) during the period while he is in prison, the disutility of imprisonment to him (which generates no corresponding benefit to the state, as a fine does), and the impairment of his productivity in legitimate activities after release. The impairment relevant here is not that caused by the stigma of conviction, for that is independent of the specific form of the punishment (though not of its severity); it is that caused by the depreciation of skills, loss of contacts, etc., during the period of imprisonment – the depreciation, in short, of the convict's human capital*". (POSNER, Richard A. **Economic analysis of law**. Nova Iorque: Aspen Publishers, 2010, p. 283).

106 Penas pecuniárias e multas são as modalidades de sanções mais recomendas por Richard Posner. Senão, veja-se: "*public policing is more efficient than private, the state is in the enforcement picture and has a claim to any monetary penalties imposed. So these penalties are paid to the state as fines rather than to the victims of crime damages. The victims can seek damages if the crime is also a tort, whether common law or statutory. When tort remedies are an adequate deterrent because optimal tort damages, including any punitive damages, are within potential defendants ability to pay, there is no need to invoke criminal penalties, which, as explained below, are costlier than civil penalties even when just a fine is imposed. The criminal (= tortious) conduct probably will be deterred by threat of tort suits; and if it is not, there still is no social gain from using the criminal sanction (why not?)*". (POSNER, Richard A. **Economic analysis of law**. Nova Iorque: Aspen Publishers, 2010, p. 277).

107 BECKER, Gary Stanley. Crime and punishment: an economic approach. In: **Journal of political economy: Essays in the economics of crime and punishment**, National Bureau of Economic Research, p. 169-217, 2001, p. 180. Disponível em: <http://www.jstor.org/discover/10.2307/1830482?uid=3737664

$$f' \equiv bf$$

Recapitulando: as variáveis apontadas por Becker com efeito sobre a criminalidade são: (i) *quantidade de crimes* (*O*); (ii) *probabilidade da condenação* (*p*); (iii) *efeito dissuasivo da pena* (*f*); (iv) *características exógenas* (*u*); (v) *custos para combater o crime* (*C*); (vi) *danos causados pelo crime* (*D*); e o (vii) *coeficiente do custo social da pena* (*b*).

Em suma, para a sociedade, o incremento da insegurança e da violência importa uma grande *perda social* (*L*), arcando-se com: os danos patrimoniais e extrapatrimoniais causados pela criminalidade somados ao temor da quantidade elevada de crimes, bem como aos custos sociais da pena e financeiros do combate à criminalidade. Para mensurar essa *perda social*, simbolizada com a letra *L*, Becker aponta a conclusiva função algébrica:[108]

$$L = L(D, C, f', O)$$ [109]

É preciso, então, otimizar os investimentos em *C* e as instituições relativas à f'. Trata-se, pois, de premissa básica da economia aplicada às políticas públicas e ao Direito, qual seja o emprego de recursos cada vez mais escassos para o alcance de fins ainda maiores. Nas palavras de Cooter e Ulen, propõe-se "um objetivo claro para o direito e a política penal: minimizar o custo social. Com esse padrão, identificamos as políticas ótimas da justiça penal".[110]

Com relação às penas, Richard Posner dá sua contribuição para a eficiência do Direito Penal e da Execução Penal, defendendo a máxima preservação do Erário e dos *direitos de liberdade*, o que

&uid=2&uid=4&sid=21101968867553>. Acesso em: 30 de abril de 2013.

108 BECKER, Gary Stanley. Crime and punishment: an economic approach. In: **Journal of political economy: Essays in the economics of crime and punishment**, National Bureau of Economic Research, p. 169-217, 2001, p. 180. Disponível em: <http://www.jstor.org/discover/10.2307/1830482?uid=3737664&uid=2&uid=4&sid=21101968867553>. Acesso em: 30 de abril de 2013.

109 Reitere-se, sendo: $f' \equiv bf$.

110 COOTER, Robert; ULEN, Thomas. **Direito e economia**. 5. ed. Porto Alegre: Bookman, 2010, p. 472.

evitará mais custos externalizados a serem suportados pela sociedade. Afirma o autor que as penas pecuniárias ou de multa, oferecidas alternativamente a penas mais severas, mostram-se as de melhor otimização para o sistema jurídico.[111]

Por essa mesma razão, nem mesmo Posner - nem ninguém que proceda a um breve raciocínio lógico, tal qual o ora apresentado – consegue compreender o porquê do avanço de tipificações de delitos com penas de prisão e de sentenças que, em função do encarceramento, prescindem de outras modalidades de sanção mais eficientes.[112]

Eis, portanto, as bases da teoria econômica aplicáveis às políticas criminais, instrumentalizadas pelo *jus puniendi* estatal, positivado nas normas de Direito Penal, de Processo e de Execução Penal e cuja aceitação no meio jurídico-político brasileiro ainda não se mostrou de fato.

3.3 ECONOMIA DO CRIME APLICADA

3.3.1 Fatores de Avanço e de Redução da Criminalidade: Um Estudo Comparado

Durante muitos anos a criminalidade tanto nos Estados Unidos como no Brasil se manteve em patamares baixos. Em 1900, o Estado de São Paulo registrou apenas 30 homicídios entre os 30 mil óbitos ocorridos no ano. No mesmo período, a taxa de homicídios por 100 mil habitantes não ultrapassou o 1,8 no caso do Rio de Janeiro. Nessa época, a criminalidade violenta era rara exceção.[113]

Assim, este trabalho procederá ao estudo comparado[114] das realidades de Brasil e Estados Unidos, sem deixar de mencionar casos análogos em outros países, quando oportuno.

---

111 POSNER, Richard A. **Economic analysis of law**. Nova Iorque: Aspen Publishers, 2010, p. 283.

112 POSNER, Richard A. **Economic analysis of law**. Nova Iorque: Aspen Publishers, 2010, p. 283.

113 VIAPIANA, Luiz Tadeu. **Economia do crime: uma explicação para a formação do criminoso**. Porto Alegre: AGE, 2006, p. 21-22.

114 O *estudo comparado* é uma metodologia muito utilizada pela AED, sobretudo no âmbito da Nova Economia Institucional, assim como também é

Até a década de 1980, São Paulo apresentava taxas baixas, algo em torno de 2 mil homicídios em 80 mil óbitos registrados. Contudo, já em 1998, os baixos índices de outrora sofreram um incremento assustador, na proporção de 12 mil homicídios em 103 mil óbitos registrados. O percentual passou de 2,6% para 11% durante o curto período.[115]

No caso norte-americano, esse vertiginoso crescimento da criminalidade aconteceu alguns anos antes, mais precisamente na década de 1960. Com relação à média da década de 1950, a criminalidade passara para números 50% superiores repentinamente e, já em 1970, esse percentual alcançou 200% do registrado apenas 20 anos antes.[116]

Em ambos os países, a principal pergunta sobre tamanho avanço da delinquência foi: por quê?

Nos Estados Unidos, alguns economistas se preocuparam em levantar os dados e analisá-los a fim de tentar explicar o fenômeno e propor soluções emergenciais.

---

requisitada em outras perspectivas de análise do Direito. Bruno Salama procura descrever como funciona a técnica: "Importantes diferenças na estrutura das instituições jurídicas podem surgir como conseqüência das diferenças de custo em cada sociedade e período histórico. O estudo comparado é particularmente proveitoso quando não é meramente descritivo, mas procura fornecer uma teoria fora da dogmática jurídica que explique o porquê das variações encontradas. Como comenta Michelman, o estudioso só consegue entender sua cultura e sua posição intelectual imaginando possibilidades alternativas. Isso tudo ressalta a importância da História do Direito e do estudo em Direito comparado". (SALAMA, Bruno Meyerhof. O que é pesquisa em direito e economia. In: **Cadernos direitoGV**, v. 5, n. 2, estudo n. 22, 2008, p. 41. Disponível em: <http://bibliotecadigital.fgv.br/dspace/bitstream/handle/10438/2811/caderno%2520direito%252022.pdf?sequence=1>. Acesso em 29 de abril de 2013).

115 VIAPIANA, Luiz Tadeu. **Economia do crime: uma explicação para a formação do criminoso**. Porto Alegre: AGE, 2006, p. 21-22.

116 LEVITT, Steven David; DUBNER, Stephen. **Superfreakonomics: o lado oculto do dia a dia**. Trad. Afonso Celso da Cunha Serra. Rio de Janeiro: Elsevier, 2010, p. 92.

Segundo Levitt e Dubner, era difícil explicar precisamente a causa predominante porque havia "ondas tão intensas de efeitos simultâneos por toda sociedade americana - explosão demográfica, antiautoritarismo crescente, expansão de direitos civis, mudanças generalizadas na cultura popular - que não era fácil isolar os fatores"[117] fomentadores da criminalidade.[118]

O temor geral consistia na pergunta de até quando essa tendência iria se perpetuar, afinal os dados eram tão alarmantes que se prenunciava o caos. Alguns especialistas em criminologia chegaram a fazer previsões catastróficas. Em 1995, falou-se em um inevitável "*banho de sangue*",[119] sobretudo em meio à delinquência juvenil, que, como já se mencionou, sempre esteve em níveis mais elevados do que as demais faixas etárias da população.

Ocorre que, tão repentinamente como se deu o *boom* da criminalidade, os índices de crimes violentos e contra propriedade despencaram

---

117 LEVITT, Steven David; DUBNER, Stephen. **Superfreakonomics: o lado oculto do dia a dia**. Trad. Afonso Celso da Cunha Serra. Rio de Janeiro: Elsevier, 2010, p. 92.

118 Alguns dos fatores que podem ter influenciado nos números ascendentes foram:"A proporção de prisões em relação à criminalidade caiu drasticamente durante a década de 1960, tanto para crimes contra a propriedade quanto para crimes contra a pessoa. No entanto, além de a polícia prender parcela menor dos delinquentes, as varas criminais eram menos tendentes a trancafiar os indiciados. Na década de 1970, os criminosos passavam 60% menos tempo atrás das grades que na hipótese de terem cometido o mesmo delito uma década antes. No todo a redução das punições durante a década de 1960 parece ter sido responsável por mais ou menos 30% do aumento da criminalidade. A explosão demográfica do pós-guerra foi outro fator. Entre 1960 e 1980, a proporção da população americana com idades entre 15 e 24 anos aumentou em quase 40%, surto sem precedentes na faixa etária com maior probabilidade de se envolver com o crime. (LEVITT, Steven David; DUBNER, Stephen. **Superfreakonomics: o lado oculto do dia a dia**. Trad. Afonso Celso da Cunha Serra. Rio de Janeiro: Elsevier, 2010, p. 93-94).

119 LEVITT, Steven David; DUBNER, Stephen. **Freakonomics: o lado oculto e inesperado de tudo que nos afeta**. Trad. Regina Lyra. 7 ed. Rio de Janeiro: Elsevier, 2005, p. 16.

em 34% e 29%,[120] respectivamente, justamente na década de 1990, o que causou um verdadeiro constrangimento entre os criminologistas que apostavam em uma nova guerra civil no país, 130 anos após a Guerra de Secessão, dessa vez capitaneada principalmente pelo narcotráfico.

Os dados fornecidos pela *Uniform Crime Reports* (UCR) e pelo *National Crime Victimization Surveys* (NCVS) foram sistematizados e comparados, para os períodos de 1973-1991 e 1991-2001, na forma da tabela abaixo:

Tendências Norte-Americanas da Criminalidade por Categoria de Delito

Categoria de Crimes	**Mudança percentual (1973-1991)**	**Mudança percentual (1991-2001)**
	Crimes informados pela UCR	
Crimes violentos	+82,9	-33,6
Homicídio	+5,4	-42,9
Estupro	+73,4	-24,8
Roubo (geral)	+50,0	-45,8
Furto	+56,7	-23,2
Roubo de automóveis	+49,8	-34,6
Invasão de domicílio	+3,0	-40,9
	Vitimização criminosa pela NCVS	
Crimes violentos	+1,6	-50,1
Estupro	-20,0	-45,0
Roubo (geral)	-15,5	-53,3
Roubo de automóveis	+16,2	-58,6
Invasão de domicílio	-41,3	-55,6

Fonte: Adaptada de COOTER, Robert; ULEN, Thomas. **Direito e economia**. 5. ed. Porto Alegre: Bookman, 2010, p. 534.

Finalmente, o que mudou na sociedade estadunidense de tão impactante? Todos os estudos voltados para a compreensão da

[120] COOTER, Robert; ULEN, Thomas. **Direito e economia.** 5. ed. Porto Alegre: Bookman, 2010, p. 533.

criminalidade se dirigiram a tentar solucionar o problema. Se uma resposta aceitável e politicamente correta fosse encontrada, importaria reconhecer que seu autor era o inventor da fórmula mágica contra o crime, que serviria também no Brasil, afinal.

Steven Levitt procurou analisar todas as potenciais soluções dadas à época pelos pesquisadores, que se resumiam basicamente a: (i) novas estratégias policiais; (ii) aumento da função dissuasiva das penas com o maior número de prisões; (iii) retração no narcotráfico; (iv) envelhecimento da população; (v) leis mais rigorosas no controle de armas de fogo; (vi) crescimento do PIB *per capita*; e (vii) aumento considerável do efetivo de policiais.

Contudo, embora algumas delas viessem a se confirmar empiricamente como fatores de redução, o principal causador do declínio da criminalidade, segundo Levitt, foi – pasmem! – a descriminalização do aborto, iniciada em alguns Estados, como Nova Iorque, Califórnia, Washington, Alasca e Havaí, já no ano de 1970, e estendida para o resto do país em 22 de janeiro de 1973, com o julgamento da Suprema Corte americana, no caso n. 70-18, *Roe vs. Wade.*[121]

---

[121] Um resumo do caso: "*A pregnant single woman (Roe) brought a class action challenging the constitutionality of the Texas criminal abortion laws, which proscribe procuring or attempting an abortion except on medical advice for the purpose of saving the mother's life. A licensed physician (Hallford), who had two state abortion prosecutions pending against him, was permitted to intervene. A childless married couple (the Does), the wife not being pregnant, separately attacked the laws, basing alleged injury on the future possibilities of contraceptive failure, pregnancy, unpreparedness for parenthood, and impairment of the wife's health. A three-judge District Court, which consolidated the actions, held that Roe and Hallford, and members of their classes, had standing to sue and presented justiciable controversies. Ruling that declaratory, though not injunctive, relief was warranted, the court declared the abortion statutes void as vague and overbroadly infringing those plaintiffs' Ninth and Fourteenth Amendment rights. The court ruled the Does' complaint not justiciable. Appellants directly appealed to this Court on the injunctive rulings, and appellee cross-appealed from the District Court's grant of declaratory relief to Roe and Hallford*". (LII. Legal Information Institute (LII). **Roe v. Wade (n. 70-18)**. Ithaca: Cornell University Law School, 2013. Disponível em: <http://www.law.cornell.edu/supct/html/historics/USSC_CR_0410_0113_ZS.html>. Acesso em: 2 de maio de 2013.

O economista norte-americano partiu da premissa de que a prole indesejada está mais propensa para o crime. "A criminalidade continuou a cair à medida que uma geração inteira alcançou a maioridade, dela excluídas as crianças cujas mães não haviam querido pô-las no mundo. (...). A legalização do aborto, assim, levou a menos crimes".[122] Ainda segundo Levitt, uma forma de comprovar sua tese seria verificar a partir de qual ano se deu o início da queda vertiginosa da criminalidade, de um lado, nos cinco primeiros Estados que descriminalizaram o aborto, e, de outro, nos demais Estados, atingidos três anos após com o julgado da Suprema Corte. A comparação empírica confirmou a suspeita: entre 1988 e 1997, os crimes violentos nos cinco Estados pioneiros caíram 13% em comparação aos demais. Além disso, os Estados com maiores números de aborto registrados na década de 1970 foram os que apresentaram as maiores quedas da criminalidade durante a década de 1990, enquanto, nos Estados com baixos índices, a redução foi proporcionalmente menor. Tal diferença entre as quedas chegou a 30%, comparando-se alguns Estados.[123]

Apesar de os dados surpreenderem, trata-se de uma forte evidência de como questões socioeconômicas influenciam nos índices de criminalidade. No caso do aborto em si, a descriminalização não tencionava, por óbvio, ser instrumento de redução de delitos na sociedade americana. Eis um exemplo, portanto, de uma política social que gerou efeitos denominados pela Economia de *externalidades*, neste caso em especial, uma substancial *externalidade positiva*.[124] Não se pode afirmar que, caso política semelhante fosse implementada no Brasil, os resultados externalizados seriam do mesmo grau, contudo também não se pode afirmar o contrário. Fica a indagação: a descriminalização do aborto no Brasil repercutiria da mesma forma?

122 LEVITT, Steven David; DUBNER, Stephen. **Freakonomics: o lado oculto e inesperado de tudo que nos afeta.** Trad. Regina Lyra. 7 ed. Rio de Janeiro: Elsevier, 2005, p. 124.

123 LEVITT, Steven David; DUBNER, Stephen. **Freakonomics: o lado oculto e inesperado de tudo que nos afeta.** Trad. Regina Lyra. 7 ed. Rio de Janeiro: Elsevier, 2005, p. 125-126.

124 Reporta-se ao conceito devidamente descrito no Tópico 3.2.1.2.

Evidente, contudo, que filhos indesejados em si não consistem no único fato gerador da delinquência. Na realidade, um contexto social desigual e degradado antecedente, em que são concebidos frágeis indivíduos, é o principal influenciador. Condições de vida mais dignas, perpassando por políticas educacionais e de saúde adequadas, evitariam o nascimento de várias dessas crianças em famílias sem a menor estrutura para criá-las. Sem contar que educação é um incremento direto na renda em médio e longo prazo, dando melhores condições a novas famílias.

Cumpre demonstrar, por oportuno, a interessante tabela comparativa de fatores redutores da criminalidade nos Estados Unidos durante o período de 1991 a 2001, no qual houve a importante queda:

Influência Percentual de Fatores Redutores da Criminalidade, propostos para 1991-2001

Fator	Homicídios	Crimes violentos	Crimes contra a propriedade	Nível de certeza empírica do impacto estimado
Crescimento do PIB per capita	0	0	-2	Alto
Mudanças demográficas	0	-2	-5	Alto
Melhores estratégias policiais	-1	-1	-1	Baixo
Legislação de controle de armas	0	0	0	Médio
Maior utilização da pena de morte	-1,5	0	0	Médio
Crescimento do efetivo policial	-5,5	-5,5	-5,5	Médio
Crescimento da população carcerária	-12	-12	-8	Alto
Retração do narcotráfico	-6	-3	0	Baixo
Descriminalização do aborto	-10	-10	-10	Médio
Total dos fatores considerados	**-36**	**-33,5**	**-31,5**	
Queda real da criminalidade (UCR)	-43	-34	-29	
Queda real em vitimização (NCVS)		-50	-53	

Fonte: Adaptada de COOTER, Robert; ULEN, Thomas. **Direito e economia**. 5. ed. Porto Alegre: Bookman, 2010, p. 537.

3.3.2 Menos Armas, Menos Crimes?

Entre os fatores acima, discutidos nos Estados Unidos da América, talvez apenas *crescimento do PIB per capita*, *melhores estratégias policiais* e *legislação de controle de armas*, este último sem apresentar influência direta na criminalidade americana, podem ser considerados para a abordagem econômica do crime no Brasil.

No que se refere à *legislação de controle de armas*, a Lei Federal n. 10.826, de 22 de dezembro de 2003 (Estatuto do Desarmamento),[125] apesar de não ter promovido o integral desarmamento da população brasileira, em virtude do resultado do Referendo Popular de outubro de 2005, tornou bastante rigorosos os critérios exigidos para a aquisição e porte de armas de fogo. O porte, em particular, restou praticamente inviável, diante da complexidade e da subjetividade dos processos para sua concessão, a exemplo da exigência do art. 10, § 1º, I, do Diploma Legal, mediante a qual a autoridade pública apreciará discricionariamente a iminência de risco ou ameaça à integridade física declarada pelo interessado. Houve também um aumento considerável das penas por porte e posse ilegal de arma de fogo com o advento da nova lei.[126]

Além do rigor das disposições do Estatuto do Desarmamento, o Brasil manteve, até recentemente, campanha pela devolução de armas de fogo, em troca de uma indenização, cujos valores variavam

---

125 "Dispõe sobre registro, posse e comercialização de armas de fogo e munição, sobre o Sistema Nacional de Armas – Sinarm, define crimes e dá outras providências". (BRASIL. **Lei Federal n. 10.826, de 22 de dezembro de 2003**. Disponível em: < http://www.planalto.gov.br/ccivil_03/leis/2003/l10.826.htm>. Acesso em: 3 de maio de 2013).

126 A respeito do assunto, importante transcrever o trecho a seguir: "Nos últimos anos, o Brasil adotou duas legislações a respeito do comércio de porte de armas de fogo. A primeira foi a Lei 9.437, aprovada em 1997, que permitiu a comercialização de armas de fogo para cidadãos civis e adotou várias exigências para a concessão do porte de arma. Mais tarde, em 2003, foi aprovada nova legislação, a Lei 10.826, que restringiu o comércio ainda mais e proibiu o porte, salvo pequenas exceções. O propósito da primeira Lei era regular o mercado, enquanto o objetivo da segunda lei era, claramente, o de suprimi-lo". (VIAPIANA, Luiz Tadeu. **Economia do crime: uma explicação para a formação do criminoso.** Porto Alegre: AGE, 2006, p. 135).

de R$150,00 a R$450,00, de certa forma irrisórios a depender do tipo e do estado do armamento.[127] Os dados consolidados da campanha podem ser consultados na tabela abaixo:

Números de Armas de Fogo Recebidas pela Campanha Nacional do Desarmamento

Período	Número de armas de fogo recebidas
2004-2010	550.000
2011	37.630
2012	27.329
2013 (até 13 de janeiro)	1.487
Total	**616.446**

Fonte: Adaptada de Ministério da Justiça. **Entregue sua arma: aumento de entregas com o ano novo.** Brasília: Ministério da Justiça, 2013. Disponível em: <http://www.entreguesuaarma.gov.br/desarmamento/noticias/aumento-de-entregas-com-o-ano-novo/>.Acesso em: 3 de maio de 2013.

Cooter e Ulen promovem uma análise econômica da questão no âmbito dos Estados Unidos, país cuja utilização de arma de fogo é bem mais comum e tradicional do que no Brasil.

[127] Aconteceu caso análogo nos Estados Unidos. Veja-se: "Outro destaque do combate ao crime na década de 1990 – e dos telejornais – foi a devolução remunerada de armas. Todos se recordam das imagens: uma ameaçadora pilha reluzente de armas de fogo no meio de um círculo formado pelo prefeito, pelo secretário de segurança e pelos ativistas da comunidade. Belo cenário para uma foto, sem dúvida, mas isso é tudo. As armas devolvidas são em geral peças de coleção ou velharias. A remuneração para quem a devolve – normalmente US$50 ou US$100, sendo que num caso da Califórnia foram três horas gratuitas de psicoterapia – não é um incentivo adequado para alguém que realmente planeje usar sua arma. Além disso, o número de armas devolvidas não chega aos pés sequer do volume das que simultaneamente dão entrada no mercado. Relacionando-se o número de armas nos Estados Unidos e o número de anual de homicídios, a probabilidade de uma dessas armas ter sido usada para matar alguém no ano de sua devolução é de uma em 10 mil. O programa de devolução rotineiro envolve menos de mil armas – o que representa uma expectativa de menos de 1/10 de um homicídio por vez, ou seja, insuficiente para produzir sequer um microscópio impacto na queda da criminalidade". (LEVITT, Steven David; DUBNER, Stephen. **Freakonomics: o lado oculto e inesperado de tudo que nos afeta.** Trad. Regina Lyra. 7 ed. Rio de Janeiro: Elsevier, 2005, p. 119).

Segundo eles, são contestáveis as políticas de restrição de acesso a armas de fogo, pois afirmam que "se os criminosos sabem que os cidadãos honestos têm menor probabilidade de possuir armas, eles podem enxergar menos riscos no cometimento de crimes e, por consequência, cometer mais crimes".[128]

Ao compararem a realidade estadunidense com a de outros países, obtiveram as seguintes informações: (i) Canadá, Suíça, Nova Zelândia e Israel contam com mais armas em proporção de domicílios do que os Estados Unidos, mas possuem menores taxas de criminalidade; (ii) México e África do Sul, tal como o Brasil, possuem leis bastante severas de controle de armas, não obstante os índices de homicídio desses três países é em torno de cinco vezes superior ao dos norte-americanos; e (iii) Canadá e Inglaterra, onde a posse de arma normalmente não é permitida, possuem índices semelhantes de invasão de domicílio com os apresentados nos Estados Unidos, porém, neste, a invasão na presença de residentes é de cerca de 10%, ao passo que, naqueles, é de cerca de 50%. Para os mencionados autores, "a questão não é tanto a de um livre mercado de armas ou a proibição da posse, mas sim quais regulamentações específicas realmente conseguem reduzir os crimes violentos".[129]

A abordagem econômica de Luiz Tadeu Viapiana segue na mesma linha. A arma de fogo, para ele, possui, a um só tempo, a finalidade de ser um instrumento de agressão ou servir de um instrumento de defesa, dependendo da intenção de seu usuário. Não há dúvida, entretanto, que consiste em um grande facilitador da execução de crimes, porém a premissa base de que "a posse de armas de fogo por cidadãos civis, que as tenham adquirido por meios legais, seja uma das causas dos níveis de criminalidade ainda está longe de ser comprovada".[130]

---

[128] COOTER, Robert; ULEN, Thomas. **Direito e economia.** 5. ed. Porto Alegre: Bookman, 2010, p. 532.

[129] COOTER, Robert; ULEN, Thomas. **Direito e economia.** 5. ed. Porto Alegre: Bookman, 2010, p. 532.

[130] VIAPIANA, Luiz Tadeu. **Economia do crime: uma explicação para a formação do criminoso.** Porto Alegre: AGE, 2006, p. 131.

Malgrado as dificuldades metodológicas no estudo do caso, Viapiana acredita que uma análise utilizando referenciais mais distantes no tempo pode demonstrar melhor se há uma relação entre número de armas de fogo e número de crimes em dada sociedade. Nesse sentido, cita que, nos Estados Unidos, entre 1950 e 1999, a presença de armas de fogo elevou-se em 143% e a presença de pistolas e revólveres aumentou 259%. No mesmo período, como já se apontou acima, houve uma grande oscilação nos níveis de delinquência, que não demonstraram correlação alguma com o incremento percentual de armamento.[131]

Colocando-se lado a lado os dados de Estados Unidos, Inglaterra e Austrália, de 1990 a 2003, chegou-se a conclusões surpreendentes. Senão veja-se: (i) "na Inglaterra, que baniu as armas de fogo, a taxa de roubos é superior à dos Estados Unidos"; e (ii) "Inglaterra e Austrália têm, também, taxas muito mais altas de assaltos do que os Estados Unidos".[132]

Outro fator de relevo, decorrente de leis restritivas de comércio, é a formação de um mercado ilícito, que, antes mesmo da entrada em vigor do Estatuto do Desarmamento, já operava sob a égide de regime mais flexível de acesso a armas de fogo legais. Conforme advertem tanto Viapiana[133] como Levitt e Dubner, o fortalecimento de um mercado negro de armas leves em função da legislação de controle mais rigorosa poderá levar a um aumento da violência sistêmica, que caracteriza o *modus operandi* desse tipo de mercado. Veja-se mais uma análise paradigmática sobre o caso norte-americano, que, *mutatis mutandis*, é aplicável à legislação e à realidade brasileira sobre o assunto:

> A lei mais famosa de controle de armas é a Lei Brady, aprovada em 1993, que exige uma averiguação criminal e um período de espera antes que alguém tenha o direito de adquirir

---

[131] VIAPIANA, Luiz Tadeu. **Economia do crime: uma explicação para a formação do criminoso**. Porto Alegre: AGE, 2006, p. 132.

[132] VIAPIANA, Luiz Tadeu. **Economia do crime: uma explicação para a formação do criminoso**. Porto Alegre: AGE, 2006, p. 135.

[133] VIAPIANA, Luiz Tadeu. **Economia do crime: uma explicação para a formação do criminoso**. Porto Alegre: AGE, 2006, p. 136.

> um revólver. É possível que os políticos tenham achado atraente essa solução, mas para um economista ela não faz muito sentido. Por quê? Porque as regras de um mercado legal estão fadadas a fracassar quando existe um mercado negro de peso para o mesmo produto. Com armas tão baratas e fáceis de conseguir, o criminoso padrão não tem incentivo algum para preencher um formulário de aquisição de armas de fogo na loja do bairro e depois ainda esperar uma semana. A Lei Brady, por isso, revelou-se praticamente impotente para reduzir a criminalidade (um estudo com presos mostrou que mesmo antes da Lei Brady apenas 1/5 dos criminosos comprava suas armas de um comerciante autorizado). Várias leis locais de controle de armas também fracassaram. Tanto Washington como Chicago instituíram a proibição de armas muito antes que a criminalidade começasse a declinar em todo o país nos anos 90, mas ainda assim essas duas cidades foram retardatárias – e não precursoras – em relação à redução nacional da criminalidade.[134]

Não se pode deixar de mencionar a posição polêmica de John Lott Junior, cujo título da obra mais famosa é autoexplicativo: *More Guns, Less Crime: Understanding Crime and Gun Control Laws.*[135] Conforme sustenta, a partir de uma série de dados, o conhecimento geral de que o acesso a armas não é restrito à população e que a única condição limitadora do porte consiste em realizá-lo de forma oculta ou dissimulada significou um considerável impacto redutor sobre a criminalidade em alguns lugares dos Estados Unidos com esse perfil. Lott Junior parte da premissa da *Teoria Econômica do Crime*, na linha do trabalho de Gary Becker. O porte dissimulado e acessível à população inibe o criminoso de perpetrar sua conduta ilícita, sob o receio de sofrer uma reação de maior risco por parte da vítima em potencial. Além disso, a dissimulação incentivada prejudica o planejamento de um assalto a banco, por exemplo, afinal o assaltante não

[134] LEVITT, Steven David; DUBNER, Stephen. **Freakonomics: o lado oculto e inesperado de tudo que nos afeta**. Trad. Regina Lyra. 7 ed. Rio de Janeiro: Elsevier, 2005, p. 118-119.

[135] Tradução livre: Mais Armas, Menos Crime: Entendendo o Crime e a Legislação de Controle de Armas.

terá como mensurar a quantidade de armas que estarão em mãos de clientes na hora do roubo, representando-lhe um risco incomensurável, o qual sem dúvida implicará na tomada de decisão em delinquir ou não. Apesar de muito questionada, a tese de John Lott Junior não deixa de ser interessante e de possuir certa lógica.[136]

E no Brasil? As restrições ao acesso legal a armas de fogo vêm se demonstrando eficientes para seu propósito fundamental, qual seja reduzir o número de crimes violentos?

O pesquisador do Instituto de Pesquisa Econômica Aplicada (Ipea), Marcelo Neri, publicou estudo acerca do impacto do Estatuto do Desarmamento sobre a aquisição de armas de fogo no Brasil, através do qual identificou uma queda de 40,6% entre 2003, momento da entrada em vigor da lei, e 2009. Segundo Neri, "a instituição do estatuto do desarmamento provocou redução estatisticamente significativa na decisão de aquisição de armamentos pelas pessoas".[137]

O estudo menciona a "tragédia da escola no Realengo",[138] em 2011, na qual foram mortas 12 crianças, entre 12 e 14 anos de idade. O assassino, Wellington Menezes de Oliveira, após invadir a Escola Municipal Tasso da Silveira, na cidade do Rio de Janeiro, desferiu os disparos com dois revólveres, um de calibre 38 e o outro de calibre 32, ambos adquiridos no mercado ilegal.[139] Contudo, a pesquisa de Neri se dirigiu aos impactos inibidores da demanda por armas legais, o que não se correlaciona diretamente com o caso de Realengo.

136 LOTT JUNIOR, Jonh. **More guns, less crime: understanding crime and gun-control laws.** 2 ed. Chicago: The University of Chicago Press, 2000. p. 26-35.

137 NERI, Marcelo. **Impactos do estatuto do desarmamento sobre a demanda pessoal por armas de fogo.** Brasília: IPEA, 2013, p. 4. Disponível em: <http://www.ipea.gov.br/agencia/images/stories/PDFs/presi/130401_estudocompraarmas.pdf>. Acesso em 3 de maio de 2013.

138 NERI, Marcelo. **Impactos do estatuto do desarmamento sobre a demanda pessoal por armas de fogo.** Brasília: IPEA, 2013, p. 10. Disponível em: <http://www.ipea.gov.br/agencia/images/stories/PDFs/presi/130401_estudocompraarmas.pdf>. Acesso em 3 de maio de 2013.

139 Ver mais em: MILAZZO, Daniel. **Homens que venderam arma para autor do massacre em Realengo vão para presídio.** Rio de Janeiro: UOL Notícias, 2011. Disponível em: <http://noticias.uol.com.br/cotidiano/ultimas-noticias/2011/04/09/homens-que-venderam-arma-para-autor-do-massacre-em-realengo-vao-para-presidio.htm>. Acesso em: 3 de maio de 2013.

Isso, porque, conforme já mencionado anteriormente, as restrições impostas a um dado segmento do mercado, normalmente, fazem com que a demanda migre para o mercado ilegal. É provável, seguindo essa linha de raciocínio, que os dados obtidos por Neri sobre a redução da demanda no mercado legalizado esconda uma causa mais preocupante, qual seja: o efeito inibidor dos crimes prescritos no Estatuto do Desarmamento não surtiu o efeito esperado e as restrições ao porte e à posse de arma de fogo, instituídas pela mesma lei, incentivaram a demanda de armamento no mercado negro. Em síntese, não parece uma lógica absurda prever que a Lei Federal n. 10.826, de 2003,[140] seja fator de crescimento de mais condutas criminosas severamente punidas, ao se considerar os tipos e sanções penais por ela mesma criados.

Na contra mão dos dados informados por Marcelo Neri (limitados ao interregno 2003-2009), a revista Istoé, na Edição n. 2125, de 30 de julho de 2010, publicou reportagem com a seguinte manchete: "O Brasil volta a se armar: a cada hora, cinco cidadãos comuns compram um revólver. A insegurança fez as vendas estourarem desde o referendo do desarmamento". De acordo com a revista, apesar da campanha massiva em favor do desarmamento, a Diretoria de Fiscalização de Produtos Controlados (DFPC), do Exército Brasileiro, registrou um acréscimo de 70% do número de armas vendidas no Brasil, entre 2005 (ano do Referendo) e 2009. "Nesses cinco anos, foram comercializadas quase 500 mil armas de fogo e mais de 200 mil delas ficaram nas mãos de pessoas comuns".

Evidente que a pesquisa científica promovida pelo Ipea, para o período, detém maior credibilidade do que a reportagem da revista de variedades Istoé. Entretanto, a distância das informações repassadas é abissal, o que leva a crer em uma possível interpretação equivocada dos dados ou até mesmo em um levantamento viciado.

140 "Dispõe sobre registro, posse e comercialização de armas de fogo e munição, sobre o Sistema Nacional de Armas - Sinarm, define crimes e dá outras providências". (BRASIL. **Lei Federal n. 10.826, de 22 de dezembro de 2003.** Disponível em: < http://www.planalto.gov.br/ccivil_03/leis/2003/l10.826.htm>. Acesso em: 3 de maio de 2013).

Por essa razão, o artigo de Marcelo Justus Santos e Ana Lúcia Kassouf, publicado no periódico *Economic Analysis of Law Review*, se torna indispensável para se chegar a alguma conclusão mais precisa sobre o tema. Os autores procuraram se aprofundar na questão dos impactos do desarmamento sobre a criminalidade a partir de uma abordagem de séries temporais mais recentes da cidade de São Paulo.[141]

Para tanto, antes de considerar os números, Santos e Kassouf alertam para um dado interessante sobre políticas de segurança pública e seus efeitos inesperados na criminalidade, *in verbis*: "políticas de segurança pública eficazes causam efeitos não só na redução da criminalidade real, mas também na criminalidade não registrada, sobretudo porque a população vitimizada passa a confiar mais nas autoridades de polícia e justiça". Eis, portanto, dois vieses antagônicos a serem considerados antes de se extraírem conclusões dos números: (i) "por um lado, haverá uma redução no número de crimes registrados, porque a criminalidade ocorrida estará decrescendo"; e (ii) "por outro, haverá um aumento no número de crimes efetivamente registrados, devido à redução nas taxas de sub-registro".[142]

As conclusões obtidas no estudo em relevo foram: (i) "as armas voluntariamente entregues nas campanhas do desarmamento pertenciam (legalmente ou ilegalmente) a cidadãos comuns, ou seja, não foram entregues por criminosos atuantes"; (ii) "encontrou-se evidência empírica em favor da tese (...) o desarmamento da população é uma medida eficaz contra os crimes (...) o ED causou uma redução na taxa de crimes letais"; entretanto (iii) "provavelmente o principal efeito do ED foi evitar que muitos conflitos cotidianos envolvendo cidadãos comuns acabassem resultando em crimes letais"; e, ainda entretanto, (iv)

---

141 SANTOS, Marcelo Justus dos; KASSOUF, Ana Lúcia. Avaliação de impacto do estatuto do desarmamento na criminalidade: uma abordagem de séries temporais aplicada à cidade de São Paulo. In: **Economic Analysis of Law Review**, v. 3, n. 2, p. 307-322, 2012, p. 307.

142 SANTOS, Marcelo Justus dos; KASSOUF, Ana Lúcia. Avaliação de impacto do estatuto do desarmamento na criminalidade: uma abordagem de séries temporais aplicada à cidade de São Paulo. In: **Economic Analysis of Law Review**, v. 3, n. 2, p. 307-322, 2012, p. 312.

"questões de natureza econômica, tais como o aquecimento no mercado de trabalho, não devem ser desconsideradas na busca de uma explicação para a mudança tão rápida e acelerada na trajetória temporal das taxas de crimes, sobretudo homicídios, em São Paulo".[143]

Analisadas as premissas teóricas e os dados empíricos acima, uma síntese sobre o impacto da Lei Federal n. 10.826, de 2003,[144] na redução da criminalidade enseja as seguintes considerações:

(i) não é possível afirmar se de fato a demanda por armas legais sofreu redução após uma década de vigência do Estatuto do Desarmamento, em função dos números desencontrados fornecidos por órgãos e entidades públicas (*in casu*, Ipea e Exército Brasileiro);

(ii) o controle mais rigoroso do mercado lícito possui o efeito de migrar parcela resistente da demanda para o mercado ilícito de armas de fogo, nos quais é comum a utilização de métodos violentos, formando um ciclo vicioso do crime;

(iii) a criminalidade habitual ou profissional não foi influenciada pela expansão de tipos e sanções penais, bem como pelo acesso mais restrito a armas legais, tendo vista que o delinquente nunca irá se prestar a cadastros de antecedentes para adquirir arma de fogo, sendo-lhe usual recorrer ao mercado ilícito;

(iv) a discreta redução de crimes letais que pode ser atribuída ao Estatuto se deveu a menor ocorrência de conflitos resultantes em morte entre cidadãos comuns, que outrora tinham acesso mais fácil a armas de fogo;

---

143 SANTOS, Marcelo Justus dos; KASSOUF, Ana Lúcia. Avaliação de impacto do estatuto do desarmamento na criminalidade: uma abordagem de séries temporais aplicada à cidade de São Paulo. In: **Economic Analysis of Law Review**, v. 3, n. 2, p. 307-322, 2012, p. 319-320.

144 "Dispõe sobre registro, posse e comercialização de armas de fogo e munição, sobre o Sistema Nacional de Armas – Sinarm, define crimes e dá outras providências". (BRASIL. **Lei Federal n. 10.826, de 22 de dezembro de 2003**. Disponível em: < http://www.planalto.gov.br/ccivil_03/leis/2003/l10.826.htm>. Acesso em: 3 de maio de 2013).

(v) os valores módicos fixados para indenizar o cidadão que entrega sua arma à Campanha Nacional do Desarmamento não representam um incentivo substancial em prol do sucesso da política pública;

(vi) o número de armas de fogo recolhidas pela Campanha Nacional do Desarmamento, de 2003 até hoje, não conseguiu superar consistentemente o número de novas armas adquiridas no mesmo período, não obstante às severas restrições para aquisição por parte do cidadão comum; e

(vii) a função dissuasiva das novas prescrições penais não inibiram as práticas criminosas típicas, de modo que restaram contundentes na punição com prisão (elevado custo social) de cidadãos comuns que passaram à situação de ilegalidade com o novo regime.

Cumpre ressaltar, ademais, que as considerações acima devem sujeitar-se a análises empíricas mais perfunctórias, tendo em vista a fragilidade dos dados oficiais brasileiros, ao contrário do que ocorre nos Estados Unidos. A impressão remanescente dessa ausência de dados claros e perenemente levantados é que, no Brasil, ainda não se levou a sério o combate à criminalidade. Não há uma preocupação de racionalizar a política criminal brasileira com vistas à eficiência pública. Isso, porque se costuma recorrer a legislações penais como subterfúgios para resolver, "de fachada", os problemas sociais e econômicos do país.

Sem embargo, o conjunto dos dados apresentados leva a crer que as políticas de desarmamento, sobretudo aquelas associadas a legislações severas e que contêm substancial criminalização de condutas, mostram-se ineficazes e de elevada *perda social* – *e.g.*, indenizações por entrega de armas custeadas pelo Estado e encarceramento de cidadãos sem histórico de delinquência habitual – logo ineficientes sob vários parâmetros da *Teoria Econômica do Crime*, conforme visto no tópico anterior.

3.3.3 Narcotráfico e Mercado

A dimensão econômica do narcotráfico foi estimada, em 2003, pelo *United Nations Office on Drugs and Crime* (UNODC), em torno de US$320 bilhões, o equivalente a 1% do PIB global para aquele ano.[145] De 2003 para 2019 o mercado cresceu de 230 para 271 milhões de consumidores, representando 1 em cada 20 indivíduos no mundo.[146]

Essa dimensão elevada do narcotráfico é fruto do efeito de criminalização de mercados, devido ao qual se estabelece normalmente fornecedores dispostos a praticar o comércio ilegal, afinal foi demonstrado ser uma atividade muito lucrativa. Inseridos em um ambiente competitivo, tais fornecedores prevalecem sobre o rival na disputa de territórios de venda, mediante o uso de muita violência.

Um exemplo menos discutido sobre a limitação dos mercados lícitos e a expansão inversamente proporcional das empresas do crime pode ser verificado na regulação da indústria e varejo tabagista. Além da elevada carga tributária extrafiscal (inibidora do consumo pelo efeito no preço), há também a controversa política de preço mínimo ao consumidor. Para Pery Francisco Assis Shikida, Mário Antônio Margarido e Matheus Lazzari Nicola,[147] insistir nessa política "enfraquece as empresas que operam dentro das regras estabelecidas pelas instituições democraticamente constituídas e fortalece agentes que desrespeitam essas regras e operam em sentido contrário", afinal o aumento artificial via tributação do preço do cigarro lícito é apto a "influenciar nessa dinâmica entre o mercado legal e ilegal de tabaco".

---

145 UNODC. United Nations Office on Drugs and Crime (UNODC). World drug report 2012. Viena: 2012, p. 59-60. Disponível em: <http://www.unodc.org/documents/data-and-analysis/WDR2012/WDR_2012_web_small.pdf>. Acesso em: 3 de maio de 2013.

146 UNODC. United Nations Office on Drugs and Crime (UNODC). **World drug report 2019** – Booklet 2: Drug Demand Viena: 2019, p. 11. Disponível em: <http://www.unodc.org/documents/data-and-analysis/WDR2012/WDR_2012_web_small.pdf>. Acesso em: 15 de junho de 2020.

147 SHIKIDA, Pery Francisco Assis *et al.* Uma alternativa de combate ao contrabando de cigarro a partir da estimativa da curva de laffer e da discussão sobre a política de preço mínimo. In: **I Congress Latin American and Caribbean Regional Science Association International**, 2017, São Paulo, FEA/USP. São Paulo: FEA/USP, 2017, p. 18-19. Disponível em: <http://sisconev.com.br/Uploads/ENABER17/Trab01570034922017009_000000.pdf>. Acesso em 27 de junho de 2020.

Por isso, afirma-se que a existência de mercados ilícitos acarreta uma situação de violência sistêmica, caracterizada entre traficantes ou entre traficantes e usuários devedores, por exemplo. "A violência assume um caráter sistêmico, fazendo parte da própria natureza da estratégia 'empresarial' das organizações que exploram o tráfico. Como dizem os traficantes, 'só o sangue cancela as dívidas'".[148]

Especificamente no narcotráfico, a violência pode se manifestar ainda em duas outras formas, mas, nessas, por intermédio do próprio usuário. Conforme afirmam Cooter e Ulen: "alguns dependentes precisam cometer crimes para gerar renda. Sua dependência é tão debilitante que eles não conseguem trabalhar em empregos legítimos ou não ganham o suficiente para pagar pelas drogas".[149] A terceira via ocorre com os usuários que, ao fazer uso de drogas como o álcool, têm sua inibição natural reduzida e passam a estar mais propensos a praticar uma conduta criminosa.

Dessa forma, evidente que uma das preocupações predominantes em segurança pública é o combate ao mercado ilícito de drogas.

As ações empreendidas no Brasil, decorrentes da Lei Federal n. 11.343, de 23 de agosto de 2006,[150] têm como foco principal o combate ao tráfico em si, isto é, busca suprimir a oferta de drogas ilícitas no mercado ao voltar o sistema jurídico-penal para o traficante, cominando penas restritivas de liberdade que podem chegar a 15 anos de reclusão. A conduta do mero usuário, embora não tenha sido descriminalizada, passou a corresponder a penas irrisórias, cujo efeito dissuasivo se tornou quase inexistente.

---

148 VIAPIANA, Luiz Tadeu. **Economia do crime: uma explicação para a formação do criminoso**. Porto Alegre: AGE, 2006, p. 48.

149 COOTER, Robert; ULEN, Thomas. **Direito e economia**. 5. ed. Porto Alegre: Bookman, 2010, p. 526.

150 "Institui o Sistema Nacional de Políticas Públicas sobre Drogas - Sisnad; prescreve medidas para prevenção do uso indevido, atenção e reinserção social de usuários e dependentes de drogas; estabelece normas para repressão à produção não autorizada e ao tráfico ilícito de drogas; define crimes e dá outras providências". (BRASIL. **Lei Federal n. 11.343, de 23 de agosto de 2006.** Disponível em: <http://www.planalto.gov.br/ccivil_03/_ato2004-2006/2006/lei/l11343.htm>. Acesso em: 3 de maio de 2013).

O combate persistente ao narcotráfico, de fato, pode gerar uma redução da oferta do bem ilícito para o mercado consumidor, importando o consequente aumento de preço. Enquanto a demanda, representada pelos usuários, não é dissuadida pela lei penal extravagante, o mercado consumidor mantém-se elevado e a escassez cada vez maior do produto o torna ainda mais valioso.

Além disso, as medidas de enfrentamento ao tráfico costumam eliminar mais rapidamente os fornecedores menos resistentes, o que costuma levar à formação de um oligopólio de narcotraficantes. A analogia pode não ser das melhores, porém seria como tratar uma infecção bacteriana com antibiótico em dosagem aquém da necessária. As colônias mais resistentes sobreviverão e se fortalecerão ainda mais, exigindo do paciente remédios mais poderosos e custosos para enfim destruí-las. Da mesma forma, os traficantes resistentes se fortalecem, pois passam a dominar um mercado consumidor maior com a saída dos concorrentes menores. Os rendimentos auferidos em sistemas de poucos fornecedores ou de apenas um (oligopólio e monopólio,[151] respectivamente) serão muito superiores ao *status quo*. Assim, o narcotraficante se transforma em uma ameaça muito perigosa ao sistema social, aumentando sua influência, por intermédio da corrupção de agentes estatais, bem como seu poder de reação com a possibilidade de recrutamento de novos membros para a organização.[152]

Conforme afirmam Gary Becker, Kevin Murphy e Michael Grossman, outra consequência possível é o aumento dos riscos

---

[151] Richard Posner define tal análise da seguinte maneira: "*Some argue that it is to legalize the drugs, because the demand for drugs is inelastic and therefore drug usage wouldn't increase (much) and because legalizations would eliminate monopoly profits in the drug business and therefore reduce the incentive of drug sellers to push their wares, so that drug usage might actually fall even though price was falling*". (POSNER, Richard A. **Economic analysis of law**. Nova Iorque: Aspen Publishers, 2010, p. 307).

[152] Sobre a estrutura das organizações criminosas que exploram o tráfico de drogas, ver: LEVITT, Steven David; DUBNER, Stephen. **Freakonomics: o lado oculto e inesperado de tudo que nos afeta**. Trad. Regina Lyra. 7 ed. Rio de Janeiro: Elsevier, 2005, capítulo 3.

derivados das ações policiais mais enfáticas, que são repassados ao consumidor através da elevação imediata dos preços no curto prazo, mesmo que os estoques de narcóticos ainda não tenham sido prejudicados pela atuação estatal.[153]

A elevação esperada dos preços parece inevitável com a repressão ao tráfico. Por essa razão, é possível conceber uma redução da demanda, a partir do momento em que se dificultar a aquisição do bem ilícito com a elevação dos preços.

Ocorre que, no caso das drogas, há dois tipos de usuários-consumidores, cujas reações às variâncias mercadológicas são bem distintas. De um lado, os usuários não habituais e *não dependentes*, os quais se comportam de acordo com os preços praticados no mercado, isto é: quanto mais elevados, menor a procura; quanto mais baixos, maior a procura. De outro, estão os usuários habituais e *dependentes*, para os quais a restrição da oferta e o aumento de preços não implicam em redução de consumo, o que a economia chama de *demanda inelástica*,[154] insuscetível à oscilação da oferta.

Tal raciocínio faz muito sentido, falta saber qual percentual dos usuários em geral se encaixa na condição de *dependentes*, afinal se trata de informação valiosa para traçar as políticas de repressão às drogas sem repercutir em uma ainda mais elevada *perda social*. Isso, porque são justamente os dependentes que vêm a praticar de forma contumaz crimes contra o patrimônio a fim de reunir recursos para sustentar o vício.

---

153 BECKER, Gary; MURPHY, Kevin; GROSSMAN, Michael. **The economic theory of illegal goods: the case of drugs.** In: **NBER Working Paper Series**, Working Paper 10976, Cambridge: National Bureau of Economic Research, 2004, p. 9.

154 O conceito na visão de Araújo Júnior e Shikida: "A elasticidade nos permite comparar impactos de alterações de preços (ou de renda) sobre as respectivas demandas, sem problemas com as unidades de medida. Isto ocorre porque a elasticidade mede o quanto impactos relativos de uma variável afetam outra variável". (ARAÚJO JÚNIOR, Ari Francisco de; SHIKIDA, Claudio Djissey. Microeconomia. In: TIMM, Luciano Benetti (org.). Direito e economia no brasil. São Paulo: Atlas, p. 34-74, 2011, p. 61).

A fim de melhor elucidar os distintos comportamentos de demanda, abaixo estão descritos dois gráficos, onde se encontram, no primeiro, a reação do dependente químico aos preços e, no segundo, o comportamento do não dependente em mesma situação. Observe-se:

Consumo de Dependentes de Drogas e de Não Dependente vs. Variância de Preço

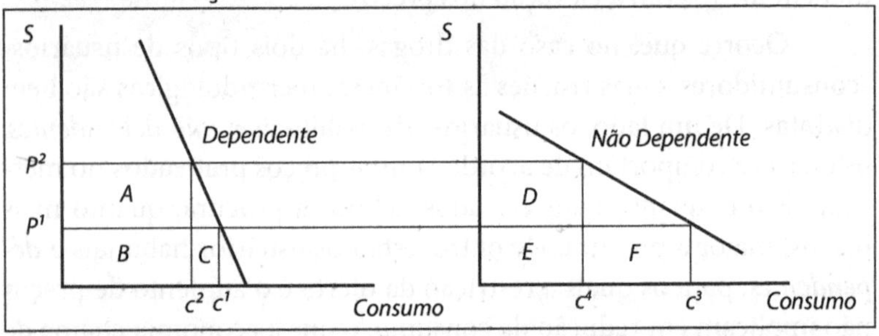

Fonte: Adaptado de COOTER, Robert; ULEN, Thomas. **Direito e economia**. 5. ed. Porto Alegre: Bookman, 2010, p. 526.

Para os dois casos, a elevação de preço da droga – hipoteticamente causada por uma ação policial eficaz –, de p^1 a p^2, é rigorosamente a mesma, entretanto a reação dos consumidores *dependentes* e *não dependentes* é bastante diversa. Para estes, ficou demonstrada uma oscilação considerável do consumo inicial, c^3, para o nível de consumo posterior ao aumento de preços, c^4. Já com relação aos *dependentes*, praticamente não houve redução de consumo inicial, c^1, para o consumo posterior ao aumento dos preços, c^2. A demanda dos *dependentes*, portanto, é *inelástica*, enquanto a dos *não dependentes* pode se chamar de *elástica*.

A partir do gráfico, também é possível ter uma noção do tamanho dos gastos efetuados por *dependentes* e por *não dependentes* antes da elevação dos preços, utilizando-se da seguinte técnica matemática:

(i) os usuários *dependentes* compram c^1 drogas ao preço p^1, o que leva a gastos totais de $c^1 \times p^1$, representados também pela soma das áreas de B + C; e

(ii) os usuários *não dependentes*, por sua vez, adquirem a quantidade c^3 de drogas ao preço p^1, o que denota os gastos de $c^3 \times p^1$, representados também pela soma das áreas dos quadriláteros E + F.

Nesse primeiro momento, os gastos dos *não dependentes* são superiores, porquanto representam uma maior parcela dos usuários em geral de drogas.

Contudo, após o aumento dos preços devido a apreensões de grandes estoques de drogas (*exempli gratia*), o cenário muda drasticamente. A saber:

(i) os usuários *dependentes* compram c^2 drogas ao preço p^2, o que leva a gastos totais de $c^2 \times p^2$, representados também pela soma das áreas de A + B; e

(ii) os usuários *não dependentes*, por outro lado, adquirem a quantidade c^4 de drogas ao preço p^2, o que denota os gastos de $c^4 \times p^2$, representados também pela soma das áreas dos quadriláteros D + E.

Bem sucedidas as intervenções de repressão ao tráfico, os gastos da parcela menor do mercado consumidor de drogas, isto é, os usuários *dependentes*, torna-se superior aos gastos efetuados por um número muito maior de indivíduos. Segundo o exposto por Cooter e Ulen, "os gastos sociais totais sobem porque os viciados continuam a comprar praticamente a mesma quantidade de drogas, mas pagando um preço muito maior". Por essa razão, tais usuários necessitarão de mais recursos para satisfazer o vício, os quais geralmente são provenientes de roubos ou furtos. Assim, alertam os autores: "as políticas públicas que aumentam o custo das drogas para os dependentes pode causar mais crimes, não menos".[155]

Eis uma *externalidade negativa* muito delicada causada pela política pública eleita no combate às drogas.

Em função disso, alguns países, a exemplo da Inglaterra, optaram por uma política em que aos usuários identificados como *dependentes*

---

[155] COOTER, Robert; ULEN, Thomas. **Direito e economia**. 5. ed. Porto Alegre: Bookman, 2010, p. 527.

é permitida a venda de uma quantidade controlada do narcótico, sob prescrição médico-farmacêutica e a preços razoáveis, a fim de evitar a pratica de ilícitos penais.[156] Dessa forma, a medida enfraquece o mercado ilícito de drogas, outrora sustentado por esses mesmos *dependentes*, que se fidelizavam pelo vício. Políticas desse jaez, associadas ao combate policial aos traficantes, obterão melhores resultados.[157]

Cumpre ressaltar, ademais, que outros fatores sociais, como o maior acesso à educação de qualidade, repercutem no declínio do mercado consumidor das drogas, bem como retira da zona de risco uma quantidade enorme de jovens a serem eventualmente recrutados para servir o *exército* do narcotráfico.[158]

Sobre a descriminalização – ou *legalização* – do uso e comércio de drogas, trata-se de um assunto muito discutido tanto no Direito quanto na Economia do Crime. Sob paradigmas liberais, aplicáveis a ambas as áreas, os modelos econômicos desenvolvidos, sobretudo por Becker, Murphy e Grossman, recomendam uma estrutura regulamentada pelo Estado e sobre a qual incidiria alta carga tributária. A arrecadação tributária decorrente seria aplicada em áreas de segurança e saúde pública com o intuito de sanar ao máximo os custos sociais remanescentes do mercado ilícito, que enfrentaria a falência de forma inevitável nesse cenário.[159]

Para o tráfico de drogas, muitos recursos estatais são dirigidos sem que tragam de volta resultados à altura do investimento social. Tais políticas públicas, no caso brasileiro, devem ser rediscutidas sob

---

156 COOTER, Robert; ULEN, Thomas. **Direito e economia**. 5. ed. Porto Alegre: Bookman, 2010, p. 527.

157 Com relação aos usuários *não dependentes*, o aumento dos preços e do cerco policial serão fatores financeiros e de risco que os afastará naturalmente do consumo de drogas. Quem restará para o mercado ilícito? Aparentemente quase ninguém. Trata-se, pois, de uma medida bastante salutar se desempenhada em elevado grau de eficiência.

158 POSNER, Richard A. **Economic analysis of law**. Nova Iorque: Aspen Publishers, 2010, p. 308-309.

159 POSNER, Richard A. **Economic analysis of law**. Nova Iorque: Aspen Publishers, 2010, p. 307-309.

parâmetros de racionalidade e com a abertura devida para a abordagem econômica, muito pertinente ao tema. Revisitar os institutos jurídicos e repensar a hermenêutica também seria um processo muito salutar para aperfeiçoar a segurança pública nacional e reduzir as enormes *perdas sociais* que o narcotráfico enseja.

3.3.4 Sistema Penitenciário Ótimo

O ordenamento jurídico penal brasileiro é fundado em concepções liberais e humanistas.

Protegido por diversas garantias, o indivíduo eventualmente condenado pela prática de conduta tipificada como crime cumprirá a pena respectiva conforme as disposições do Código Penal[160] e da Lei Ordinária Federal n. 7.210, de 11 de julho de 1984 (Lei de Execução Penal),[161] no que se refere, sobremaneira, a direitos e deveres como custodiado pelo sistema penitenciário.

O regime de Execução Penal, propriamente dito, reúne uma série de direitos e garantias ao apenado que denotam o cunho eminentemente ressocializador da pena.

Esses direitos e garantias são de competência do Poder Público, cuja atuação, neste caso, é vinculada aos ditames do Estatuto de Execução Penal. A estruturação de unidades penais que cumpram os requisitos físicos e de pessoal peculiares a cada regime de cumprimento de pena é um dever do Estado, sobretudo porque cumpre papel importantíssimo no processo de ressocialização.

A implantação de unidades bem estruturadas, a contratação de agentes públicos em número ideal, o custeio[162] de alimentação,

---

160 **Decreto-Lei n. 2.848, de 7 de dezembro de 1940**. Disponível em: <http://www.planalto.gov.br/ccivil_03/decreto-lei/del2848compilado.htm>. Acesso em: 29 de abril de 2013.

161 BRASIL. **Lei Ordinária Federal n. 7.210, de 11 de julho de 1984**. Disponível em: <http://www.planalto.gov.br/ccivil_03/leis/l7210.htm>. Acesso em: 4 de maio de 2013.

162 "Os gastos do governo podem ser divididos numa primeira aproximação em despesas correntes ou gastos de custeio (funcionários públicos e bens

água, energia elétrica e assistência médica para os apenados, bem verdade, importa altos gastos a serem suportados pelo Estado.

Tais gastos são, por vezes, objeto de críticas da própria sociedade, ainda mais em uma realidade tão desigual como a brasileira, onde a qualidade de vida de pessoas livres, no que se refere tão somente à alimentação, às vezes é pior do que a dispensada aos delinquentes custodiados pelo sistema penitenciário.

No entanto, antes de tudo, cabe realizar uma análise fria – peculiar aos métodos econômicos – da relação entre custos e benefícios do investimento de recursos estatais no sistema penitenciário, dotando-o de infraestrutura exemplar nos moldes da lei.

Inicialmente, proceder-se-á a uma análise econômica da Lei de Execução Penal.

A começar pelo Título II, Capítulo II, *Da Assistência*. Aqui, o legislador atribuiu uma série de deveres ao Estado para com o apenado, tais como a assistência material, à saúde, jurídica, educacional, social e religiosa, todas elas – umas mais, outras menos – geradoras de despesas ao Erário.

Em seguida, o Título III, Capítulo I, dispõe sobre os órgãos da execução penal, todos os quais demandam, até certo ponto, investimento com pessoal e despesas organizacionais.

Mais adiante, o Título IV versa sobre os requisitos físicos e funcionais dos estabelecimentos penais, estando, aqui, o maior gerador de despesas do sistema.

Os estabelecimentos se dividem basicamente em seis tipos, quais sejam: (i) *penitenciárias*; (ii) *colônias agrícolas, industriais ou similares*; (iii) *casa do albergado*; (iv) *centro de observação*; (v) *hospital de custódia e tratamento psiquiátrico*; e (vi) *cadeia pública*.

Curiosamente, entre todos, o tipo que mais possui unidades pelo Brasil é o que demanda mais recursos para implantação, manutenção e funcionamento: a *penitenciária*.

---

e serviços – materiais) e transferências". (GREMAUD, Amaury Patrick; VASCONCELLOS, Marco Antônio Sandoval de; TONETO JÚNIOR, Rudinei. **Economia Brasileira Contemporânea**. São Paulo: Atlas, 2005, p. 196).

Além disso, a maioria da população carcerária brasileira cumpre a pena em regime semiaberto ou, pelo menos, assim deveria, afinal a maior parte dos crimes tipificados no Código Penal possui penas inferiores a oito anos de duração, o que significa pena de detenção, cumprida inicialmente nesse regime mais brando.

Então, como e por que se tem e se investe mais em unidades penitenciárias, destinadas exclusivamente ao regime fechado?

Não se identificou resposta adequada para essa provocação.

Os problemas estruturais são muitos. A malversação dos recursos estatais é latente. Os orçamentos públicos apresentam despesas provisionadas em média de R$ 1.500,00 (mil e quinhentos reais) por preso,[163] enquanto se vê uma realidade extremamente miserável nas unidades penitenciárias, bem distante do valor declarado.[164]

---

[163] "Um presidiário custa ao governo de Minas Gerais 11 vezes mais do que um aluno da rede estadual de ensino. Em média, o gasto mensal com cada detento é de R$ 1,7 mil. Já a quantia para manter um estudante na rede básica - infantil, fundamental ou médio - é de R$ 149,05 por mês. Os valores foram informados pelas secretarias de Estado de Educação e de Defesa Social (Seds), mas essa última alertou que a cifra inclui apenas os 18 mil homens e mulheres que estão atrás das grades, em presídios e penitenciárias, excluindo da conta os 16 mil infratores que se encontram em delegacias e outros estabelecimentos de segurança, como hospitais psiquiátricos e albergues. Para esse universo, a média não foi calculada. Especialistas não consideram exorbitante o valor dispensado aos condenados, mas a disparidade entre as duas cifras reforça o tamanho do prejuízo que a comunidade e o poder público têm com a violência. O custo anual com os presidiários chega a R$ 367,2 milhões, quantia suficiente para se construir outra Linha Verde (R$ 350 milhões), a via-expressa que liga Belo Horizonte ao Aeroporto Internacional Tancredo Neves, em Confins, considerada a maior obra viária dos últimos anos no estado. (...). Por outro lado, o custo per capita dos presidiários mineiros está dentro da margem da maioria dos outros estados. Levantamento do Departamento de Penitenciária Nacional (Depen), vinculado ao Ministério da Justiça (MJ), concluiu que, no país, a média de R$ 1 mil a R$ 2 mil. (...)". (LOBATO, Paulo Henrique. **Presidiário custa 11 vezes mais que estudante.** Disponível em: <http://wwo.uai.com.br/UAI/html/sessao_14/2007/09/03/em_noticia_interna,id_sessao=14&id_noticia=27888/em_noticia_interna.shtml>. Acesso em: 4 de maio de 2013).

[164] Apesar da distância social e econômica, também nos Estado Unidos ouvem-se

Coincidentemente, a pecha dada pela sociedade ao sistema penitenciário é de que ele se encontra falido, o que representa o interesse pela sua reorganização administrativa, possível sob o prisma de fundamentos econômicos.

Aliás, muitos defendem a sua privatização como a única solução para o caos vivenciado atualmente. E privatização importa aplicação de métodos econômicos, afinal eventual concessionária privada responsável buscará a transformação das unidades para, no mínimo, alcançar a sustentabilidade.

Na prática, quer entregue à iniciativa privada quer sob a gestão do Poder Público, a metodologia econômica da AED torna viáveis os dois modelos, afinal ambos irão se basear em paradigmas similares.

Em paralelo com as demais abordagens juseconômicas, a abordagem econômica da Lei de Execução Penal demonstrou as inúmeras despesas que devem ser suportadas pelo Estado no sistema penitenciário.

Não obstante, há também, na Lei, instrumentos disponíveis ao Estado para reaver parte dessas despesas, permeando, inclusive, a sustentabilidade.

O Título II, Capítulo III, da Lei de Execução Penal dispõe sobre o trabalho do preso, cuja produtividade, ainda que remunerada, pode render receitas ao Erário Público.

A ser cumprido em colônia agrícola, industrial ou similar, o regime semiaberto tem como essência o trabalho do preso. É o estágio intermediário ou de transição entre o cárcere e a liberdade com a progressão para o regime aberto, preparando o apenado, através do trabalho, ao reingresso na sociedade como um indivíduo produtivo.

---

pleitos contrários à inflação do sistema prisional. Confira-se: "O descontentamento com o enorme crescimento da população carcerária tem muitas razões. Nem todos ficam satisfeitos de ver um número tão significativo de americanos, principalmente americanos negros, atrás das grades. Por outro lado, a prisão não é sequer um começo de solução das causas qie geram o crime, que são diversas e complexas. Por último essa solução não é nada barata: chega a cerca de $25 mil por ano a manutenção de um preso". (LEVITT, Steven; DUBNER, Stephen. **Freakonomics: o lado oculto e inesperado de tudo que nos afeta**. Trad. Regina Lyra. 7 ed. Rio de Janeiro: Elsevier, 2005).

O trabalho do apenado, nesse tipo de regime, é facilmente revertido em receitas para o Estado.

Contudo, inexplicavelmente em todo o Brasil, o número de unidades equipadas para propiciar atividades laborais ao preso é insignificante.

Ora, onde a equação de custos e benefícios é mais bem equilibrada no sistema penitenciário, o Estado não investe, o resultado é - apropriando-se de terminologia de mercado - inexoravelmente a falência do sistema.

Outra perspectiva do problema é o total desprezo ao fim da norma, isto é, o objetivo primordial da Execução Penal: a *ressocialização*.

Modelos ressocializadores como o da Associação e Proteção e Assistência aos Condenados (APAC), que - embora timidamente - estão se difundindo no País, vêm obtendo êxito em reintegrar ao convívio social 91% dos apenados submetidos a seus métodos, que nada mais são do que a estrita observância da legislação, inclusive quanto à oportunidade de trabalho.[165]

O indivíduo ressocializado se torna produtivo ao reingressar na sociedade, rendendo benefícios. E não representará mais um custo social, uma vez distanciado da criminalidade.

Por outro lado, o sistema penitenciário, da forma como vem sendo administrado, apenas brutaliza os indivíduos a ele submetidos, gerando uma *perda social* sem precedentes. A população carcerária cresce em um ritmo alucinante muito porque o sistema não propicia a pena ressocializadora.[166]

---

165 COSTA, Lucas; PARREIRAS, Arthur. **APAC: Alternativa na Execução Penal**. Disponível em: <http://www.buscalegis.ufsc.br/revistas/files/anexos/33048-41542-1-PB.pdf>. Acesso em 4 de maio de 2013.

166 Em pesquisa empírica de extensão pioneira no Brasil, Gilberto José Schaefer e Pery Franscisco de Assis Shikida apontam a reincidência como fator relevante no âmbito do estudo do crime, o que sem dúvida demonstra a ineficácia do sistema penal em reabilitar o apenado. Além disso, os autores trazem outras informações interessantes, conforme demonstra o trecho a seguir: "Os resultados sobre a tipologia e aspectos do crime econômico, na sua esfera

As ingerências administrativas têm um peso enorme sobre essa problemática. A simples organização das despesas, através do instrumentalismo econômico, já representaria mudanças perceptíveis a curto prazo.

Cabe também aos operadores do Direito, sobretudo aos membros do Ministério Público e aos Juízes de Execução Penal, mais ativismo em prol da remodelação do sistema pautado em princípios da AED, a exemplo da eficiência da Administração Pública, princípio este constitucionalmente estabelecido.

A maior demonstração da existência de soluções públicas pautadas na Teoria Econômica para o Sistema Penitenciário – reitere-se – está no grande interesse privado em administrá-lo.[167]

---

organizativa individual, evidenciaram que o tipo de crime concentrou-se no tráfico de drogas (47,6%), seguido de furto (33,3%) e roubo (17%). Houve 7 casos de reincidência. Tal ponto denota que uma fração, 33,3% dos criminosos econômicos, voltou a praticar atividades ilegais. Para efeito de cortejo, 'um cálculo feito Ilanud, braço da Organização das Nações Unidas, ONU, que trata da violência, mostra que 45% dos presos brasileiros que cumpriram pena em cadeia tornaram-se reincidentes'. (...). Cerca de 71,4% dos entrevistados consideraram as atividades policiais eficientes para coibir a atividade criminosa, enquanto 28,6% não consideram essas atividades eficientes. Sobre a legislação penal, 57,1% dos entrevistados consideraram-na eficiente, enquanto 42,9% não consideraram essa legislação eficiente. Dados estes percentuais, próximos de 50%, torna-se preciso rever a legislação penal vigente para que a reeducação social possa ocorrer com maior magnitude". (SCHAEFER, Gilberto José; SHIKIDA, Pery Francisco de Assis. Economia do crime: elementos teóricos e evidências empíricas. In: **Revista análise econômica**, ano 18, n. 33, p. 195-217, Porto Alegre, 2000, p. 206, 207 e 210).

167 "A primeira experiência no país de terceirização dos serviços penitenciários teve lugar no Paraná, e mais especificamente, na Penitenciária industrial de Guarapuava (PIG). Trata-se de um exemplo de parceria entre a segurança pública e privada, onde o presídio, administrado pelo governo do estado, obedece ao modelo de terceirização dos serviços, a cargo de empresas privadas, que inclui segurança interna, assistência social, médica e psicológica, entre outras. Uma empresa, Humanitas (Administração Prisional Privada S/C Ltda) atua no presídio, sendo responsável por todas as atividades lá exercidas, tendo convênio com uma fábrica de móveis que emprega os detentos, garantindo-lhes rendimento e auxiliando-os em sua recuperação. Com capacidade para 240 presos, a Penitenciária Industrial de Guarapuava iniciou suas atividades em 1999 e o êxito da experiência resultou em mais um novo projeto, já em desenvolvimento

Não há mais espaço para o que hoje ainda se perpetua. O sistema como está apenas fomenta a barbárie e a criminalidade organizada, grande ameaça à sociedade e às instituições.

Uma vez demonstrada a pertinência da AED aplicada aos diversos ramos do Direito e, em especial, conforme neste tópico se pretende, correlacionado à Execução Penal *a priori* e, *a posteriori*, mais especialmente ao instituto *regime semiaberto* e a seu efeito ressocializador, faz-se necessário traçar objetivamente alguns paradigmas econômicos relevantes nesta análise.

De início, os institutos jurídicos devem ser concebidos efetivamente como um sistema de prêmios e penalizações, isto é, vindoura progressão para regime mais benéfico tem que efetivamente ser destinada àquele apenado que fez jus ao benefício, apresentando bom comportamento carcerário, assim como já prevê o regime de Execução Penal.[168]

Doravante, a funcionalidade *per se* dos dispositivos da Lei de Execução Penal tem que ser considerada pelo operador do Direito, na medida em que este não pode vendar os olhos para o efeito *bumerangue* da norma, cujas repercussões não atingirão apenas o destinatário imediato, mas também um grupo ou classe de indivíduos em uma reação sistêmica. Como exemplo, tome-se uma unidade prisional de regime semiaberto situada em localidade cuja atividade mercantil principal é a de produção de artesanato: o gestor e o operador do direito não poderão incentivar tão somente tal ofício aos apenados (ainda que conveniente pela existência de mercado consumidor), uma vez que a produção da unidade poderá prejudicar as vendas dos artesãos locais já estabelecidos, devido ao custo praticamente inexistente da mão de obra carcerária.

---

no Ceará (Penitenciária de Juazeiro do Norte – Vale do Cariri)". (PEREIRA, Marianne dos Reis. **A Privatização do Sistema Penitenciário.** Disponível em: <http://xa.yimg.com/kq/groups/13783781/2018026283/name/aprivatizacaodosistemapenitenciario.pdf>. Acesso em: 4 de maio de 2013).

168 Ver mais em: RODRIGUES, Fillipe Azevedo. Análise econômica da execução penal: ressocialização e regime semiaberto. In: **Revista Direito e Liberdade**, v. 13, n. 2, p. 101-124, 2012. Disponível em: <http://www.esmarn.tjrn.jus.br/revistas/index.php/revista_direito_e_liberdade/article/view/403/433>. Acesso em: 28 de abril de 2013.

A Execução Penal, como um sistema de prêmios e penalizações, funciona pautada pela ação e reação dos indivíduos a ela sujeitados, trata-se da premissa de maximização racional aplicada ao Direito. Em outras palavras, os destinatários da norma reagem racionalmente, fazendo constantes escolhas alicerçadas no sistema de incentivos por ela instituído, pesando as vantagens e desvantagens de agir quer conforme quer em transgressão à lei. Neste caso, os frutos do ilícito podem ser vantajosos o bastante para que o indivíduo suporte eventual penalização com sentimento de *lucro*. Então, como calibrar esse sistema para que as penalizações evitem o ilícito e as premiações ressaltem vantagens à conduta lícita? A resposta é a utilização da empiria. A partir do trabalho empírico, base das proposições econômicas, é possível alcançar componentes sistemáticos que indiquem referenciais de partida ou de resultado desse sistema de prêmio e pena. Na Execução Penal, eventuais desvios do fim pretendido pela norma (*ressocialização*) talvez sejam solucionados a partir de métodos empíricos de pesquisa e experimentação de resultados, o que se crê salutar.[169]

Assim como há falhas do mercado, há falhas de governo, e, dessa forma, regular sua atividade através de instrumentos de fiscalização e controle da atividade governamental com enfoque na eficiência é aproximar-se dos resultados pretendidos de forma mais linear, sem eventuais desvios oriundos de sucessões políticas. Instituições como o Ministério Público e os Tribunais de Contas, sendo mais ativos, podem se assemelhar aos órgãos de regulação das atividades econômicas privadas, no que tange a cobrar continuidade e eficiência das políticas públicas dirigidas ao sistema penitenciário.

A utilização de estudos comparados para se mensurar a eficiência ou não do atual sistema de regimes de cumprimento de pena

---

169 Conclusões desenvolvidas na obra desta autoria: RODRIGUES, Fillipe Azevedo. Análise econômica da execução penal: ressocialização e regime semiaberto. In: **Revista Direito e Liberdade**, v. 13, n. 2, p. 101-124, 2012. Disponível em: <http://www.esmarn.tjrn.jus.br/revistas/index.php/revista_direito_e_liberdade/article/view/403/433>. Acesso em: 28 de abril de 2013.

confrontado com as experiências enfrentadas no passado - assim como já foi proposto neste capítulo - é positiva ao propiciar a imaginação de alternativas aos problemas contemporâneos. Aprender com os erros do antigo regime de Execução Penal pode trazer soluções para o regime vigente.

Por fim, conceber a Execução Penal sob o prisma de custos e benefícios é teoria jurídica inafastável, ante ao esfacelamento do sistema de Execução Penal. Voltar os recursos governamentais ao regime semiaberto, por este trazer mais benefícios a baixo custo, é meta urgente, abstraindo-se, ao menos em princípio, da estrita vinculação à noção *retributiva* da sanção criminal. Esse clamor imediatista da sociedade por uma equivocada noção de justiça pode redundar em nefastos prejuízos futuros. Se, hoje, vê-se o crescente apelo social por um regime penal mais fechado e mais rigoroso (inviável do ponto de vista econômico) - obviamente que por reação ao crescente da criminalidade -, amanhã, os prejuízos sociais serão maiores, tudo porque o gestor e o operador do direito se renderam à concepção de *justiça social* afastada de uma análise pragmática de custo e benefício.[170]

Firmados esses paradigmas, conclui-se ser possível solucionar muitas das incongruências não apenas do sistema penitenciário, mas também de demais áreas do Direito, com ênfase para a esfera penal, tudo por força da metodologia econômica aplicável, ressaltando - para a hipótese ora em análise - a importância do regime semiaberto como o sustentáculo do sistema.

[170] Os pressupostos elencados foram inspirados em: SALAMA, Bruno Meyerhof. O que é pesquisa em direito e economia. In: **Cadernos direitoGV**, v. 5, n. 2, estudo n. 22, 2008, p. 39-42. Disponível em: <http://bibliotecadigital.fgv.br/dspace/bitstream/handle/10438/2811/caderno%2520direito%252022.pdf?sequence=1>. Acesso em 29 de abril de 2013. Outrossim, para maiores aprofundamentos, ver: RODRIGUES, Fillipe Azevedo. Análise econômica da execução penal: ressocialização e regime semiaberto. In: **Revista Direito e Liberdade**, v. 13, n. 2, p. 101-124, 2012. Disponível em: <http://www.esmarn.tjrn.jus.br/revistas/index.php/revista_direito_e_liberdade/article/view/403/433>. Acesso em: 28 de abril de 2013.

4

EXPANSÃO DO DIREITO PENAL CONTEMPORÂNEO

4.1 IDEIAS PENAIS, MOVIMENTOS HISTÓRICOS DO PROCESSO DE CRIMINALIZAÇÃO E ESCOLAS PENAIS

A evolução histórica do Direito Penal - não vinculada apenas a sua expressão dogmática, característica dos tempos recentes - condiz com os processos de desenvolvimento social, cultural e econômico das sociedades humanas. As alterações nesses cenários promoveram retrações e expansões do impacto social das normas penais, ora mais severas ora mais flexíveis.

As estruturas filosóficas que sustentaram cada fase pontual desse processo histórico do Direito Penal servem, outrossim, de estigma para a compreensão de como se davam as relações humanas em dado contexto social.

O estudo historicista desses estágios da humanidade culminou na segmentação temporal de vários *Direitos Penais*,[1] cujas identidades, conforme antes mencionado, residem nos específicos reflexos de cada período histórico-cultural na construção do regime punitivo correspondente. Trata-se, pois, da relação de causalidade sociedade-direito.

Assim, pode-se aferir que a seleção das ideias existentes em determinada sociedade repercute na formação do arcabouço normativo-valorativo do Direito Penal então vigente.

---

1 BITENCOURT, Cezar Roberto. **Tratado de direito penal**. V. 1, 17 ed. São Paulo: Saraiva, 2012, p. 643.

Nessa linha, Edgard Magalhães Noronha discorre sobre o assunto, assumindo o conceito de *Ideias Penais* para proceder à análise da evolução histórica do Direito Penal, utilizando-se da pena como critério para a fixação de quatro grandes fases: (i) *vingança privada*; (ii) *vingança divina*; (iii) *vingança pública*; (iv) *período humanitário* (ou humanista).[2]

Vingança privada era a agressão como regra. Tratava-se da reação pessoal à ação como critério punitivo, sem interferência comunitária. A punição era questão privada, a ser resolvida entre agressor e agredido. Por consequência, como é natural ainda nos dias de hoje, o revide pessoal não guardava preocupações em ser proporcional às agressões, o que ensejava intermináveis conflitos entre famílias, clãs e até entre organizações sociais ainda mais complexas.

A migração do contexto de *vingança privada* para a *vingança divina* se deu em função do avanço civilizacional da humanidade antiga em torno da consolidação de sociedades teocêntricas. Aqui, o poder social se apropriou da esfera penal, antes relegada exclusivamente às relações privadas. O criminoso, ao delinquir, atentava contra os deuses e a punição servia de resposta dada pelo corpo social à divindade. A reação punitiva proporcional ao grau de ofensividade do delito tem sua origem neste período, com a construção normativa do *talião*, presente no Código de Hamurábi e em diversas outras legislações da época.

Na fase da *vingança pública*, permaneceram comuns as penas severas e cruéis com a finalidade de máximo controle social e preservação do poder na mão do soberano. Entretanto, houve uma gradual distanciação da jurisdição penal com relação à religião. Surgem as ideias de culpabilidade e do caráter coercitivo da pena em prol da defesa social. Apesar das inovações trazidas no período, não se extirparam do seio da sociedade manifestações de *vingança divina* e, até mesmo, de *vingança privada*. A manutenção desta ocorreu principalmente devido ao fato de que tanto os romanos como os gregos dividiam os crimes em dois grandes grupos: delitos públicos e privados. A repressão estatal resumia-se,

---

2 NORONHA. Edgard Magalhães. **Direito penal**. V. 1, 31 ed. São Paulo: Editora Saraiva, 1995, p. 20-21.

portanto, apenas aos delitos considerados públicos, ao passo que cabia à *vingança privada* a busca pela punição nos demais casos. Traços da fase da *vingança pública* estiveram presentes na sociedade ocidental até os regimes absolutistas da Idade Moderna.

Evidente que o termo vingança, comum a todos os períodos antes mencionados, é utilizado em razão da construção do Direito Penal com o fim exclusivo de repressão. A pena, nesses tempos, não guardava qualquer caráter pedagógico ou de reinserção do indivíduo na sociedade, haja vista que o delito era caminho sem volta rumo à absoluta exclusão social.

Por esses motivos, eram comuns as penas infamantes, de morte e os processos inquisitórios secretos,[3] cujo principal meio de busca da suposta verdade dos fatos era a tortura do inquirido.[4]

Cesar Roberto Bitencourt, a respeito do assunto, trata a época do Direito Penal das *vinganças* de época dos *suplícios*, na qual o sofrimento do suspeito da prática delituosa perdurava da fase processual à condenação e aplicação da pena. Era comum, portanto, o processo ser a fase de tortura e a pena a neutralização do condenado.[5]

---

3 Na época da concepção política da justiça penal, segundo Michel Foucault, "O corpo supliciado se insere em primeiro lugar no cerimonial judiciário que deve trazer à lume a verdade do crime". Além disso, Foucault realça que, na maior parte dos países europeus, incluindo aí a França, apresentando como exceção a Inglaterra, o processo, até a sentença, era secreto. (FOUCAULT, Michel. **Vigiar e punir**. Trad. de Raquel Ramalhete. Petrópolis: Editora Vozes, 1999, p. 35).

4 "O corpo do homem, que era o objeto da pena, além de se manifestar como o responsável pelos atos criminosos, transforma-se, de igual forma, no objeto do processo, devendo merecer provações para esclarecer o crime". (SILVA JUNIOR, Walter Nunes da. O direito penal e a criminalidade. In: **Revista do curso de direito da ufrn**, v. 1, n. 1, p. 121-139, 1996, p. 3)

5 "Recorria-se, durante esse longo período histórico, fundamentalmente, à pena de morte, às penas corporais (mutilações e açoites) e às infamantes. Por isso, a prisão era uma espécie de "antessala" de suplícios, pois se usava a tortura, frequentemente, para descobrir a verdade. A prisão foi sempre uma situação de grande perigo, um incremento ao desamparo e, na verdade, uma antecipação da extinção física do indivíduo". (BITENCOURT, Cezar Roberto. **Tratado de direito penal**. V. 1, 17 ed. São Paulo: Saraiva, 2012, p. 643)

O caráter coercitivo da pena também estava muito presente, afinal tais métodos infamantes costumavam ser abertos à sociedade para que se transmitisse o temor, a intimidação, a resignação dos arbítrios do soberano a seus súditos.

Cumpre transcrever, desse modo, a leitura de Walter Nunes da Silva Júnior sobre o período das *vinganças*:

> Para manter a sua autoridade, o Soberano insere, no ordenamento jurídico, os mecanismos mais bárbaros, não apenas no propósito de punir, mas também, o que é pior, no escopo de descobrir a verdade. (...). Depois, com a aplicação da pena, que deve ser corporal, em cerimonial realizado diante da sociedade, para servir de exemplo e atuar como medida de prevenção geral. A prisão era prevista, apenas, como a forma de deter-se o homem para a aplicação da pena corporal correspondente. Nada obstante os suplícios ao corpo, todo o processo, até sua execução, quando então se fazia importante levar a conhecimento do grupo social o suplício final, permanecia secreto, dele não tendo participação o acusado. O processo não era do conhecimento do acusado, tornando-se, o saber do drama judiciário, privilégio único e exclusivo da acusação. O acusado não sabia qual era a imputação que lhe era feita, os depoimentos tomados, as provas apuradas. Imperava o entendimento de que, sendo inocente, de defesa o acusado não precisava, enquanto se fosse culpado, a ela não teria direito. Era a influência, ainda, de alguns dogmas da concepção religiosa.[6]

Entretanto, como se sabe, a era das vinganças – ou *Época dos Suplícios* – foi superada pela construção de novas ideias. As *Ideias Penais* de Edgard Magalhães Noronha demonstram profundas mudanças sociais com o advento do contexto cultural do *período humanitário*, iniciado no século das luzes.

Conforme Eduardo Medeiros Cavalcanti, a humanidade passou ao longo desse tempo por substanciais *movimentos do processo de criminali-*

6 SILVA JUNIOR, Walter Nunes da. O direito penal e a criminalidade. In: **Revista do curso de direito da ufrn**, v. 1, n. 1, p. 121-139, 1996, p. 4.

zação,[7] nos quais é possível verificar um gradual processo de racionalização do Direito Penal e retração de seu escopo meramente punitivo.

Ainda dentro do período das *vinganças* (privada, divina e pública), podem-se identificar tais avanços no sentido de tornar o Direito Penal um instrumento de controle social menos arbitrário e desproporcional.

O período humanitário inaugurou, portanto, o segundo grande movimento do processo de criminalização, no qual o crime foi laicizado pelos ideais do pensamento iluminista, em meio à eclosão de grandes mudanças políticas e sociais, sobretudo na Europa e na América do Norte com a Revolução Francesa e a Independência Norte-Americana, respectivamente.

O que tornou possível a construção desse novo contexto foi, antes, o processo de *revolução do pensamento*, que, sob o ponto de vista de Eduardo Medeiros Cavalcanti, consistiu na mudança de dois grandes paradigmas do comportamento do indivíduo em sociedade, quais sejam: (i) "inversão de postura, ou seja, do mundo estático ao mundo em movimento. Para tanto, a dúvida era a viga mestra do novo sentimento científico que pairava sobre a sociedade"; e (ii) "a contemplação dever-se-ia concatenar a ação. Tanto esforço tinha como pano de fundo, além da reação contra os dogmas escolásticos, uma sociedade cada vez mais urbana e comercial, interessada na vida prática".[8]

O iluminismo transcendeu da fé no divino e no soberano para o despertar da razão e do indivíduo como sujeito de direitos. "A razão, na filosofia iluminista, é o valor maior dessa ideia, atribuindo-se a Hugo Grotius a missão de negar a origem divina do direito natural, percebendo-o como fruto do homem e desenvolvido sob a influência da racionalidade".[9]

---

7 CAVALCANTI, Eduardo Medeiros. **Crime e sociedade complexa.** Campinas: LZN, 2005, p. 35.

8 CAVALCANTI, Eduardo Medeiros. **Crime e sociedade complexa.** Campinas: Editora LZN, 2005, p. 52-53.

9 SILVA JUNIOR, Walter Nunes da. O direito penal e a criminalidade. In: **Revista do curso de direito da ufrn**, v. 1, n. 1, p. 121-139, 1996, p. 5.

Surge, então, associado ao *período humanitário*, de Edgard Magalhães de Noronha, e ao segundo *movimento do processo de criminalização*, de Eduardo Medeiros Cavalcanti, a *etapa da justiça penal jurídica* da denominada Escola Penal Clássica.[10]

Atribui-se à Cesare Beccaria e a sua obra *Dos Delitos e das Penas*[11] o ponto de partida da Escola Clássica, porquanto há, pela primeira vez, a proposta de racionalização do Direito Penal, criticando-se "as atrocidades dos sistemas penais existentes, principalmente em função da presença da tortura e da pena de morte".[12]

Legalidade, moderação das penas e o caráter preventivo[13] do Direito Penal consistiram, entre outras, em importantes inovações

---

10 Importante transcrever a posição de Winfried Hassemer sobre a correlação entre a Escola Clássica do Direito Penal e o Iluminismo, conforme transcrição a seguir: "Quando eu falo de 'clássico', eu quero dizer com isso que o objeto indicado situa-se na tradição da filosofia política do Iluminismo". (HASSEMER, Winfried. Características e Crises do Moderno Direito Penal. Trad. de Pablo Rodrigo Alflen da Silva. In: **Revista síntese de direito penal e processual penal**, n. 18, p. 144-157, 2003, p. 146).

11 BECCARIA, Cesare. **Dos delitos e das penas**. Trad. de Torrieri Guimarães. 1 ed. São Paulo:Editora Rideel, 2003.

12 SILVA JUNIOR, Walter Nunes da. O direito penal e a criminalidade. In: **Revista do curso de direito da ufrn**, v. 1, n. 1, p. 121-139, 1996, p. 5.

13 Cláudio Mendes Júnior sistematiza a pena em três dimensões/funções, de modo que tece as seguintes considerações sobre a função preventiva: "Teoria relativa, finalista ou utilitária; como o próprio nome induz, visa a evitar, pela intimidação decorrente da publicidade no cumprimento da pena ou do rigor a ela atribuído, que os demais cidadãos da sociedade cometam infrações penais (prevenção geral), e mesmo o reeducando reveja suas condutas a partir da punição a que se encontra submetido. Faz o apenado o seguinte juízo: 'não devo cometer infrações penais uma vez que certamente serei punido de maneira severa pelo Estado'. Esse efeito, que tem certo caráter pedagógico, cria obstáculos morais à prática de delitos. Na Idade Média, e até o século XVIII, foram utilizadas penalidades aflitivas do corpo humano que eram executadas em praça pública para que toda a comunidade assistisse e fosse dissuadida a qualquer propósito criminoso. Eram comuns enforcamentos, decapitações pela guilhotina, fuzilamento e esquartejamento. No Brasil, é notório o caso do inconfidente mineiro Joaquim José da Silva Xavier, o Tiradentes". (MENDES JÚNIOR, Cláudio. **Execução penal e direitos humanos**. Curitiba: Juruá, 2010, p. 29).

trazidas na obra de Beccaria para limitar o arbítrio estatal na apuração e condenação da prática delituosa. Além disso, a atenção dada à expansão do Direito Penal, com a tipificação criminal de novas condutas, criou uma abordagem inédita da matéria, isto é: a norma penal deve ser a *ultima ratio*,[14] de eficácia social preventiva imprescindível e preservados ao máximo os direitos individuais (liberdade e propriedade, *exempli gratia*).[15]

No tocante à legalidade e à taxatividade, Cesare Beccaria aplicou ao Direito Penal as concepções filosóficas dos *contratualistas*, porquanto o regime de regras e princípios penais deveria ser legitimado ao derivar da vontade soberana de seus destinatários - ou dos indivíduos potencialmente atingidos pelo ordenamento jurídico penal.[16]

Para Hassemer, o *contrato social*, conforme compreendido e aplicado por Beccaria em sua obra, "não é um acontecimento real no tempo, que pretende, quando muito, suceder em partes e de um modo efetivamente exemplar; ele é muito mais a condição de possibilidade do Direito",[17] no caso, do Direito Penal.

---

[14] Para Raúl Carnevali Rodríguez, a concepção da *ultima ratio* "*apunta a que el Derecho penal debe ser el último instrumento al que la sociedad recurre para proteger determinados bienes jurídicos, siempre y cuando no haya otras formas de control menos lesivas 'formales e informales'. Si se logra la misma eficacia disuasiva a través de otros medios menos gravosos, la sociedad debe inhibirse de recurrir a su instrumento más intenso*". (RODRÍGUEZ, Raúl Carnevali. Derecho penal como *ultima ratio*. Hacia uma política criminal racional. In: **Ius et Praxis**. Ano 14. n. 1, p. 13-48, 2008. Disponível em: <http://www.scielo.cl/scielo.php?script=sci_arttext&pid=S0718-00122008000100002>. Acesso em: 25 de março de 2013).

[15] Afinal, segundo suas palavras, Cesare Beccaria afirma: "ninguém faz graciosamente o sacrifício de uma parte de sua liberdade apenas visando ao bem público". (BECCARIA, Cesare. **Dos delitos e das penas**. Trad. de Torrieri Guimarães. 1 ed. São Paulo:Editora Rideel, 2003, p. 17).

[16] HASSEMER, Winfried. Características e Crises do Moderno Direito Penal. Trad. de Pablo Rodrigo Alflen da Silva. In: **Revista síntese de direito penal e processual penal**, n. 18, p. 144-157, 2003, p. 146.

[17] HASSEMER, Winfried. Características e Crises do Moderno Direito Penal. Trad. de Pablo Rodrigo Alflen da Silva. In: **Revista síntese de direito penal e processual penal**, n. 18, p. 144-157, 2003, p. 146.

Isso, porque os indivíduos renunciam de parcela de sua liberdade, por intermédio de um processo legislativo legítimo, para compartilhar suas vidas em sociedade, entretanto o fim maior dessa renúncia é a *garantia de liberdade para todos*.[18] Tal reciprocidade é a principal característica do contrato social. Assim, o Direito Penal deverá sempre ser concebido com a observância da seguinte máxima: "o contrato social é como um fundamento do direito, ele é suscetível ao cotidiano. Os limites da renúncia à liberdade precisam, por isso, ser marcados com garantias muito especiais".[19]

Nessa linha, torna-se indispensável transcrever trecho da obra de Cesare Beccaria a respeito do assunto:

> Somente a necessidade obriga os homens a ceder uma parcela de sua liberdade; disso advém que cada qual apenas concorda em pôr no depósito comum a menor porção possível dela, quer dizer, exatamente o necessário para empenhar os outros em mantê-lo na posse do restante. A reunião de todas essas pequenas parcelas de liberdade constitui o fundamento do direito de punir. Todo exercício do poder que desse fundamento se afaste constitui abuso e não justiça; é um poder de fato e não de direito; constitui usurpação e jamais um poder legítimo. As penas que vão além da necessidade de manter o depósito da salvação pública são injustas por sua natureza; e tanto mais justas serão quão mais sagrada e inviolável for a segurança e maior a liberdade que o soberano propiciar aos súditos.[20]

---

18 "A proteção da liberdade deve constituir a essência do direito e se contrapõe, portanto, à incriminação. Por outro lado, pode-se argumentar que a liberdade pode, às vezes, ser perturbada por outros que abusam dessa mesma liberdade. Isso de fato ocorre e justamente por isso devemos encarar essa questão da oposição entre liberdade e incriminação como a questão a ser enfrentada pelo direito". (TAVARES, Juarez *et alli*. Os objetos simbólicos da proibição: o que se desvenda a partir da presunção de evidência. In: COUTINHO, Jacinto Nelson de Miranda (org.). **Direito e psicanálise. Interseções a partir de "O Processo" de Kafka**. 1 ed. Rio de Janeiro: Lumen Juris, 2007, v. 1, p. 43-56).

19 HASSEMER, Winfried. Características e Crises do Moderno Direito Penal. Trad. de Pablo Rodrigo Alflen da Silva. In: **Revista síntese de direito penal e processual penal**, n. 18, p. 144-157, 2003, p. 147.

20 BECCARIA, Cesare. **Dos delitos e das penas**. Trad. de Torrieri Guimarães. 1 ed. São Paulo: Rideel, 2003, p. 19.

O próprio Beccaria é enfático em, dessas conclusões, retirar uma substancial consequência na linha do que vinha sendo arguido com relação à legalidade e à taxatividade no Direito Penal: "apenas as leis podem indicar as penas de cada delito e que o direito de estabelecer leis penais não pode ser senão da pessoa do legislador, que representa toda a sociedade, ligada por um contrato social".

Quanto à *moderação das penas* – ou função das penas – e ao caráter preventivo[21] do Direito Penal, Beccaria foi enfático na desconstrução da suposta utilidade da *vingança* punitiva, ainda muito comum na sociedade ocidental do Século XVIII. Para tanto, teceu a seguinte indagação: "os berros de um desgraçado nas torturas poderão tirar do seio do passado, que não retorna mais, uma ação já praticada?"[22] Para ele, as sanções penais devem ser escolhidas e aplicadas ao delinquente com o fim de eficiência punitiva e preventiva, de modo que provoque a impressão coercitiva mais perdurável no meio social, sopesada com o meio coativo menos cruel no corpo do culpado. A abordagem de eficiência a respeito da sanção penal é demonstrada, por Beccaria, a partir da comparação adiante: "os países e os séculos em que se puseram em prática os tormentos mais atrozes são igualmente aqueles em que se praticaram os crimes mais tremendos".[23]

A consagração do Direito Penal da Escola Clássica, imiscuída no espírito liberal, moveu a sociedade ocidental para novos e virtuosos caminhos, afastados do arbítrio estatal, desvencilhados do temor e da insegurança gerada pela era das *vinganças*. O indivíduo passou a ser respeitado em toda sua autonomia. A vida em plenitude, enfim, passou a ser considerada como o maior bem jurídico a ser preservado.

---

21 "É preferível prevenir os delitos do que precisar puni-los; e todo legislador sábio deve, antes de mais nada, procurar impedir o mal em vez de repará-lo, pois uma boa legislação não é mais do que a arte de propiciar aos homens a maior soma de bem-estar possível e livrá-los de todos os pesares que se lhes possam causar, conforme o cálculo dos bens e os males desta existência". (BECCARIA, Cesare. **Dos delitos e das penas**. Trad. de Torrieri Guimarães. 1 ed. São Paulo: Rideel, 2003, p. 129).

22 BECCARIA, Cesare. **Dos delitos e das penas**. Trad. de Torrieri Guimarães. 1 ed. São Paulo: Rideel, 2003, p. 58.

23 BECCARIA, Cesare. **Dos delitos e das penas**. Trad. de Torrieri Guimarães. 1 ed. São Paulo: Rideel, 2003, p. 59.

Até os tempos hodiernos, a influência da Escola Clássica persiste nos ordenamentos jurídicos penais, pois, à luz do que defende Hassemer, o Direito Penal clássico (liberal) trata-se mais de um eterno ideal a ser buscado do que de uma mera fase a ser superada.[24]

Bem verdade que, ao longo do interregno entre os séculos XVIII e XX, passaram-se algumas outras escolas de concepção do Direito Penal, a exemplo da escola positiva,[25] cujos expoentes em matéria criminal foram Cesare Lombroso,[26] com a discutível tese do *homem delinquente*, sustentada na antropologia criminal, e Enrico Ferri,[27] com a sociologia criminal.

[24] "'Clássico' no Direito Penal não se esgota, como de costume, em uma determinada época ou em um determinado número de objetos; 'clássico' é também um ideal, uma representação de fim pela qual pode ser determinada para onde deve ir uma viagem, quais passos seguem na direção correta e quais na direção errada e quantos passos ainda se tem que percorrer, antes que se possa julgar pela proximidade do fim". (HASSEMER, Winfried. Características e Crises do Moderno Direito Penal. Trad. de Pablo Rodrigo Alflen da Silva. In: **Revista síntese de direito penal e processual penal**, n. 18, p. 144-157, 2003, p. 146).

[25] "Ao lado do aumento da criminalidade, houve também o florescimento das ciências da natureza, o que levou novos estudiosos a elaborar doutrina que pudesse controlar a atividade criminosa e que fosse consentânea com o novo espírito científico da época. A Escola Positiva surge, então, neste ambiente. As ciências com seu método empírico e indutivo de exploração, penetravam no estudo do homem, tendo em vista a sua própria natureza e nas suas relações com a sociedade. Como não poderia ser diferente, o crime transformou-se em objeto de investigação científica, sendo naturalista primeiro (Lombroso) e depois sociológica (Ferri)". (CAVALCANTI, Eduardo Medeiros. **Crime e sociedade complexa**. Campinas: LZN, 2005, p. 76).

[26] "O primeiro grande movimento da Escola Positiva teve como referencial os princípios gerais do darwinismo. Assim, os estudos iniciais possuíram caráter antropobiológico. O grande arauto dessa corrente foi o médico Cesare Lombroso (1835-1909), autor da célebre obra *L'uomo Delinquente*, de 1876. Considerado o pai da antropologia criminal, Lombroso, com sua teoria do homem atávico, elaborou a conhecida classificação do criminoso nato, o qual, tem uma predisposição para o crime, ao enfrentar o mundo social, obrigatoriamente não resistiria à prática do delito". (CAVALCANTI, Eduardo Medeiros. **Crime e sociedade complexa.** Campinas: LZN, 2005, p. 76-77).

[27] "Discípulo de Lombroso, Enrico Ferri (1856-1929) reestudou a obra clássica de seu mestre, acrescentando o fenômeno social como irremediável meio para o estudo da atividade criminosa. Fundador da sociologia criminal,

Não obstante, nunca houve um processo de evidente superação dos ideais clássicos pela Escola Positiva, afinal surgiram, em seguimento, correntes ecléticas, a exemplo da Terceira Escola, conhecida também por *Positivismo Crítico*. Aqui, a pretensão era conciliar o positivismo e o classicismo a fim de se obter um arcabouço jurídico penal mais eficiente no combate à criminalidade.[28]

Desse momento em diante (século XIX até meados do século XX), ocorreu a eclosão das mais diversas escolas sem, entretanto, haver entre elas uma que se destacasse por superar as bases das escolas clássica e positiva,[29] afinal foi um tempo detido aos neoclassicistas e aos neopositivistas.[30]

A partir das últimas décadas do século XX, inovações como a tese do *Direito Penal mínimo* e a doutrina do *bem jurídico-penal* aperfeiçoaram os paradigmas da Escola Clássica no sentido de controlar

Ferri reelaborou a classificação de Lombroso para a seguinte: criminoso nato, louco, habitual, ocasional e passional". (CAVALCANTI, Eduardo Medeiros. **Crime e sociedade complexa**. Campinas: LZN, 2005, p. 77).

28 SILVA JUNIOR, Walter Nunes da. O direito penal e a criminalidade. In: **Revista do curso de direito da ufrn**, v. 1, n. 1, p. 121-139, 1996, p. 7.

29 Nesse ponto, em especial, adota-se a posição de Eduardo Medeiros Cavalcanti: "Urge ressaltar, por fim, que o movimento próprio da usualmente conhecida Escola Clássica, ao lado da chamada Escola Positiva, representa, pela definição de suas posições, as principais vertentes de todo o pensamento jurídico filosófico da Ciência Penal, inclusive da atualidade, pois outras teorias, teses e pensamentos desenvolvidos ao longo dos séculos XIX e XX apoiam-se sobre os fundamentos de uma das citadas escolas penais, ou sobre a conjugação das ideias de uma e de outra". (CAVALCANTI, Eduardo Medeiros. **Crime e sociedade complexa**. Campinas: LZN, 2005, p. 73).

30 No mesmo sentido, é indispensável transcrever o que leciona Walter Nunes da Silva Júnior: "Outras Escolas ainda se formaram. Algumas representando o neoclassicismo, outras o neopositivismo. Dentre elas, destacou-se a Escola do Tecnicismo Jurídico-Penal, que teve como expoentes VICENTE MANZINI e ARTURO ROCCO, exercendo forte influência sobre o Direito Penal brasileiro, defendendo que os juristas deveriam se afastar dos assuntos metajurídicos, debruçando-se no estudo do direito positivo em si, com a finalidade de interpretar e aplicar as normas penais, partindo de princípios e do conceito de bem jurídico por elas formulado". (SILVA JUNIOR, Walter Nunes da. O direito penal e a criminalidade. In: **Revista do curso de direito da ufrn**, v. 1, n. 1, p. 121-139, 1996, p. 8).

os excessos do legislador penal, preservando a proteção penal dos bens jurídicos como a *ultima ratio*.[31]

Além disso, coube à *Escola da Nova Defesa Social* erigir ao debate a importância de outras vertentes como a *reinserção social do agente* – ou ressocialização[32] – e a prevenção do crime, esta conforme já alertara Cessare Beccaria.[33] Não deixa de haver, nesse movimento, uma convergência de ideias clássicas e positivas, afinal:

> para a nova defesa social, o crime é um fato humano, ou melhor, a expressão da personalidade do seu autor, que deve ser reprimido em virtude da necessidade de segurança social, mas, em nome dela mesma e para prevenir outros ilícitos, a sanção deve ter o caráter de tratamento, aplicando-se, por isso mesmo, tanto ao imputável quanto ao inimputável.[34]

---

31 "De outro modo, agora doutrinas propriamente arquitetadas, a partir da segunda metade do século XX, surgiram a tese do Direito Penal mínimo e o encorajado abolicionismo penal. A doutrina do bem jurídico-penal nasceu com o declínio da concepção da escola clássica de um crime violar direito subjetivo. A mudança de opinião ocorreu ante a necessidade de controlar os excessos do legislador penal". (CAVALCANTI, Eduardo Medeiros. **Crime e sociedade complexa**. Campinas: LZN, 2005, p. 86).

32 Para Cláudio Mendes Júnior, a função ressocializadora da pena e do Direito Penal, "também conhecida como função educativa, é hoje considerada a mais importante e presente em todas as legislações penitenciárias dos Estados modernos. Visa a reintegrar o apenado à sociedade após submetê-lo a verdadeiro tratamento social enquanto submetido à execução da pena". (MENDES JÚNIOR, Cláudio. **Execução penal e direitos humanos**. Curitiba: Juruá, 2010, p. 29).

33 "Desejais prevenir os crimes? Fazei leis simples e evidentes; e esteja o país inteiro preparado a armar-se para defendê-las, sem que a minoria de que falamos se preocupe sempre em destruí-las. Que elas não favoreçam qualquer classe em especial; protejam de modo igual cada membro da sociedade; tema-as o cidadão e trema apenas diante delas. O receio que as leis inspiram é saudável, o receio que os homens inspiram é uma fonte nefasta de delitos". (BECCARIA, Cesare. **Dos delitos e das penas**. Trad. de Torrieri Guimarães. 1 ed. São Paulo: Rideel, 2003, p. 130).

34 SILVA JUNIOR, Walter Nunes da. O direito penal e a criminalidade. In: **Revista do curso de direito da ufrn**, v. 1, n. 1, p. 121-139, 1996, p. 11.

Sobretudo hoje com a assimilação dos conceitos de Direito Penal mínimo, de *ultima ratio* e da indispensável reinserção do delinquente na sociedade, é fato incontroverso que a Escola Clássica conforma-se como um ideal condizente com a democracia e com a preservação dos *direitos de liberdade*, afinal toda lei penal é uma intromissão considerável na liberdade.

4.2 CRISE E EXPANSÃO DO DIREITO PENAL

4.2.1 Direito Penal Contemporâneo e Sociedade Complexa

4.2.1.1 O que é Pós-Modernidade?

O conceito de contemporâneo é bem mais restrito a uma percepção daquilo que se vivencia no momento presente do que de um contexto histórico-cultural mais consistente. Daí porque não há consenso sobre em que *era* se situa o mundo da contemporaneidade.

Sequer há consenso se houve, de fato, a superação dos ideais da *modernidade*. Ainda se está diante dos paradigmas filosóficos do século das luzes? Algo surgiu ou surge no lugar?

Desse modo, uma síntese do debate é a divergência de posições sobre ser ou não apropriado classificar os tempos hodiernos como *Pós-Modernidade*, afinal sustentar a *sensibilidade unificada* desta nova fase importaria assumir que "o projeto da modernidade se exauriu completamente ou que a análise prematura da Pós-Modernidade interrompe o projeto inacabado da Modernidade".[35]

Com relação ao Direito Penal da *Modernidade*, os ideais da Escola Clássica, conforme antes aludido, ainda estão intactos nos meios acadêmicos, afinal é extensa a doutrina que o sustenta. A crítica aos modelos liberais, construídos na gênese da *modernidade*, não subsume a superação de tal contexto de ideias dos pensadores iluministas. Locke, Montesquieu, Rousseau, Voltaire, Beccaria e tantos outros permanecem nas referências das obras acadêmicas mais célebres.

O período ulterior às duas grandes guerras mundiais foi o mais profícuo na tentativa de se aperfeiçoar o modelo ou desenvolver um

---

[35] CAVALCANTI, Eduardo Medeiros. **Crime e sociedade complexa.** Campinas: LZN, 2005, p. 103-104.

novo para substituir os paradigmas liberais e o avanço do determinismo positivista. Destaque, aqui, para o retorno dos defensores do jusnaturalismo,[36] cuja importância se identifica na consagração da Declaração Universal dos Direitos Humanos, de 1948.

Curiosamente, as críticas às sociedades liberais, supostamente responsáveis pelo totalitarismo nazista e fascista, podem ser associadas, no pós-guerra, a uma avalanche de regimes autoritários por todo mundo, cujas diferenças eram apenas o modelo econômico seguido: norte-americano ou soviético.[37] De fato, não há como relacionar regimes autoritários aos ideais liberais.[38] Ao contrário, apenas através deles, a humanidade conquistou grandes períodos de trégua contra o arbítrio dos soberanos. Na ausência de novo meio, defender a liberdade, ainda hoje, é o caminho para a democracia.

Assim, em que pese às divergências sobre o assunto, entende-se, conforme defende Eduardo Medeiros Cavalcanti, que "a Pós-Modernidade nada mais é senão o próprio projeto da Modernidade, conscienciosa ou inconscientemente".[39]

Preservar o Direito Penal clássico é, sobretudo, preservar a constitucionalidade da política criminal de um Estado que se pressupõe democrático na dita Pós-Modernidade, afinal, como substancia

36 "Dessa forma, o intelectual do pós-guerra, ao perceber que a ideologia moderna não foi capaz de impedir o colonialismo, no totalitarismo nazista, tentou 'inventar um futuro completamente distinto do das sociedades liberais e, para tanto, colocar em questão os valores do humanismo e da cultura democrática que pareciam acompanhar essas sociedades'". (RENAULT, Alain. **O indivíduo: reflexão acerca da filosofia do sujeito**. Trad. de Elena Gaidano. Rio de Janeiro: Diefel, 1998, p. 51).

37 Oportuno mencionar que os regimes autoritários inspirados na lógica capitalista de economia de mercado, tendo os Estados Unidos da América como paradigma, foram superados e não remanescem atualmente. Como exemplo, citem-se os casos de Brasil, Argentina, Chile, Espanha e Portugal. Por outro lado, alguns dos regimes socialistas ou comunistas, evidentemente antidemocráticos, perpetuam-se ainda hoje, a exemplo de Cuba e Coreia do Norte.

38 Sem sombra de dúvida, a linha argumentativa a que se refere convém a certos discursos ideológicos, cujo sofisma evidente é condenar o modelo pelo usuário.

39 CAVALCANTI, Eduardo Medeiros. **Crime e sociedade complexa**. Campinas: LZN, 2005, p. 103-108.

Juan Bustos Ramirez,[40] há que se preservar os "*principios inherentes a un Derecho penal democrático*".[41]

4.2.1.2 Sociedade de Riscos Complexos

Sob outro viés argumentativo, são inegáveis as profundas transformações nas relações sociais, principalmente com o advento das novas tecnologias de informação. O processo de incremento multimidiático e sua peculiar instantaneidade são paradoxais, pois promovem um maior conhecimento dos acontecimentos globais em caráter quantitativo, porém não seguem a mesma linha na fidedignidade - ou credibilidade - das informações, isto é, há uma substancial queda do caráter qualitativo.

Essa insegurança sistêmica é própria da sociedade contemporânea globalizada[42] e, por consequência, fomenta conflitos sociais, econômicos, políticos e jurídicos de uma nova ordem, cujos agentes legitimados para encará-los nem sempre estão preparados a fornecer a solução mais racional. Evidencia-se, portanto, o que Zuleta Puceiro descreve como "um trânsito acelerado em direção a um novo quadro de relações entre Estado, sociedade e o mercado em que as mudanças culturais e as demandas sociais adiantaram-se às estratégias dos dirigentes".[43] Samuel Huntington, por sua vez, destaca a pluralidade

---

40 RAMIREZ, Juan Bustos. Principios fundamentales de un derecho penal democrático. In: **Revista de Ciencia Penales**, Ano V, n. 8, p. 20-46, San José, 1994, p. 21-22.

41 Tradução livre: princípios inerentes a um Direito Penal democrático.

42 Acerca da complexidade social, Luhmann descreve a consolidação de um sistema social global a partir de um conjunto de subsistemas, *per se*, deveras segmentados e complexos. Observe-se: "*Bajo condiciones modernas, el sistema global es una sociedad, en donde todos lós límites internos pueden ser disputados y las solidaridades cambiadas. Todos lós límites interiores dependen de la auto-organización de los subsistemas y ya no más en un "origen" en la historia o en la naturaleza o en la lógica del suprasistema*". (LUHMANN, Niklas. Globalización o sociedad mundial: como concebir la sociedad moderna? Trad. de José Javier Blanco Rivero. In: **International review of sociology**. V. 7, Issue 7, 1997, p. 10).

43 PUCEIRO, Zuleta. O processo de globalização e a reforma do estado. In: FARIA, José Eduardo. **Direito e globalização econômica: implicações e perspectivas**. São Paulo: Malheiros, 2010, p. 108.

de protagonistas na ordem mundial vigente, cada vez mais complexa e heterogênea, como nunca dantes.[44]

Segundo Eduardo Medeiros Cavalcanti, a complexidade da sociedade contemporânea possui dois vetores essenciais, quais sejam: a "complexidade dos riscos e a paradoxalidade social".[45]

Acerca da *complexidade dos riscos*, emerge o conceito de *sociedade de risco*, cunhado por Ulrich Beck, que pode ser traduzido "como uma época em que os aspectos negativos do progresso determinam cada vez mais a natureza das controvérsias que animam a sociedade".[46] É dizer: nunca a humanidade se viu tão aflita quanto aos riscos alheios a seus modelos de responsabilização individual, a exemplo das questões ambientais. Se estes são superestimados, de toda forma a reação temerosa a eles – riscos ou perigos potenciais – é cada vez mais relevante.

Beck prossegue na definição de tais riscos ao fixar os três elementos bases que o compõem como:

(i) "não são limitáveis nem no espaço nem no tempo e tampouco no plano social";

(ii) "não podem ser atribuídos a pessoas com base nas regras de causalidade, da culpabilidade e da responsabilidade em vigor"; e

(iii) "não podem ser objeto de compensação ou de alguma fiança".[47]

Tratam-se, destarte, de novos riscos assimilados pela sociedade, na maioria das vezes por meio do apelo midiático, cujas soluções

---

44 HUNTINGTON, Samuel P. **The Clash of Civilizations and the Remaking of World Order.** Nova Iorque: Simon & Schuster, 1996, p. 157.

45 CAVALCANTI, Eduardo Medeiros. **Crime e sociedade complexa.** Campinas: LZN, 2005, p. 149.

46 BECK, Ulrich. A política na sociedade de risco. Trad. de Estevão Bosco. In: **Ideias: revista do instituto de filosofia e ciências humanas – Unicamp**, v. 2 n. 1, p. 229-253, 2010, p. 229.

47 BECK, Ulrich. A política na sociedade de risco. Trad. de Estevão Bosco. In: **Ideias: revista do instituto de filosofia e ciências humanas – Unicamp**, v. 2 n. 1, p. 229-253, 2010, p. 230.

ainda não se mostraram satisfatórias a partir de uma perspectiva de eficácia no alcance dos resultados e muito menos sob ótica aperfeiçoada da eficiência.

São riscos, em regra, de médio e longo prazo, tal qual o prenúncio das catástrofes ambientais com o avanço de atividades danosas do ponto de vista ecológico, os quais se apresentam com maior frequência e com prognósticos sempre piores, não obstante o avanço legislativo na preservação do meio ambiente ecologicamente equilibrado.

Como não podia deixar de ser, esses apelos sociais repercutem no Direito Penal brasileiro e já podem ser identificados na "proliferação de microssistemas penais",[48] que excepcionam as regras gerais - e garantias - do Código Penal. *Exempli gratia*, cite-se, para este caso, a Lei Federal n. 9.605, de 12 de fevereiro de 1998,[49] que tipifica condutas e estipula sanções penais para atividades lesivas ou de perigo ao meio ambiente.

Recorre-se ao Direito Penal para transformá-lo em instrumento de gestão de riscos, o que exige um avanço da tipificação de crimes de perigo, afinal a lesão a bens jurídicos transindividuais, quando ocorre, costuma ser superveniente à prática da conduta tipificada. Isto é, o ato e o dano efetivamente identificável costumam estar separados por um largo período de exaurimento. Na realidade, o que se pune não é um ato danoso em especial, mas uma potencialidade de dano na hipótese da ocorrência de demais atos da mesma natureza - o desperdício de recursos hídricos em uma residência não gera o desabastecimento da cidade correspondente, mas apenas o desperdício generalizado que se torna costume de toda uma população é efetivamente danoso ao bem jurídico transindividual.

A conformação de um Direito Penal da sociedade complexa, multicultural, segue a tendência de mais repressão para suprir os

---

48 CAVALCANTI, Eduardo Medeiros. **Crime e sociedade complexa**. Campinas: LZN, 2005, p. 167.

49 "Dispõe sobre as sanções penais e administrativas derivadas de condutas e atividades lesivas ao meio ambiente, e dá outras providências". (BRASIL. **Lei Federal n. 9.605, de 12 de fevereiro de 1998**. Disponível em: < http://www.planalto.gov.br/ccivil_03/leis/l9605.htm>. Acesso em: 26 de março de 2013).

déficits de consenso nos conflitos étnico-culturais, típicos do maior fluxo de informação e migração na estrutura globalizada.

Tomando-se como pressuposto o alertado por Ulrich Beck, a expansão do Direito Penal contemporâneo como instrumento gestor dessa sociedade de novos riscos é incompatível com o sistema jurídico-penal clássico de regras e princípios da *causalidade*, da *culpabilidade* e da *responsabilidade*, justamente porque as concepções liberais da teoria da imputabilidade penal não comportam a previsão de tipos cujos elementos subjetivos e objetivos não repercutem, necessariamente, em um dano, mas apenas em um risco – ou perigo – com elevadíssimo grau de abstração.[50]

Eduardo Medeiros Cavalcanti conclui a abordagem da *complexidade dos riscos* após identificar a formulação de dois princípios-resposta a essa demanda da *sociedade complexa*, *princípio da prevenção* e *princípio da precaução*, os quais são caracterizados a seguir:

> Por isso, saindo de cena o Estado-segurança, próprio do Estado-previdência, emergindo, por consequência, a insegurança e o medo, ganham força os princípios da prevenção e da precaução. Com as incertezas da sociedade do risco, deve-se sempre, para que se possa falar em futuro, procurar saber ou se informar sobre os riscos (princípio da prevenção). E, sendo o caso de verossimilhança de incerteza sobre a ocorrência e a gravidade dos riscos, deve-se ter a obrigação tanto de se abster, quanto de redobrar a prudência (princípio da precaução).[51]

---

50 *Vide* o que afirma Eduardo Medeiros Cavalcanti a respeito do assunto: "Daí a frequência dos crimes de perigo, precipuamente de perigo abstrato. Os crimes de perigo abstrato nada mais pretendem senão proibir condutas que, mesmo não ligadas concretamente à realização de futuros danos – caso típico do chamado crime de perigo concreto –, já correspondem por si mesmas à certa danosidade social, em razão, sobretudo, da incerteza sobre a ocorrência e a gravidade dos riscos que possam decorrer de tais condutas". (CAVALCANTI, Eduardo Medeiros. **Crime e sociedade complexa**. Campinas: LZN, 2005, p. 162).

51 CAVALCANTI, Eduardo Medeiros. **Crime e sociedade complexa**. Campinas: LZN, 2005, p. 161.

O império dos princípios da prevenção[52] e da precaução estimula o surgimento de propostas de incremento penal sem a devida racionalização do impacto gerado na ordem constitucional, bem como sem se preocupar em perspectivas de eficiência. Ao contrário do que sustenta Beck,[53] não há segurança se a tipificação de condutas em matéria ambiental redundará em benefícios suficientes à sociedade. Isso, porque cumpre considerar que tais aberturas do regime jurídico-penal importam um custo de flexibilização de direitos civis e políticos, deveras relevantes para a manutenção da legitimidade[54] do próprio sistema

52 "A *prevenção*, que no Direito Penal clássico era no máximo um fim paralelo da justiça penal, torna-se o paradigma penal dominante. Dentro deste desenvolvimento caem gradativamente os princípios da uniformidade e da igualdade de tratamento, reconhecidos como assegurados. (...) o fim parece consagrar gradativamente os meios". (HASSEMER, Winfried. Características e Crises do Moderno Direito Penal. Trad. de Pablo Rodrigo Alflen da Silva. In: **Revista síntese de direito penal e processual penal**, n. 18, p. 144-157, 2003, p. 148).

53 Em meio a variadas e genéricas proposições, Ulrich Beck reclama um Direito Penal expandido para questões ambientais, o que, conforme será abordado adiante, não atende aos princípios constitucionais do Estado brasileiros. Veja-se: "torna-se necessário implementar dispositivos de imputabilidade da culpa em todos os níveis e por todos os meios. Isso significa: - modificar, em pequenas e grandes proporções, o ônus da prova, tendo como consequência que as empresas e os cientistas tenham obrigação de se justificar diante da opinião pública (primeiro passo: as leis sobre o meio ambiente na Califórnia); - abrir os círculos de discussão e de peritos políticos, científicos e industriais ao pluralismo disciplinar, favorecendo as contra-perícias e a intervenção de advogados do outro lado; - levantar novas questões em matéria de responsabilidade civil, reformar o direito penal; - trazer à luz do dia as lacunas do sistema de seguros e a impossibilidade de se cobrir pelo seguro numerosos desenvolvimentos de alta tecnologia; - reformular o princípio de imputabilidade da culpa: estabelecer responsabilidades regionais de vencedores e perdedores, por exemplo, nas regiões litorâneas onde as estruturas hoteleiras vêem fugir seus clientes porque as regiões industriais colocam veneno nos seus pratos; - propor e negociar convenções regionais entre as empresas industriais e a população, em matéria de reconhecimento dos danos infligidos e de concessão de indenizações (como no Japão, em parte)". (BECK, Ulrich. A política na sociedade de risco. Trad. de Estevão Bosco. In: **Ideias: revista do instituto de filosofia e ciências humanas - Unicamp**, v. 2 n. 1, p. 229-253, 2010, p. 236).

54 DUARTE JÚNIOR, Ricardo César Ferreira. O problema da legitimidade nas sociedades complexas. In: GARCIA, Maria (Coord). **Revista de direito constitucional e internacional**, ano 19, n. 74, p. 81-105, 2011, p. 95-104.

utilizado como instrumento de gestão de riscos ambientais.

Acredita-se, desse modo, que a generalização dos meios jurídicos de controle social para satisfazer fins de prevenção e precaução dos riscos é prejudicial à unidade do sistema jurídico constitucional, pois não discrimina o Direito Penal dos demais ramos jurídicos. A evolução histórica do Direito Penal, que culminou nos princípios constitucionais da intervenção mínima[55] e da *ultima ratio*,[56] é desconstituída sem ao menos ficar demonstrada a necessidade concreta dessa proteção especial. Além disso, tal preocupação com o dano substancial ao bem jurídico decorre do princípio da lesividade, conforme descreve a seguir Juan Bustos Ramirez:[57] "*la implementación del principio de lesividad lleva nuevamente a considerar las realidades concretas en que se va a aplicar, y a recalcar que es sólo un programa de acción y que su eficácia para que sea efectivo requiere ser garantizada*".[58]

Aliás, pode-se inferir que o recurso em demasia às sanções penais para a preservação da ordem jurídica enseja um Direito Penal em

55 Elevado ao patamar de princípio constitucional, segue o conceito pormenorizado da intervenção mínima: "O significado do princípio da intervenção mínima ressalta o caráter fragmentário do Direito Penal. Ora, este ramo da ciência jurídica protege tão somente valores imprescindíveis para a sociedade. Não se pode utilizar o Direito Penal como instrumento de tutela de todos os bens jurídicos. E, neste âmbito, surge a necessidade de se encontrar limites ao legislador penal. (CAVALCANTI, Eduardo Medeiros. **Crime e sociedade complexa**. Campinas: LZN, 2005, p. 302).

56 Cavalcanti aborda, devidamente, a *ultima ratio* como o princípio constitucional da subsidiariedade, pelo qual, entende-se que: "o Direito Penal somente deve ser utilizado após a comprovação de que as sanções dos outros ramos do Direito não possuem mais eficácia em manutenção da ordem jurídica. Diante do princípio da subsidiariedade, o Direito Penal representa a *ultima ratio legis*". (CAVALCANTI, Eduardo Medeiros. **Crime e sociedade complexa**. Campinas: LZN, 2005, p. 309).

57 RAMIREZ, Juan Bustos. Principios fundamentales de un derecho penal democrático. In: **Revista de Ciencia Penales**, Ano V, n. 8, p. 20-46, San José, 1994, p. 20-46.

58 Tradução livre: a aplicação do princípio da lesividade leva novamente a considerar as realidades que serão aplicadas, ressaltando que é apenas um programa de ação e que sua eficácia, para ser efetivada, necessita ser garantida.

crise,[59] mais enfraquecido[60] em sua unidade sistêmica,[61] bem como demonstra um Estado ineficiente e, até mesmo, inoperante na resolução dos conflitos sociais e na garantia dos direitos fundamentais.[62]

---

59 Ver em: CAVALCANTI, Cristovão. O direito penal em crise. In: **Revista âmbito jurídico**, 2013. Disponível em: <http://www.ambito-juridico.com.br/site/?n_link=revista_artigos_leitura&artigo_id=9644&revista_caderno=3>. Acesso em: 28 de abril de 2013.

60 "O *Direito Penal Simbólico* ressente-se de legitimidade fragilizando o próprio sistema jurídico penal". (CAVALCANTI, Eduardo Medeiros. **Crime e sociedade complexa**. Campinas: LZN, 2005, p. 186).

61 A respeito do assunto, observe-se: "Exprimiu o jurista italiano Perassi a opinião de que as normas constitutivas de um ordenamento não estão insuladas, mas fazem parte de um sistema onde os princípios gerais atuam como vínculos, mediante os quais elas se congregam de sorte a constituírem um bloco sistemático. Daqui se parte sem dificuldade para o reconhecimento do princípio a unidade do sistema jurídico,que é, uma visão juspublicística onde se incorporam as mais recentes conquistas metodológicas da Nova Hermenêutica, o mesmo princípio da unidade da Constituição. Mas obviamente, segunda uma perspectiva de eficácia e normatividade cuja abrangência se estende a todas as partes do ordenamento, constituindo ao mesmo passo a suma do Direito Positivo vigente. Comentando o pensamento do sobredito jurista, Pergolesi assinala que tal pode acontecer - a formação unitária do sistema, tendo por vínculo os princípios - 'porque há identidade de natureza entre norma e princípio, e mais precisamente porque o princípio também é norma, em sentido mais abstrato do que aquele compreendido (mui restritivamente) por Perassi'. Com respeito à ponderação de Pugliati de que as normas têm aplicação direta e os princípios, ao contrário, aplicação indireta, a saber, junto das mesmas ou por meio destas, Pergolesi disse que, do seu ponto de vista, os princípios podem considerar-se normas eles mesmos, nomeadamente se codificados; hoje, com mais razão - acrescentamos nós - se constitucionalizados, ou seja, se inseridos nas Cartas Constitucionais. Estabelecendo originalíssima distinção entre normas primárias, que são os princípios, e normas secundárias, que são aquelas baseadas nos 'princípios', nos costumes e nas convenções, Quadri, citado por Pergolesi, denomina princípios 'as normas que são expressão imediata da vontade do corpo social'. Para Quadri, o princípio, sendo uma norma primária, se acha em direta relação com a autoridade que está na base do sistema". (BONAVIDES, Paulo. **Curso de direito constitucional**. 16 ed. São Paulo: Malheiros, 1996, p. 275).

62 CAVALCANTI, Eduardo Medeiros. **Crime e sociedade complexa**. Campinas: LZN, 2005, p. 310.

Inflacionar a legislação penal com o advento desses novos riscos não é o caminho condizente com o Estado Democrático Constitucional de Direito.

Passando ao exame da *paradoxalidade social* como segundo vetor da *sociedade complexa*, é importante destacar que, quanto mais segurança e estabilidade há na sociedade, o outrora mero acontecimento danoso toma proporções de grande distúrbio social. Os princípios penais da insignificância e da bagatela, portanto, sofrem influência direta dessa relação paradoxal, pois aquilo que é insignificante no caos pode agregar muito valor negativo em uma situação de maior estabilidade social.[63]

Na linha do tópico anterior, por incrível que pareça, os riscos podem ser superestimados pela melhor condição de vida da sociedade contemporânea. Isso é evidente porque reduziram-se as enfermidades, a seca, a fome e as crises econômicas antes comuns no Brasil, mas não pararam de crescer os conflitos decorrentes de má prestação de serviços públicos. Entretanto, a realidade brasileira não é singular e *per se*, integra, porém, todo um contexto global.

No campo jurídico, talvez esse paradoxo possa ser identificado no princípio da vedação ao retrocesso social, defendido por Ingo Wolfgang Sarlet como a vedação a qualquer tipo de "supressão e/ou redução dos níveis de efetividade e proteção dos direitos sociais",[64] após reconhecer que, nas últimas décadas, em meio ao processo de globalização econômica e cultural, o acréscimo de direitos sociais da população brasileira e, sobretudo, da comunidade europeia evoluiu qualitativamente.[65] Ocorre que não costuma ser objeto de análise

63 CAVALCANTI, Eduardo Medeiros. **Crime e sociedade complexa**. Campinas: LZN, 2005, p. 162.

64 SARLET, Ingo Wolfgang. **Proibição de Retrocesso, Dignidade da Pessoa Humana e Direitos Sociais: manifestação de um constitucionalismo dirigente possível**. Disponível em: < http://tex.pro.br/tex/images/stories/PDF_artigos/proibicao_ingo_wlfgang_sarlett.pdf>. Acesso em: 26 de março de 2013. P. 32.

65 "Neste contexto, cremos ser viável considerar que o reconhecimento de um princípio constitucional (implícito) da proibição de retrocesso no direito constitucional brasileiro constitui – pelo menos no que diz com a vinculação do legislador aos programas de cunho social e econômico (nos quais se insere a

das teses afetas à área a fronteira entre aquilo que ainda é garantido abaixo ou nos limites do mínimo existencial[66] e aquilo que há muito tempo já avançou além desse mínimo necessário.

A definição dessa chamada fronteira é importante, pois evidenciará aquilo que instiga o *paradoxo social* da realidade contemporânea complexa da qual se está a tratar. Afinal, é justamente neste ponto de avanço socioeconômico, além dos limites fixados pelo mínimo existencial, que se promove uma sensação de risco e insegurança ilusória e superestimada.[67] O princípio da vedação ao

---

previsão dos próprios direitos sociais, econômicos e culturais) – uma manifestação possível de um dirigismo constitucional, que além de vincular o legislador de forma direta à Constituição, também assegura uma vinculação que poderíamos designar de mediata, no sentido de uma vinculação do legislador à sua própria obra, especialmente no sentido de impedir uma frustração da vontade constitucional, notadamente quando estiverem em causa valores centrais da ordem jurídica, como é o caso da garantia de uma vida digna". (SARLET, Ingo Wolfgang. **Proibição de Retrocesso, Dignidade da Pessoa Humana e Direitos Sociais: manifestação de um constitucionalismo dirigente possível**. Disponível em: < http://tex.pro.br/tex/images/stories/PDF_artigos/proibicao_ingo_wlfgang_sarlett.pdf>. Acesso em: 26 de março de 2013. P. 33).

66 José Joaquim Gomes Canotilho, a par do assunto mínimo existencial e reserva do possível em direitos sociais, fixa o seguinte conceito: "Alguns indivíduos tem um direito se: a) existirem actos ou omissões relativamente a certos indivíduos, cuja realização satisfará ou protegerá alguma necessidade, interesse ou desejo dos indivíduos; b) a satisfação desta necessidade, interesse ou desejo é de tal importância que seria mau negá-la a qualquer dos indivíduos, independentemente de quaisquer vantagens que resultem dessa mesma satisfação. (...). Configuram-se certas necessidades básicas como direitos. Para alguns só serão direitos em sentido de manifesto (*manifesto sense*), pelo que não podem ser tratados como reclamações válidas, isto é, como fundamento dos deveres de outrem. Para outros, serão sempre direitos, dado que sendo necessidades humanas, cuja satisfação é incondicionalmente exigida, pressupõem um dever da colectividade e do Estado, mesmo que a sua realização esteja condicionada por uma reserva do possível". (CANOTILHO, José Joaquim Gomes. Tomemos a sério os direitos econômicos, sociais e culturais. In: **Estudos sobre direitos fundamentais**. 1 ed. São Paulo: Revista dos Tribunais; Portugal: Coimbra Editora, 2008, p. 48-49).

67 A ausência de estudos na mencionada área se torna ainda mais danoso devido a igual ausência de estudos sobre os riscos contemporâneos. Segundo Luhmann:

retrocesso social, portanto, inesperadamente contribui para não se adentrar nessa análise, preservando esses núcleos de medo e de conflito despropositados, enquanto, em outros redutos, vive-se com tranquilidade com recursos bem mais escassos.

O *paradoxo social*, dessa maneira, pode ser vislumbrado por meio da comparação entre a vida simples do campo e a vida sofisticada da cidade. Neste cenário, o apelo por segurança é sempre maior, enquanto, naquele, admite-se a palavra tranquilidade como sinonímia ao estilo de vida rural.

Por óbvio, não se pretende fechar os olhos para todas as imbricações decorrentes de uma realidade urbana desigual e conturbada. Terreno fértil para conflitos e riscos reais. Todavia, há algo aquém do concreto entre tais demandas, razão pela qual se questionam os avanços desproporcionais do Estado no domínio privado, com ênfase para a expansão de prescrições penais simbólicas[68] e de delitos de

---

"*Una reflexión teórica adecuada debería reconocer, por lo menos, el componente autológico que se presenta siempre que los observadores observan a los observadores. Lo que la sociología reconoce en los condicionamientos sociales de toda experiencia y acción es válido mutatis mutandis para sí misma. (...). Lo que debería aportar es una teoría de la selectividad de todas las operaciones sociales, incluida la observación de estas operaciones, incluidas, en especial, las estructuras que determinan estas operaciones. (...). Es necesario, por lo tanto, poner en duda que se sepa realmente de qué se habla, tanto en relación a las especialidades particulares como, en especial, en relación a la cooperación interdisciplinaria. Por supuesto que no podemos partir, por razones epistemológicas, de que existe un objeto llamado riesgo al que habría únicamente que distinguir y estudiar. La conceptualidad constituye aquello de lo que se habla1. El mundo exterior como tal no conoce riesgos, puesto que no conoce diferenciación, expectativas, evaluaciones ni probabilidades, excepto como un resultado propio de sistemas observantes en el universo de otros sistemas. Cuando se trata de fijar las determinaciones del concepto de riesgo, uno se encuentra de inmediato sumergido, por así decirlo, en una espesa niebla, donde la vista no alcanza a distinguir más allá del propio bastón. Éste es también el caso de la literatura especializada que ni siquiera aborda el problema de manera adecuada*". (LUHMANN, Niklas. **Sociología del riesco**. Trad. de Silvia Pappe, Brunhilde Erker, Luis Felipe Segura e Javier Torres Nafarrate. Guadalajara: Universidad Iberoamericana, 1992, p. 27-28).

68 A respeito das falsas conjecturas próprias do Direito Penal Simbólico, confira-se o que afirma Hassemer acerca de uma denominada *ganância preventiva*: "*La*

perigo abstrato – "aquele que é presumido *juris et de jure* (...) o perigo não precisaria ser provado, pois seria suficiente a simples prática da ação que se pressupõe perigosa".[69]

Mostra-se evidente, em suma, que a complexidade das interações sociais é fator preponderante para a consolidação de uma sociedade de riscos reais e ilusórios, consoante o que foi delineado acima, e que tais riscos repercutem em inovações na esfera criminal sem a depuração devida dos princípios constitucionais do Direito Penal, bem como prescindindo de uma análise prévia de eficiência desses novos institutos de gestão de riscos.

Há uma pressa peculiar da nossa realidade contemporânea que contamina a concepção do arcabouço normativo jurídico-penal, prejudicando o seu devido processo de racionalização. Hoje, encontra-se instalada "uma sociedade que privilegia o imediato, o instantâneo (instant coffee, dizem os anglo-saxões), quando não mesmo o efêmero, e este fato não é nada favorável às responsabilidades democráticas". É a desconstrução do Direito Penal Democrático pela "tirania do efêmero".[70]

4.2.2 Algumas Causas de Expansão para Jesús-María Silva Sánchez

4.2.2.1 Os Novos Interesses e Riscos

Utilizou-se, para o título deste capítulo, a terminologia *expansão* propositadamente, em virtude de estar consolidada na Doutrina

ganancia preventiva que lleva consigo no se produce respecto de la protección de bienes jurídicos sino respecto de la imagen del legislador o del empresario moral. Lo que se consigue cuando el Derecho penal simbólico efectúa este engaño entre funciones latentes y manifiestas es que la pregunta crítica sobre la capacidad real del Derecho penal para proteger bienes jurídicos ni siquiera se plantee". (HASSEMER, Winfried, **Derecho penal simbólico y protección de bienes jurídicos.** In: **Pena y estado**. Santiago: Editorial Jurídica Conosur, p. 23-36, 1995, p. 30).

69 BITENCOURT, Cezar Roberto Bitencourt. **Tratado de direito penal.** V. 1, 17 ed. São Paulo: Saraiva, 2012, p. 313.

70 CHESNEAUX, Jean. Tirania do efêmero e cidadania do tempo. In: MORIN, Edgard; PRIGOGINE, Ilya. **A sociedade em busca de valores: para fugir à alternativa entre o cepticismo e o dogmatismo.** Lisboa, Portugal: Instituto Piaget, p. 117-132, 1996, p. 118.

a partir da obra *La Expansión del Derecho Penal: Aspectos de la Política Criminal en las Sociedades Postindustriales*, de Jesús-María Silva Sánchez. O significado de *expansão* engloba a criação de "novos bens jurídico-penais, ampliação dos espaços de riscos jurídico-penalmente relevantes, flexibilização das regras de imputação e relativização dos princípios político-criminais de garantia".[71]

A expansão do Direito Penal funciona como uma tendência geral da política criminal dos mais diversos Estados, inspirados pela cultura globalizada do risco, consoante as abordagens de Beck e Luhmann.[72]

Aparentemente, tal tendência expansionista tem como gênese uma espécie de perversidade estatal – perversidade demagógica –, que se serve cada vez mais de construções meramente simbólicas no Direito Penal. Por consequência, há, de fato, um descuido com as mazelas sociais e com a confecção de normas jurídico-penais racionais, em seu nível de instrumentalidade imprescindível a uma proteção efetiva.

Entretanto, apesar de ser uma causa importante da expansão, a dita perversidade estatal não é rigorosamente a gênese exclusiva do problema. Afinal, como sustentado alhures, trata-se muito mais de um fenômeno social repercutindo na esfera pública do que o inverso. As repostas demagógicas do aparato estatal são atribuídas aos clamores de amplas camadas sociais, cujas expectativas em relação ao papel que cabe ao Direito Penal sofreram muitas mudanças durante esses tempos de Pós-Modernidade.

A força dos apelos sociais expansionistas, para Sánchez, está na sua quase *unanimidade*, sobretudo porque, em meio ao cotidiano geral, neutralizaram-se os discursos contra o Estado opressor de liberdades, ao passo que se elevaram os pleitos pelo Estado superprotetor.[73] Cumpre transcrever o que assevera o autor:

---

71 SÁNCHEZ, Jesús-María Silva. **A expansão do direito penal: aspectos de política criminal nas sociedades pós-industriais**. 2 ed. Trad. Luiz Otavio de Oliveira Rocha. São Paulo: Revista dos Tribunais, 2011, p. 28.

72 Confiram-se as referências aos autores no tópico anterior a este.

73 Estado superprotetor ou, para David Harsanyi, na realidade dos Estados Unidos da América, o Estado Babá. Adiante, o autor correlaciona os prejuízos da superintervenção nas liberdades individuais: "o princípio é que, em primeiro lugar, estamos perdendo nossa liberdade a cada dia neste país... Onde o governo é

> A representação social do Direito Penal que comporta a atual tendência expansiva mostra, pelo contrário, e como se verá, uma rara unanimidade. A divisão social característica dos debates clássicos sobre o Direito Penal foi substituída por um consenso geral, ou quase geral, sobre as 'virtudes' do Direito Penal como instrumento de proteção dos cidadãos. Desde logo, nem as premissas ideológicas nem os requerimentos do movimento de 'lei e ordem' desapareceram: ao contrário, se integraram (comodamente) nesse novo consenso social sobre o papel do Direito Penal.[74]

Sem dúvida, isso é devido, entre outros fatores, ao surgimento de novos interesses e riscos.

Os *novos interesses* foram consagrados nos ordenamentos jurídicos mais diversos, tal como estão presentes nos ordenamentos português, espanhol e brasileiro, como os "direitos econômicos, sociais e culturais", conforme a teorização de José Joaquim Gomes Canotilho.[75]

Esse novo rol de interesses e direitos, na sistematização de Norberto Bobbio, constituem os direitos fundamentais de segunda e terceira geração, acerca dos quais o filósofo italiano entende que, "ao lado dos direitos sociais, que foram chamados de direitos de segunda geração, emergiram hoje os chamados direitos de terceira geração, que constituem uma categoria, para dizer a verdade, ainda excessivamente heterogênea e vaga".[76]

---

o Estado Babá controlando todos os aspectos das nossas vidas. Estou fazendo minha pequena parte para recuperar a liberdade individual e a autorresponsabilidade neste país". (HARSANYI, David. **O Estado babá: como radicais, bons samaritanos e moralistas e outros burocratas cabeças duras tentam infantilizar a sociedade.** Trad. de Carla Werneck. Rio de Janeiro: Litteris, 2011, p. 222).

74 SÁNCHEZ, Jesús-María Silva. **A expansão do direito penal: aspectos de política criminal nas sociedades pós-industriais.** 2 ed. Trad. Luiz Otavio de Oliveira Rocha. São Paulo: Revista dos Tribunais, 2011, p. 32.

75 CANOTILHO, José Joaquim Gomes. **Tomemos a sério os direitos econômicos, sociais e culturais.** In: **Estudos sobre direitos fundamentais.** 1 ed. São Paulo: Revista dos Tribunais; Portugal: Coimbra Editora, 2008.

76 BOBBIO, Norberto. **A era dos direitos.** Trad. de Carlos Nelson Coutinho. Rio de Janeiro: Campus, 1992, p. 6.

Trata-se de um cenário propício de novas realidades que outrora não existiam - ou não com a mesma intensidade -, a exemplo dos debates acerca da preservação da ordem econômica e financeira internacional,[77] do meio ambiente ecologicamente equilibrado e do patrimônio histórico cultural, em que pese, como alertado por Bobbio, à peculiar heterogeneidade e ao caráter vago desses novos interesses difusos e coletivos da sociedade contemporânea.

Não obstante, é incontestável que tais realidades foram alcançadas pelo Direito, sobretudo no âmbito constitucional, culminando na positivação dos direitos difusos e coletivos. Consolidou-se, destarte, um sistema normativo de direitos fundamentais de elevado grau de abstração, com forte influência de princípios e suscetível às mais diversas nuances ideológicas e construções hermenêuticas.

Sem embargo, para este trabalho, o importante é definir até que ponto o sistema de direitos fundamentais de segunda e terceira

---

[77] A legislação infraconstitucional pátria contém uma série de diplomas que tutelam criminalmente a segurança do sistema financeiro como bem jurídico difuso. Consubstanciam um microssistema normativo penal que permeia atos normativos de caráter processual penal, bem como tratados internacionais incorporados ao ordenamento jurídico brasileiro. Nessa perspectiva, devem-se apontar os seguintes diplomas que se encaixam na referida estrutura: (i) Lei Federal n. 7.492, de 16 de junho de 1986, que "Define os crimes contra o sistema financeiro nacional e dá outras providências" (BRASIL. **Lei Federal n. 7.492, de 16 de junho de 1986**. Disponível em: <http://www.planalto.gov.br/ccivil_03/leis/7492.htm>. Acesso em: 4 de abril de 2013); (ii) Lei Federal n. 9.613, de 3 de março de 1998, que "Dispõe sobre os crimes de 'lavagem' ou ocultação de bens, direitos e valores; a prevenção da utilização do sistema financeiro para os ilícitos previstos nesta Lei; cria o Conselho de Controle de Atividades Financeiras - COAF, e dá outras providências" (BRASIL. **Lei Federal n. 9.613, de 12 de fevereiro de 1998**. Disponível em: <http://www.planalto.gov.br/ccivil_03/leis/l9613.htm >. Acesso em: 26 de março de 2013); e (iii) Lei Federal n. 6.385, de 7 de dezembro de 1976, alterada pela Lei Federal n. 10.303, de 31 de outubro de 2001, que "Dispõe sobre o mercado de valores mobiliários e cria a Comissão de Valores Mobiliários" (BRASIL. **Lei Federal n. 6.385, de 7 de dezembro de 1976**. Disponível em: <http://www.planalto.gov.br/ccivil_03/leis/6385.htm>. Acesso em: 4 de abril de 2013).

gerações devem recorrer ao Direito Penal para serem densificados. Medidas dessa natureza se prestam a *funcionalizar* a norma penal, transformam-na em um instrumento auxiliar de políticas públicas nas esferas econômica, financeira social, ambiental e cultural. As perguntas que resistem a essa tendência são: é necessário? E, se for necessário, o Direito Penal se mostra eficiente para tal intento?

As indagações acima não parecem preocupar o legislador e os tribunais, ao contrário, o Direito Penal se tornou instrumento cada vez mais requisitado, tanto no viés de flexibilização do contraditório e da ampla defesa, quanto no viés da expansão de novos tipos penais em prol de bens jurídicos difusos e coletivos.

Segundo Sánchez, embora haja uma infinidade de exemplos de expansão desarrazoada do Direito Penal, "existe seguramente um espaço de expansão razoável do Direito Penal". Um exemplo de razoabilidade, portanto, é a tipificação dos crimes de lavagem de dinheiro, principalmente aquelas que viabilizam financeiramente grandes organizações criminosas.[78] Veja-se, contudo, que a finali-

[78] Há uma relação comum entre os delitos de evasão de divisas e lavagem dinheiro, perpetrados por organizações criminosas, por vezes de estrutura altamente complexa e hierarquizada, cujas atividades criminosas sustentam-se em uma rede influências nas searas políticas e econômicas. Nesse mote, o Estado brasileiro, hoje, vale-se de órgãos e entidades governamentais especializados, bem como de novos institutos e tipos penais que se pretendem mais eficientes para desestimular o fenômeno criminoso por meios repressivos e preventivos. O art. 1º (lavagem de dinheiro) da Lei Federal n. 9.613, de 1998 (BRASIL. **Lei Federal n. 9.613, de 12 de fevereiro de 1998**. Disponível em: <http://www.planalto.gov.br/ccivil_03/leis/l9613.htm>. Acesso em: 26 de março de 2013), conjugado com o tipo do art. 22 (evasão de divisas) da Lei Federal n. 7.492, de 1986 (BRASIL. **Lei Federal n. 7.492, de 16 de junho de 1986**. Disponível em: <http://www.planalto.gov.br/ccivil_03/leis/7492.htm>. Acesso em: 4 de abril de 2013), bem como com o art. 288 do Decreto-Lei n. 2.848, de 7 de dezembro de 1940 (BRASIL. **Decreto-Lei n. 2.848, de 7 de dezembro de 1940**. Disponível em: <http://www.planalto.gov.br/ccivil_03/decreto-lei/del2848compilado.htm>. Acesso em: 4 de abril de 2013), perfilham tal política de combate à criminalidade no âmbito do Direito Penal. Isso, porque o art. 288, de sua parte, define o crime de

dade de tal expansão é a proteção conjugada tanto do bem jurídico imediato ordem econômica e financeira quanto dos bens jurídicos mediatos paz pública, patrimônio, saúde pública, vida etc, em que pese às controvérsias tratadas em obra específica sobre o assunto.[79] Tudo isso justificado a partir do paradigma exposto de elevado grau de ofensividade comum às atividades de organizações criminosas, tal qual o narcotráfico.[80]

Nas palavras de Sánchez, deve ser feita essa conjugação ou ponderação antes do enquadramento da conduta como típica, haja vista que:

> É, pois, provavelmente razoável que os responsáveis por uma injeção maciça de dinheiro negro em um determinado

quadrilha ou bando, enquanto os tipos de lavagem de dinheiro e evasão de divisas incidem sobre a conduta de inserir no mercado lícito os rendimentos auferidos com as ações criminosas anteriores. Tratam-se, portanto, de delitos que ocorrem normalmente em concurso material por apresentarem uma relação de dependência: a organização criminosa tem, em si, como atividade elementar, a lavagem de capital, que costuma ser instrumentalizada, entre outros meios, por evasão de divisas cambiais.

79 RODRIGUES, Fillipe Azevedo; RODRIGUES, Liliana Bastos Pereira Santo de Azevedo. **Lavagem de dinheiro e crime organizado**: um diálogo entre Brasil e Portugal. Belo Horizonte: Del Rey, 2016.

80 Na realidade brasileira, sem dúvida a Constituição de 1988 (BRASIL. **Constituição da república federativa do Brasil de 1988**. Disponível em: <http://www.planalto.gov.br/ccivil_03/constituicao/constituicao.htm>. Acesso em: 4 de abril de 2013) conferiu elevada importância à tutela da ordem financeira, afinal, ao contrário das Cartas Políticas anteriores, reserva uma série de dispositivos que contém princípios e regras norteadores do Sistema Financeiro Nacional (SFN). O crime organizado, ao atingir o sistema financeiro, representa uma séria ameaça às instituições do país e ao bem-estar social, o que exige uma resposta enfática do Poder Público, através de uma tutela penal eficiente, que não se encaminhe para uma expansão desenfreada do Direito Penal, mas que revisite seus institutos em prol de resultados mais satisfatórios. Por essa razão, a legislação infraconstitucional deve alcançar de forma razoável a ultima ratio para, na hipótese de elevado grau de ofensividade, proteger a estabilidade do sistema financeiro e a consecução de seus objetivos primordiais: desenvolvimento equilibrado do país e supremacia do interesse da coletividade.

> setor da economia sejam sancionados penalmente pela comissão de um delito contra a ordem econômica. Mas, vejamos, isso não faz, por si só, razoável a sanção penal de qualquer conduta de utilização de pequenas (ou médias) quantidades de dinheiro negro na aquisição de bens ou retribuição de serviços. A tipificação do delito de lavagem de dinheiro é, enfim, uma manifestação de expansão razoável do Direito Penal (em seu núcleo, de alcance limitado) e de expansão irrazoável do mesmo (no resto das condutas, em relação as quais não se possa afirmar em absoluto que, de modo específico, lesionem a ordem econômica de modo penalmente relevante).[81]

Com relação aos *novos riscos*, muito se deve ao progresso tecnológico da sociedade contemporânea, a exemplo do *cybercrime* ou crime cibernético, possível a partir de uma plataforma mundial de computadores interligada pela *internet*, na qual se tornaram muito mais dinâmicas e complexas as relações entre indivíduos, outrora limitados pelas distâncias físicas e hoje conectados pela comunicação digital. Além disso, somam-se todos os fatores *retro* delineados, com base nas premissas de Beck, Luhmann, entre outros que foram citados.

O crime organizado é um dos fatores que, associado ao mundo da comunicação digital, pereniza o medo nos indivíduos e nas instituições estatais. Os novos riscos da criminalidade corporativa ensejam a sensação de perplexidade e de insegurança: "o medo do terrorismo, do tráfico de drogas, da criminalidade do colarinho branco, do jogo-do-bicho, da prostituição, dos atos infracionais",[82] hiperpotencializados a cada momento pelo "apelo dos meios de imprensa diuturnamente incutido na cabeça das pessoas".[83] Surge o Direito Penal do Risco – ou da *sociedade do risco* –, que, para Gamil Föppel El Hireche, é um discurso

81 SÁNCHEZ, Jesús-María Silva. **A expansão do direito penal: aspectos de política criminal nas sociedades pós-industriais.** 2 ed. Trad. Luiz Otavio de Oliveira Rocha. São Paulo: Revista dos Tribunais, 2011, p. 34-35.

82 HIRECHE, Gamil Föppel El. **Análise criminológica das organizações criminosas.** Rio de Janeiro: Lumen Juris, 2005, p. 11-12.

83 HIRECHE, Gamil Föppel El. **Análise criminológica das organizações criminosas.** Rio de Janeiro: Lumen Juris, 2005, p. 12.

sedutor[84] para as aspirações – alheias à ética – da mídia de massa. "As pessoas vivem como se estivessem num reality show da vida real, sempre com medo".[85]

Esse apelo midiático subordina as reações da esfera pública enquanto controla as sensações dos administrados, reforçando sobremaneira a função simbólica do Direito Penal. A sociedade dos novos riscos é pródiga na política criminal demagógica, cuja preocupação maior do gestor, do parlamentar ou, quiçá, de magistrados, advogados e promotores de justiça, está em satisfazer a opinião pública para permanecerem bem vistos nas vitrines da comunicação de massa.

A expansão atabalhoada do Direito Penal brasileiro pode ser facilmente exemplificada com o apelo midiático que redundou na chamada "Lei Carolina Dieckman", Lei Federal n. 12.737, de 30 de novembro de 2012,[86] destinada a tipificar os crimes cibernéticos.[87] Apesar dos

---

84 "Efetivamente, o discurso do Direito Penal – tragédias, dramas e dores – é um discurso barato – que vende fácil, portanto – e que seduz, mais do que isto: ele prende a atenção, bastando uma análise, ainda que perfunctória, dos altíssimos índices de aceitação dos programas de jornalismo em que há, diuturnamente, um apelo à violência". (HIRECHE, Gamil Föppel El. **Análise criminológica das organizações criminosas**. Rio de Janeiro: Lumen Juris, 2005, p. 13).

85 HIRECHE, Gamil Föppel El. **Análise criminológica das organizações criminosas**. Rio de Janeiro: Lumen Juris, 2005, p. 12.

86 "Dispõe sobre a tipificação criminal de delitos informáticos; altera o Decreto-Lei no 2.848, de 7 de dezembro de 1940 – Código Penal; e dá outras providências". (BRASIL. **Lei Federal n. 12.737, de 30 de novembro de 2012**. Disponível em: <http://www.planalto.gov.br/ccivil_03/_ato2011 2014/2012/lei/l12737.htm>. Acesso em: 4 de abril de 2013.

87 Confiram-se as primeiras posições de juristas acerca da recente legislação, conforme divulgado na própria imprensa: "A lei que ficou conhecida como o nome da atriz Carolina Dieckmann e entrou em vigor, nesta terça-feira (2/4), pode ser ineficaz para punir invasão de computadores. É o que afirma o criminalista Luiz Augusto Sartori de Castro, do Vilardi Advogados. Segundo ele, embora as regras tratem de muitas condutas atentatórias contra diversos bens jurídicos que não possuíam tipificação penal no ordenamento jurídico, na prática pecam pela qualidade técnica de sua redação. 'No caso, tomando como exemplo o novo artigo 154-A do Código Penal (sobre crime de invasão de sistemas informáticos), vê-se que faltou suporte técnico-jurídico aos

vários e comuns casos de violação de privacidade nas redes virtuais, ocorridos nos últimos anos, foi preciso uma pessoa da mídia de massa ser afetada para que, em poucos meses, surgir-se um marco normativo penal. Obviamente que a pressa típica dessa atividade legiferante *sob pressão* trouxe à tona mais uma legislação penal simbólica, despreocupada com critérios de razoabilidade e eficiência na sua gênese.

4.2.2.2 O Império da Insegurança na Sociedade de Sujeitos Passivos

A sociedade contemporânea não conduz somente a novos riscos e bens jurídicos, mas também a uma sensação psicótica de insegurança massificada, espécie de esquizofrenia coletiva. A patologia social é tão crônica que transcende do campo subjetivo privado para uma verdadeira *institucionalização da insegurança.*

A incerteza e a demasiada preocupação sobre a segurança de novas tecnologias e comportamentos tornam fértil o campo de desenvolvimento do anseio por novas tipificações penais de condutas.

Os resultados danosos imputados a esses fatos da contemporaneidade são especulativos e possíveis apenas a longo prazo. Nesse cenário, os crimes de dano, cuja lesão efetiva é um pressuposto da antijuridicidade da conduta, não são suficientes. Abre-se espaço para uma abordagem penal diferente, peculiar à construção de crimes de

---

legisladores na redação dos dispositivos. Quando a discussão chegar ao Poder Judiciário, deixará de ser punida a grande parcela daqueles que acessam indevidamente sistemas de informática. Isso, porque não o fazem à força, como exige o tipo penal ao se valer do verbo invadir', critica. 'Isto para não falar da ausência de definição de diversos termos técnicos lá inseridos, o que também inviabiliza a aplicação do tipo penal comentado', observa Luiz Augusto. Outro ponto que chama a atenção e, de acordo com ele, é típico 'de legislação de última hora', é o fato de o novo texto legal somente contemplar as figuras típicas, deixando de disciplinar os meios processuais que garantam a eficácia da norma. Para o advogado Carlo Frederico Müller, sócio do Müller e Müller Advogados, essa lei foi criada de forma célere, praticamente respondendo aos anseios da opinião pública e a casos de famosos. 'Deveria ter sido elaborada com maior cautela, de forma a atender efetivamente às necessidades que a tecnologia vem trazendo para os cidadãos', comenta". (CONVERGÊNCIA DIGITAL. **Texto ruim inviabiliza lei carolina dieckmann, afirmam advogados**. Disponível em: < http://convergenciadigital.uol.com.br/cgi/cgilua.exe/sys/start.htm?infoid=33404&sid=4>. Acesso em: 5 de abril de 2013.

perigo abstrato, os quais passam, cada dia com maior frequência, de exceção para regra comum na legislação penal.

Além disso, os Estados que enfrentam ainda grande desigualdade social impregnam nas relações interindividuais a sensação de insegurança, pois "o outro" sempre vai aparecer como um risco. A *criminalidade de massas* é resultado desses conflitos em sociedade com elevado grau de marginalização, seja decorrente de processos de formação histórica desigual seja, até mesmo, de processos mais recentes de intensa imigração multicultural.

Os bolsões de marginalidade da sociedade contemporânea, aqui tida como sinônimo de sociedade complexa, não se reduziram com a globalização e com os processos de migração interno e externo.

O Brasil, durante o Século XX, sofreu uma avalanche de transformações sociais decorrentes da intensa urbanização, proveniente, sobretudo, do êxodo da seca na região nordeste para os centros urbanos, sem que o Estado acompanhasse as novas demandas sociais conforme deveria.

A realidade europeia de urbanização foi, em um século, mais precoce se comparada ao caso brasileiro, de modo que as mudanças ensejadas pelo êxodo rural europeu para as cidades industriais já se estabilizaram. Entretanto, hoje, a comunidade europeia presencia mais um movimento migratório com características bem peculiares e tão importante quanto à era da industrialização. Trata-se da massiva migração de estrangeiros, cujos conflitos sociais são mais acentuados por manifestações de xenofobia.

A Segunda Guerra Mundial serviu de macabro exemplo da realidade de migração de estrangeiros, no caso, o holocausto de judeus na Alemanha Nazista. Ainda que a sociedade contemporânea se funde em ideias mais humanitários, os conflitos, retratados na violência urbana, ainda persistem.

Na visão de Sánchez, a violência de indivíduos migrantes ou *extracomunitários*, associados à sensação massificada de insegurança, transformou-se em um problema estrutural das sociedades pós-industriais europeias, pois, conforme suas palavras:

> No momento atual, cabe afirmar que, em maior ou menor medida, variando segundo os países, o fenômeno da

> criminalidade (em geral, patrimonial) de sujeitos extracomunitários, que operam de modo mais ou menos estruturado, em geral em grupos ou bandos, começa a ser comum às diversas nações europeias. Trata-se, portanto, de uma criminalidade que raramente é ocasional, manifestando-se mais precisamente em termos que oscilam entre a 'habitualidade' e a 'profissionalidade'. Constitui, de fato, já nessa altura, um problema estrutural das diversas sociedades da União Europeia. Não se deve olvidar, ademais, que essa situação coincide no tempo com a parição de dúvidas dos cidadãos europeus acerca da permanência do modelo de 'Estado prestações' ou 'Estado do bem-estar', dúvidas essas que de resto surgem em anos nos quais, como mencionado, se verifica uma elevadíssima sensibilidade ao risco e uma obsessão pela segurança em nossas sociedades (...).[88]

A criminalidade causada por mazelas sociais costuma ser mais danosa à sociedade, pois seu avanço não diminui proporcionalmente com o incremento de instrumentos repressivos ou, conforme a abordagem de Sánchez, com a expansão do Direito Penal. Isso se deve ao fato de que "sua intensidade e sua extensão se veem incrementadas pela marginalidade a que estão relegados àqueles que, dentro das sociedades pós-industriais, vivem à margem de relações laboratícias estáveis".[89] A solução, por óbvio, passa pela identificação e pelo combate da causa, isto é, reduzir as desigualdades sócio-econômicas.

Ocorre que o modelo de Estado Interventor, tanto nas esferas social e econômica como no próprio Direito Penal, não atingiu os fins a que se propôs, ao contrário, restringiu *direitos de liberdade*, tornando os indivíduos ainda mais dependentes das provisões públicas e menos autossuficientes para o seu próprio desenvolvimento privado.

---

[88] SÁNCHEZ, Jesús-María Silva. **A expansão do direito penal: aspectos de política criminal nas sociedades pós-industriais.** 2 ed. Trad. Luiz Otavio de Oliveira Rocha. São Paulo: Revista dos Tribunais, 2011, p. 129.

[89] SÁNCHEZ, Jesús-María Silva. **A expansão do direito penal: aspectos de política criminal nas sociedades pós-industriais.** 2 ed. Trad. Luiz Otavio de Oliveira Rocha. São Paulo: Revista dos Tribunais, 2011, p. 129.

O contexto social do *Wellfare State* (Estado do Bem-estar), fortalecido na segunda metade do Século XX, transmitiu uma mensagem de acomodação aos indivíduos, inviável a médio e longo prazo da realidade econômica dos Estados. O Estado Provedor, ao contrário dos discursos que o fundaram, nunca atendeu em plenitude os mais diversos anseios sociais e vem deixando a desejar cada vez mais nesses últimos tempos.

Embora já tenha ficado evidente que tal modelo nunca foi sustentável, a acomodação se transformou em costume e a sociedade complexa também passou a ser uma sociedade de *sujeitos passivos.* Consoante María de Lourdes Souza, trata-se de uma sociedade composta por "*individuos atomizados y narcisisticamente orientados hacia una infinita gratificación de los proprios deseos e intereses*".[90]

Os sujeitos passivos estão relacionados com o modelo assistencialista do Estado do Bem-estar. É dizer: são (i) desempregados recebedores de seguros desemprego; (ii) pessoas assistidas por bolsas de distribuição de renda; (iii) pensionistas; (iv) destinatários de serviços públicos; (v) entidades subvencionadas, a exemplo de organizações não governamentais e entidades da sociedade civil organizada. Tais figuras, apesar da falência do Estado Provedor, não desapareceram. Em verdade, crescem ainda mais após a crise financeira mundial de 2008.

Aliás, o indivíduo não inserido em nenhuma dessas figuras tem realçada, por exemplo, sua condição de consumidor, ou de sujeito passivo dos efeitos negativos do desenvolvimento (caso do meio ambiente). Esse típico cidadão das sociedades contemporâneas, cuja peculiar característica é a passividade ou a dependência da esfera pública, converte-se no eleitor insatisfeito com o que lhe foi atribuído pelo Estado, afinal ele quer sempre melhores serviços públicos e maiores bolsas assistenciais.[91]

---

90 SOUZA, María de Lourdes. La individualidad postmoderna: uma lectura del pensamiento de pietro barcellona y boaventura de sousa santos. In: **Cuadernos electrónicos de filosofia del derecho**, n. 2, 1999, p. 321.

91 "Em conclusão, o Estado social, seja em sua feição promissora, seja nos delineamentos de sua crise, tem colaborado para a expansão do processo criminalizador". (CAVALCANTI, Eduardo Medeiros. **Crime e sociedade complexa.** Campinas: LZN, 2005, p. 132).

Essa é a reação esperada de um verdadeiro "individualismo de massa", causado, nas palavras de María de Lourdes Souza, pela hipertrofia da cidadania e pela decadência da subjetividade, *in verbis*:

> *hipertrofia de la ciudadanía y la decadencia de la subjetividad. Por una parte tenemos que la extensión de los derechos sociales ha contribuido al ensanchamiento de la ciudadanía, abriendo nuevos horizontes al desarrollo de la subjetividad. Pero, por otra parte, los derechos sociales y las instituciones estatales a que dieron lugar fueron partes integrantes de un desarrollo social que aumentó el peso burocrático de la vigilancia controladora sobre los individuos* (...).[92]

O sujeito passivo, portanto, busca no Estado todas as respostas para suas inquietações particulares. Reage à sensação massificada de insegurança com mais clamor por expansão do Estado sob o domínio privado. Não aceita o risco, embora viva numa sociedade de efetivos novos riscos. Para ele, é dever do Estado afastá-lo de qualquer risco ou insegurança, não obstante se isto é possível ou não de ser feito, até mesmo por uma Administração Pública ideal.

Nesse cenário, avança a imputação objetiva, os crimes de perigo e, para o sujeito passivo, a necessidade de se achar um culpado para tudo. Sánchez traduz a questão da seguinte maneira: "À sensação de insegurança se soma, pois, em nosso modelo social, a existência de um protótipo de vítima que não assume a possibilidade de que o fato que sofreu derive de uma culpa sua ou que, simplesmente, corresponda ao azar".[93]

O Direito Penal Clássico, inconciliável com a imputação meramente objetiva, desprovida dos elementos mínimos de culpabilidade e causalidade, cede espaço para uma legislação penal simbólica,

---

92 SOUZA, María de Lourdes. La individualidad postmoderna: uma lectura del pensamiento de pietro barcellona y boaventura de sousa santos. In: **Cuadernos electrónicos de filosofia del derecho**, n. 2, 1999, p. 325.

93 SÁNCHEZ, Jesús-María Silva. **A expansão do direito penal: aspectos de política criminal nas sociedades pós-industriais.** 2 ed. Trad. Luiz Otavio de Oliveira Rocha. São Paulo: Revista dos Tribunais, 2011, p. 59.

destinada a satisfazer a percepção de insegurança sentida pela sociedade de sujeitos passivos.

Assim, pode-se falar de uma hipersensibilidade ao risco, afinal a sensação subjetiva dos riscos é evidentemente maior se comparada à própria existência objetiva deles. Essa *percepção inexata* da realidade tem como uma de suas fontes principais a mídia de massa,[94] que, ao semear uma diversidade de ilícitos e catástrofe de forma apelativa, incute uma sensação de impotência nos já fragilizados sujeitos passivos.

A preocupação de Antoine Garapon é válida e resume bem todo o escorço teórico tomado até agora neste trabalho, pois identifica como o apelo social ressoado pela mídia de massa pode colocar em risco os fundamentos democráticos do Direito Penal Clássico, conforme transcrição a seguir:

> Os meios de comunicação, que são o instrumento da indignação e da cólera públicas, podem acelerar a invasão da democracia pela emoção, propagar uma sensação de medo e de vitimização e introduzir de novo no coração do individualismo moderno o mecanismo do bode expiatório que se acreditava reservado aos tempos revoltos. (...). Os assassinatos de crianças se convertem em acontecimentos nacionais para uma opinião pública fascinada pela morte e a transgressão. Sua exasperação pelos meios acabará por fazer crer ao cidadão menos avisado que este tipo de crime é frequente, o que não é o caso.[95]

Tão relevante é o assunto "Mídia e Direito Penal" que o Instituto Brasileiro de Ciências Criminais (IBCCrim) manifestou-se a respeito, de modo que se pede vênia ao leitor para transcrever trecho extenso, porém bastante elucidativo sobre o polêmico tema:

---

94 LIRA, Rafael. O crime de evasão de divisas: análise crítica sobre a atuação da mídia nos processos pré e pós-legislativo. Comentários sobre a (des) necessidade da tutela penal. In. FRANCO, Alberto Silva; LIRA, Rafael (Coord.). **Direito penal econômico: questões atuais**. São Paulo: Revista dos Tribunais, p. 397-426, 2011, p. 401-409.

95 GARAPON, Antoine. **Juez y democracia**. Barcelona: Flor del Viento, 1997, p. 94 e 99.

> A imagem invadiu definitivamente as sociedades, em que a cultura de massa influencia não apenas gostos e preferências de entretenimento, mas também as escolhas políticas dos cidadãos. A indústria cultural, de que falaram Adorno e Horkheimer há 50 anos, se consolidou com a tecnologia da televisão via satélite e da internet, e os meios de comunicação passaram a controlar as engrenagens delas. É por isso que a mídia se transformou num vetor da política criminal no Brasil. Leis são promulgadas em razão da cobertura que os meios de comunicação destinam a determinados episódios. O exemplo emblemático desse processo é a Lei de Crimes Hediondos, cujos excessos até hoje defrontamos. O Regime Disciplinar Diferenciado (RDD), anos depois, veio confirmar a tendência de recrudescimento da intervenção penal a partir do que, de como e de quando a mídia o veicula. O processo penal, por sua vez, é transformado frequentemente numa verdadeira arena virtual, em que quase todos os espectadores torcem contra o réu. Essa dinâmica de crescimento e de agravamento da resposta penal tem conseguido se justificar pelo discurso da defesa social, em que a criminalidade é tratada como uma chaga letal, e o criminoso como seu agente de contaminação.[96]

Cumpre ressalvar, entretanto, que as matérias e as abordagens veiculadas numa imprensa livre correspondem aos assuntos de maior audiência – ou interesse – da população. Desse modo, a sensação social de insegurança não é resultado exclusivo da mídia ou das instituições estatais, mas também da própria sociedade de sujeitos passivos, que costuma se identificar com o sofrimento da vítima.[97]

---

[96] IBCCrim. Instituto Brasileiro de Ciências Criminais (IBCCrim). **Mídia, imagem e poder na democracia.** Disponível em: <http://www.ibccrim.org.br/novo/boletim_artigo/4062-EDITORIAL-%E2%80%93-Midia,-imagem-e-poder-na-democracia>. Acesso em: 13 de abril de 2013.

[97] "Emerge a identificação da maioria social com a vítima do delito. Com efeito, esta causa é decorrente da sociedade de sujeitos passivos. O Direito Penal, antes a 'espada' do Estado contra o delinquente desvalido, aparece como a 'espada' do Estado contra a delinquência dos poderosos". (CAVALCANTI, Eduardo Medeiros. **Crime e sociedade complexa.** Campinas: LZN, 2005, p. 131).

O que ocorre, em suma, é uma demanda por mais sangue e tragédia televisionado e os meios de comunicação retornam com mais oferta, em um verdadeiro ciclo vicioso interminável.

A respeito do assunto, Sánchez arremata: "seja como for, o caso é que, em medida crescente, a segurança se converte em uma pretensão social à qual se supõe que o Estado e, em particular, o Direito Penal, devem oferecer uma resposta".[98]

A resposta que o Direito Penal oferece, contudo, não condiz com a emoção, mas sim com a razão. Entretanto, a tendência, conforme já mencionado, é a invasão dos institutos jurídico-criminais pela emoção, o que se traduz na demanda de flexibilização das garantias e liberdades do Estado Democrático de Direito.

Sánchez aponta como exemplos desse mal traçado rumo da legislação penal a expansão criminalizadora em matéria ambiental, econômica, de corrupção, de exploração sexual e pornografia infantil, bem como de violência doméstica, área para a qual o Direito Penal brasileiro já se expandiu, na forma da Lei Federal n. 11.340, de 7 de agosto de 2006, *Lei Maria da Penha*.[99]

A respeito dessa Lei em especial, é inegável o êxito das medidas protetivas de urgência de índole administrativa, porquanto antecipam a escalada da violência ao cessar a normalização da violência no ambiente doméstico. No entanto, cabe reconhecer também que essa solução está plasmada num ideário de *Law and Order*. O

98 SÁNCHEZ, Jesús-María Silva. **A expansão do direito penal: aspectos de política criminal nas sociedades pós-industriais**. 2 ed. Trad. Luiz Otavio de Oliveira Rocha. São Paulo: Revista dos Tribunais, 2011, p. 50.

99 "Cria mecanismos para coibir a violência doméstica e familiar contra a mulher, nos termos do § 8o do art. 226 da Constituição Federal, da Convenção sobre a Eliminação de Todas as Formas de Discriminação contra as Mulheres e da Convenção Interamericana para Prevenir, Punir e Erradicar a Violência contra a Mulher; dispõe sobre a criação dos Juizados de Violência Doméstica e Familiar contra a Mulher; altera o Código de Processo Penal, o Código Penal e a Lei de Execução Penal; e dá outras providências". (BRASIL. **Lei Federal n. 11.340, de 7 de agosto de 2006**. Disponível em: <http://www.planalto.gov.br/ccivil_03/_ato2004-2006/2006/lei/l11340.htm>. Acesso em: 13 de abril de 2013).

ativismo em torno do tema é punitivista apenas no que convêm ao objeto da *luta*, conforme será melhor exposto na próxima seção.

Para todos os efeitos, a solução administrativa preventiva parece ser mais adequada do que as exasperadas consequências penais da Lei Maria da Penha, reforçando que o postulado da *ultima ratio* não foi ponderado pelo legislador e pela jurisprudência ao aquiescer todo modelo.

A sociedade contemporânea de riscos, composta por sujeitos passivos vitimizados e hipersensíveis a uma insegurança inflacionada pela mídia,[100] não é o ambiente cuja racionalidade progredirá, cabendo identificar, entre outros fatores, o contexto político e ideológico em que se expande o Direito Penal, conforme será descrito adiante.

4.2.2.3 A Política Criminal da Esquerda do Século XXI

Do Século XX até a atualidade, houve verdadeiros processos de relativização de valores culturais, éticos e religiosos. De um lado, em função do processo de globalização cultural e econômica e, de outro lado, pelos movimentos afirmativos de certos segmentos sociais que imputavam sua condição de marginalização ao *establishment* moral e religioso das sociedades ocidentais.

Sem entrar no mérito da discussão, o fato é que as dimensões filosófica e ética que sustentaram as relações interpessoais de outrora não são mais as mesmas. Segundo Sánchez, a sociedade contemporânea enfrenta uma "perda de referências valorativas objetivas", na qual pode se identificar "a ausência de referências de *auctoritas* ou de princípios generalizáveis", de modo que, na ausência de premissas éticas, a dialética[101] parte do pressuposto de que toda alegação

[100] Confira-se a observação precisa de Antoine Garapon: "a opinião pública se inclina hoje a identificar-se mais com a vítima que com o árbitro, com o governado mais que com o governante, com o contrapoder mais que com o poder, com o justiceiro mais que com o legislador". GARAPON, Antoine. **Juez y democracia**. Barcelona: Flor del Viento, 1997, p. 96 e 98.

[101] Em sendo o Direito Penal a força punitiva mais relevante do Estado, muito perspicaz a seguinte frase de Hassemer: "a 'dialética da modernidade' leva a

é verdadeira, então acaba o mais forte[102] impondo-se como a voz mais poderosa. O *relativismo* pode levar a seguinte conclusão: "se não existem valores, a liberdade do ditador é tão válida como a do cidadão, embora mais forte".[103]

Nesse contexto de obscuridade de valores, os muitos segmentos sociais, que se autodenominam como representantes de *minorias*, pleiteiam reparação histórica dos arbítrios sofridos no passado e incluem, no seu rol de *lutas*, uma nova política criminal intervencionista e setorial, por meio do estabelecimento de institutos jurídicos penais próprios, de evidente cunho simbólico. Propõe-se, em geral, a descodificação do Direito Penal para, em seu lugar, criar leis penais como consolos destinados a cada grupo de indivíduos supostamente necessitados de proteção diferenciada do Estado.

A expansão do Direito Penal virou agenda de entidades privadas em defesa de interesses de pequenos segmentos sociais. Isso demonstra também o *descrédito das outras instâncias de proteção*,[104] a

---

que o Direito Penal se desenvolva como um instrumento de solução de conflitos sociais". (HASSEMER, Winfried. Características e Crises do Moderno Direito Penal. Trad. de Pablo Rodrigo Alflen da Silva. In: **Revista síntese de direito penal e processual penal**, n. 18, p. 144-157, 2003, p. 149).

102 Como já alertara Hayek: "Devemos agora voltar por um momento ao estágio que precede a supressão das instituições democráticas e a criação de um regime totalitário. Nesse estágio, a exigência geral de uma ação governamental rápida e decidida torna-se o elemento dominante da situação, enquanto a insatisfação com o curso lento e trabalhoso dos processos democráticos faz com que o objetivo seja a ação em si. É então que o homem ou o partido que parecem bastante fortes ou resolutos para "fazerem as coisas funcionar" exercem maior sedução. "Forte", neste sentido, não indica apenas uma maioria numérica, pois o povo está insatisfeito justamente com a ineficácia das maiorias parlamentares. O que as pessoas procuram é um homem que goze de sólido apoio, de modo a inspirar confiança quanto à sua capacidade de realizar o que pretende. E aqui entra em cena o novo tipo de partido, organizado em moldes militares". (HAYEK, Frederick August von. **O caminho da servidão**. São Paulo: instituto Ludwig von Mises Brasil, 2010, p. 140).

103 MARINA, José Antonio. **Crónicas de la ultramodernidad**. Barcelona: Anagrama, 2000, p. 48.

104 Jesús-María Silva Sánchez ao fazer um apanhado geral das causas de expansão faz a seguinte ressalva acerca do descrédito das demais instâncias de proteção:

exemplo do Direito Administrativo e da Responsabilidade Civil, que conferiam à proteção penal sua condição de *ultima ratio*.

Com relação às entidades da sociedade civil organizada, servem de paradigma: ecologistas, feministas, LGBT, afrodescendentes, indígenas etc. Para Sánchez, são os *novos gestores da moral coletiva ou os gestores atípicos da moral*.[105] Se antes a legislação penal estava à mercê de segmentos conservadores, conforme denunciavam tais entidades, a cada dia mais está posta a seus serviços. O Congresso Nacional brasileiro já aprovou alguns marcos penais nessa linha, tal como a Lei Federal n. 11.340, de 7 de agosto de 2006, *Lei Maria da Penha*,[106] e continua discutindo matérias afetas e polêmicas como o Projeto de Lei da Câmara dos Deputados n. 122, de 12 de dezembro de 2006, que criminaliza a *homofobia*.[107]

"O que foi mencionado acima, contudo, ainda não explicaria de modo suficiente a demanda de punição e a conseguinte expansão *precisamente* do Direito Penal. Com efeito, tais dados poderiam conduzir certamente a uma expansão dos mecanismos de proteção não jurídicos, ou inclusive dos jurídicos, mas não necessariamente dos jurídico-penais. Ocorre, sem embargo, que tais opções ou são inexistentes, ou parecem insuficientes, ou se acham desprestigiadas. Referimonos à ética social, ao Direito Civil e ao Direito Administrativo. (SÁNCHEZ, Jesús-María Silva. **A expansão do direito penal: aspectos de política criminal nas sociedades pós-industriais.** 2 ed. Trad. Luiz Otavio de Oliveira Rocha. São Paulo: Revista dos Tribunais, 2011, p. 75-76).

105 SÁNCHEZ, Jesús-María Silva. **A expansão do direito penal: aspectos de política criminal nas sociedades pós-industriais.** 2 ed. Trad. Luiz Otavio de Oliveira Rocha. São Paulo: Revista dos Tribunais, 2011, p. 80-82.

106 BRASIL. **Lei Federal n. 11.340, de 7 de agosto de 2006**. Disponível em: <http://www.planalto.gov.br/ccivil_03/_ato2004-2006/2006/lei/l11340.htm>. Acesso em: 13 de abril de 2013.

107 "Altera a Lei n. 7.716, de 5 de janeiro de 1989, o Decreto-Lei n. 2.848, de 7 de dezembro de 1940 (Código Penal) e o Decreto-Lei n. 5.452, de 1º de maio de 1943 (Consolidação das Leis do Trabalho – CLT) para definir os crimes resultantes de discriminação ou preconceito de gênero, sexo, orientação sexual e identidade de gênero. Estabelece as tipificações e delimita as responsabilidades do ato e dos agentes". (BRASIL. **Projeto de Lei da Câmara dos Deputados n. 122, de 12 de dezembro de 2006**. Disponível em: <http://www.senado.gov.br/atividade/materia/detalhes.asp?p_cod_mate=79604>. Acesso em: 14 de abril de 2013.

No que diz respeito à criminalização da homofobia, a despeito de o Projeto de Lei ter estagnado no Congresso Nacional, o Supremo Tribunal Federal tomou para si a decisão do legislador e reafirmou a postura de ativismo, dessa vez no âmbito penal ao criminalizar a homofobia por meio do julgamento da Ação Direta de Inconstitucionalidade por Omissão n. 26[108] e do Mandado de Injunção n. 4.733.[109]

Os autores das ações sustentaram haver violação de direitos fundamentais da comunidade LGBT devido à inexistência de uma tipificação penal de comportamento homofóbico em contraste com o tratamento dado pela legislação à discriminação ou preconceito por raça, cor, etnia, religião ou procedência nacional, condutas descritas como crime na Lei Federal n. 7.716, de 5 de janeiro de 1989.

Ainda que o Ministro Celso de Mello tenha procurado esclarecer durante o julgamento que "(...) não se está construindo um novo preceito primário de incriminação (...)",[110] os votos já proferidos, inclusive o seu, alargaram o disposto no art. 1º da mencionada Lei Penal, fazendo nele conter a discriminação ou preconceito por orientação sexual ou transexualidade, ausente do texto normativo.

O STF, assim, levou o ativismo judicial a patamar inusitado, afinal reescreveu normas penais incriminadoras, de forma bastante explícita e sob o pretexto de um aberto conceito de *supremacia da Constituição sobre si mesma*. O combate à homofobia e a todas as

---

108 BRASIL. Supremo Tribunal Federal. Ação Direta de Inconstitucionalidade por Omissão (ADO) n. 26 – DF. Relator: Ministro Celso de Mello. Julgamento em: 13 de junho de 2019. Publicação pendente. Disponível em: <http://www.stf.jus.br/portal/peticaoInicial/verPeticaoInicial.asp?base=ADOM&s1=26&processo=26>. Acesso em: 22 de junho de 2020.

109 BRASIL. Supremo Tribunal Federal. Mandado de Injunção (MI) n. 4.733 – DF. Relator: Ministro Edson Fachin. Julgamento em: 13 de junho de 2019. Publicação pendente. Disponível em: <http://portal.stf.jus.br/processos/detalhe.asp?incidente=4239576>. Acesso em: 22 de junho de 2020.

110 SUSPENSO julgamento sobre omissão legislativa em criminalizar homofobia. **Notícias do STF**, Brasília, 21 de fevereiro de 20119. Disponível em: <http://www.stf.jus.br/portal/cms/verNoticiaDetalhe.asp?idConteudo=404076&tip=UN>. Acesso em: 22 de junho de 2020.

suas consequências nefastas não se trata de um tema sem importância constitucional, mas também não falta importância para a defesa da higidez do Direito Penal democrático, impondo-se presente a garantia fundamental à reserva legal, prevista no art. 5º, XXXIX, da Constituição Federal: *não há crime sem lei anterior que o defina, nem pena sem prévia cominação legal.*

Por mais nobre que tenha sido a intenção dos Ministros, a ordem democrática é valiosa por si e não admite que o STF reescreva a legislação penal e a própria Constituição a sua maneira, qual seja: "não há crime nem pena até decisão do Supremo Tribunal Federal".[111]

Em síntese, o que há de comum entre ao progressismo penal do STF e as mencionadas entidades – *novas gestoras da moral coletiva* – é a defesa de uma constante expansão do Direito Penal em prol de seus interesses, à revelia de o processo de criminalização de novas condutas venha a desprestigiar princípios gerais do Direito Penal (tal como a criminalização da mera manifestação de ideias).[112]

---

[111] Trecho adaptado do artigo RODRIGUES, Fillipe Azevedo. O Ativismo Penal e o Supremo Tribunal Federal: súmulas do passado e a criminalização da homofobia. In: JusBrasil, 22 de fevereiro de 20119. Disponível em: <https://qbb.jusbrasil.com.br/artigos/679048695/o-ativismo-penal-e-o--supremo-tribunal-federal-sumulas-do-passado-e-a-criminalizacao-da--homofobia>. Acesso em: 22 de junho de 2020.

[112] Quanto à criminalização de ideais, durante todo período de democratização, nunca foi tão importante a defesa das liberdades individuais, notadamente a liberdade de expressão frente àqueles que detém o poder do Estado. Enquanto a atualização dessa obra está em curso, presencia-se a voracidade do Inquérito *Judicial n.* 4.781 conduzido pelo Ministro Alexandre de Moraes do STF. Não é possível afirmar que rumos tomará tal procedimento inusitado, sendo esse o motivo da ausência nesta obra de maiores comentários sobre o assunto. Contudo, cabe deixar o leitor com o parecer DOTTI, René Ariel. O Supremo Tribunal Federal e o Inquérito n. 4.781. In: **Colégio de Presidentes do Instituto dos Advogados do Brasil (IAB)**, 21 de julho de 2019. Disponível em: <https://www.estudosnacionais.com/wp-content/uploads/2020/06/Parecer.pdf>. Acesso em: 22 de junho de 2020.

Outro trabalho desta autoria explorou a importância republicana da liberdade individual de pensar e de externalizar ideias, sobretudo quando dirigidas às

Para Marcelo Neves, a influência da opinião pública na atividade legiferante enseja a criação de *legislação-álibi*. Sobre o assunto, o mencionado constitucionalista afirma que, "também em relação à escalada da criminalidade no Brasil das duas últimas décadas, a discussão em torno de uma legislação penal mais rigorosa apresenta-se como álibi, eis que o problema não decorre da falta de legislação tipificadora (...)".[113] O problema não está no Direito positivo, está, porém, em questões socioeconômicas que, caso não sejam sanadas politicamente, transferir a solução para o direito apenas redundará em mais conflitos sociais.[114]

No campo interdisciplinar sociológico-jurídico, as demandas expansionistas se apoiam na criminologia crítica de esquerda, cujos enunciados teóricos beiram o radicalismo diante da ultrapassada abordagem do crime como resultado de uma luta entre classes. Ocorre que esse discurso transcendeu da defesa do abolicionismo penal, no que se refere ao *proletariado*, para justificar uma ampliação do Direito Penal numa *caça às bruxas* dos delinquentes econômicos e ambientais (*exempli gratia*), tidos como os criminosos burgueses.[115]

mais altas autoridades do Estado: RODRIGUES, Fillipe Azevedo. Liberdade de expressão, Danilo Gentili e "O povo contra Lary Flynt": a (in)constitucionalidade dos crimes contra a honra. In: **JusBrasil**, 24 de abril de 2019. Disponível em: <https://qbb.jusbrasil.com.br/artigos/700753009/liberdade-de-expressao-danilo-gentili-e-o-povo-contra-lary-flynt-a-in-constitucionalidade-dos-crimes-contra-a-honra>. Acesso em: 22 de junho de 2020.

113 NEVES, Marcelo. **A constitucionalização simbólica**. São Paulo: Acadêmica, 1994, p. 38.

114 Quanto menos concretas e mais populistas as decisões políticas, aumenta-se a carga no direito e na economia. É o que afirma Giorgi: "O futuro depende sempre mais das decisões tomadas no presente. Quais decisões? As políticas, as quais, antes de qualquer outra, reorientam as pretensões e as exigências dos indivíduos e transferem os riscos para a economia e para o direito". (GIORGI, Raffaele de. O risco na sociedade contemporânea. In: **Revista de direito sanitário**, v. 9, n. 1, p. 37-49, 2008, p. 49).

115 Eduardo Medeiros Cavalcanti tece as seguintes críticas sobre o radicalismo da criminologia crítica: "um dos argumentos contrários à radicalização da *criminologia crítica* refere-se a sua limitada visão da sociedade. Na ânsia de não diferenciar pessoas *normais* de criminosos, expurgando qualquer tipo de análise etiológica, a *criminologia crítica* excedeu no estudo das situações

Sánchez se refere a uma reviravolta política, filosófica e social, na linha do que vem sendo arguido neste trabalho, de acordo com o observado a seguir:

> A reviravolta tem sido tamanha que aqueles que outrora repudiavam o Direito Penal como braço armado das classes poderosas contra as 'subalternas' agora clamam precisamente por mais Direito Penal contra as classes poderosas. Produz-se, segundo se tem afirmado, um fenômeno de fascinação de diversas organizações sociais pelo Direito penal, fascinação essa da qual carecem todos seus equivalentes funcionais. Assim, já não está em primeiro plano a negativa às estruturas de poder, senão a intervenção nelas mesmas. O rechaço dos meios de poder cede diante da vontade de servir-se deles em seu próprio interesse.[116]

O que mudou, então, na ideologia de esquerda para transformar seus discursos e agendas com relação ao Direito Penal? Como explicar a política criminal da esquerda que migrou o Direito Penal de um instrumento da opressão da direita conservadora para um recurso de primeira grandeza e necessidade?

Embora bastante simples, a resposta mais precisa às indagações acima é: a esquerda chegou ao poder e se refestelou nele; comprovou, de certo modo, a frase do historiador John Emerich Edward Dalberg-Acton, o Lord Acton: "todo poder corrompe, e o poder absoluto corrompe de maneira absoluta".[117]

---

estigmatizantes e sobre o conflito de interesses entre classes sociais. Assim, se de um lado abriu os olhos para alguns aspectos do processo de criminalização, de outro não conseguiu enxergar a complexidade social, haja vista que ela não se resume nas vertentes propugnadas pela feição radical da *criminologia crítica*". (CAVALCANTI, Eduardo Medeiros. **Crime e sociedade complexa**. Campinas: LZN, 2005, p. 143).

116 SÁNCHEZ, Jesús-María Silva. **A expansão do direito penal: aspectos de política criminal nas sociedades pós-industriais**. 2 ed. Trad. Luiz Otavio de Oliveira Rocha. São Paulo: Revista dos Tribunais, 2011, p. 83.

117 Citação extraída sem referência da obra HAYEK, Frederick August von. **O caminho da servidão**. São Paulo: instituto Ludwig von Mises Brasil, 2010, p. 139.

Tanto a União Europeia como as Américas passaram por uma década (2000) de governos progressistas, mantendo grande influência mesmo nos contextos que figuram como oposição. O principal mister da social-democracia contemporânea é promover a *justiça social* a seu modo, no qual as garantias e os *direitos de liberdade*, preservados no sistema penal, passam a ser tratados como meras formalidades - ou sutilezas[118] -, que devem se sujeitar a reformas.[119]

Sánchez menciona certa esquizofrenia[120] da esquerda ao passar por tal mudança radical em seus princípios com relação à política criminal, entretanto, entende-se como mais precisa a análise de Filipe Fialdini, por um *duplipensamento* de esquerda, a partir do conceito criado por George Orwell, a saber: "no livro 1984, George Orwell introduz o conceito de duplipensamento,[121] para ilustrar a ca-

118 *Vide* a irônica abordagem de Hassemer sobre o Direito Penal Funcional da esquerda: "deve-se contar com uma tendência de reduzir as sutilezas jurídico-processuais penais, para converter o Direito Penal material em realidade, para assegurar a sua 'grande função'". (HASSEMER, Winfried. Características e Crises do Moderno Direito Penal. Trad. de Pablo Rodrigo Alflen da Silva. In: **Revista síntese de direito penal e processual penal**, n. 18, p. 144-157, 2003, p. 154).

119 Seriam constitucionais essas reformas? Para se preservar a unidade do ordenamento jurídico, chega-se a absurda constatação de que a Constituição deverá ser interpretada ou reformada conforme a expansão do Direito Penal. A respeito do assunto, confira-se: "Pode-se pensar em restringir de algum modo a apelação, a revisão e recursos constitucionais: mas estas também não seriam na verdade opções, senão reformas contra nossa tradição democrática". (HASSEMER, Winfried. Características e Crises do Moderno Direito Penal. Trad. de Pablo Rodrigo Alflen da Silva. In: **Revista síntese de direito penal e processual penal**, n. 18, p. 144-157, 2003, p. 155).

120 "Não é fácil aventurar explicações profundas sobre a evolução da esquerda parlamentar em matéria de política criminal. Contudo, e deixando de lado argumentos populistas de puro caráter eleitoreiro, poder-se-ia perfeitamente aludir a certa esquizofrenia (ou, mais suavemente, ambivalência) em sua relação com o Direito Penal, que se origina antes mesmo do movimento do *uso alternativo do Direito*, mas com ele se teoriza". (SÁNCHEZ, Jesús-María Silva. **A expansão do direito penal: aspectos de política criminal nas sociedades pós-industriais**. 2 ed. Trad. Luiz Otavio de Oliveira Rocha. São Paulo: Revista dos Tribunais, 2011, p. 86-87).

121 Afinal o que é o *duplipensamento*? Segue a explicação na obra de Orwell: "Saber e não saber, ter consciência de completa veracidade ao exprimir mentiras

pacidade humana de ignorar as contradições do mundo e que pode ser manipulada como instrumento de poder".[122]

Pois bem, ao creditar coerência a sua própria incoerência (*duplipensamento*), a esquerda engendrou uma política criminal de dois vieses: (i) o primeiro com o fim demagógico de atender aos anseios da sociedade de risco e de sujeitos passivos, bem como responder aos pleitos dos *novos gestores da moral coletiva*, dos quais a própria esquerda costuma fazer parte; e (ii) o segundo viés consiste na já apontada *caça às bruxas* à delinquência burguesa, identificada nos crimes econômicos, do colarinho branco, contra o meio ambiente e os de cunho discriminatório, no afã de promover a justiça social.[123]

cuidadosamente arquitetadas, defender simultaneamente duas opiniões opostas, sabendo-as contraditórias e ainda assim acreditando em ambas; usar a lógica contra a lógica, repudiar a moralidade em nome da moralidade, crer na impossibilidade da democracia e que o Partido era o guardião da democracia; esquecer tudo quanto fosse necessário esquecer, trazê-lo à memória prontamente no momento preciso, e depois torná-lo a esquecer; e acima de tudo, aplicar o próprio processo ao processo. Essa era a sutileza derradeira: induzir conscientemente a inconsciência, e então, tornar-se inconsciente do ato de hipnose que se acabava de realizar. Até para compreender a palavra "duplipensar" era necessário usar o duplipensar. (ORWELL, George. **1984**. Disponível em: <http://www.elivrosgratis.com/download/3259/1984-mil-novecentos-e-oitenta-e-quatro-george-orwell.html>. Acesso em: 14 de abril de 2013. P. 31-32).

122 FIALDINI, Filipe. **Inclusão punitiva: reflexões sobre a tentativa de promover justiça social por meio do direito penal econômico**. In. FRANCO, Alberto Silva; LIRA, Rafael (Coord.). **Direito penal econômico: questões atuais**. São Paulo: Revista dos Tribunais, p. 11-40, 2011, p. 29.

123 Ao abordar a matéria, Cavalcanti chega a conclusão semelhante da política criminal da esquerda: "Embalados pelos estudos da Vitimologia, os realistas de esquerda encararam a criminalidade como problema real. (...). Desta forma, repita-se, vislumbraram os realistas o abandono do mito da descriminalização, passando a defender ideia contrária, isto é, 'a neocriminalização de todos aqueles comportamentos que, ao porem em causa direitos humanos fundamentais, atingem sobretudo os mais desprotegidos'. Em vista disto, tornou-se evidente a necessidade de proteção penal das lesões ao meio ambiente, de todos os atos racistas, de condutas lesivas aos interesses de grupos minoritários e dos comportamentos econômicos e fiscais que impedissem a justa distribuição dos rendimentos. De outra forma, a política criminal da social-democracia na Europa fortalece o combate ao crime às causas do crime". (CAVALCANTI, Eduardo Medeiros. **Crime e sociedade complexa**. Campinas: LZN, 2005, p. 146).

Filipe Fialdini entende que o discurso de esquerda para promoção de justiça social mediante a instrumentalização do Direito Penal é absolutamente ilusório e desempenha, *contrario sensu*, uma função inversa a que se propõe. Segundo o autor, esse pernicioso uso da legislação penal promove a ignorante e ineficaz seletividade do sistema penal. A tentativa de se criminalizar as elites sociais com mais intervenção penal no domínio econômico coincide, inexoravelmente, com a expansão generalizada do poder punitivo estatal. No final, conforme conclui Fialdini, o tiro sairá pela culatra, pois "as principais vítimas desse processo são, naturalmente, as pessoas economicamente mais vulneráveis".[124]

Estando certo ou não Fialdini, a liberdade será a grande perdedora nesse processo de hipercriminalização. Afinal, quer sejam as elites quer as pessoas menos abastadas, o indivíduo,[125] a mais frágil

[124] FIALDINI, Filipe. **Inclusão punitiva: reflexões sobre a tentativa de promover justiça social por meio do direito penal econômico.** In. FRANCO, Alberto Silva; LIRA, Rafael (Coord.). **Direito penal econômico: questões atuais.** São Paulo: Revista dos Tribunais, p. 11-40, 2011, p. 35.

[125] Um apanhado geral do tema, sob a perspectiva das políticas afirmativas contra discriminação de cor de pele, é bem realizada por Thomas Sowell, a saber: O multiculturalismo, assim como o sistema de castas, encurrala e amarra as pessoas naquele mesmo segmento cultural e social no qual elas nasceram. A diferença é que o sistema de castas ao menos não alega beneficiar aqueles que estão na extremidade inferior. O multiculturalismo não serve apenas aos interesses ególatras dos intelectuais; ele serve também aos interesses de políticos que têm todos os incentivos para promover uma sensação de vitimização - e até mesmo de paranoia - entre grupos de cujos votos eles precisam em troca de apoio material e psicológico. A visão multicultural do mundo também serve aos interesses daqueles que estão na mídia e que prosperam ao explorar os melodramas morais. O mesmo pode ser dito de todos os departamentos universitários voltados para estudos étnicos e sociais, bem como de toda a indústria de assistentes sociais, de especialistas em "diversidades" e da ampla gama de vigaristas que prosperam ao fazer proselitismo racial. Os maiores perdedores de toda essa história são aqueles membros das minorias raciais que se permitem ser conduzidos para esse beco sem saída do ressentimento e da raiva, mesmo quando há várias outras avenidas de oportunidades disponíveis. E todos nós perdemos

minoria segundo Ayn Rand,[126] terá sua liberdade restringida por um Direito Penal inflacionado, em função, dentre outras causas, da busca irracional por uma *justiça social* de esquerda.[127]

Assim, cumpre transcrever o pertinente alerta de Lord Acton para os tempos hodiernos: "a melhor oportunidade que o mundo já teve foi desperdiçada porque a obsessão pela igualdade frustrou as esperanças de liberdade".[128]

A fim de concluir este tópico, importante mencionar em que veredas a liberdade e a democracia[129] vêm sendo transgredidas com

---

quando a sociedade fica polarizada. (SOWELL, Thomas. **Intellectuals and race**. Nova Iorque: Basic Books, 2012, p. 6-7. Disponível em: <http://www.mises.org.br/Article.aspx?id=1554>. Acesso em: 15 de abril de 2013).

126 RAND, Ayn. **America's persecuted minority: big business.** Nova Iorque: Nathaniel Branden Institute, 1962, p. 15. Disponível em: <http://pt.wikiquote.org/wiki/Ayn_Rand>. Acesso em: 14 de abril de 2013.

127 O apelo de Hassemer: "Justamente em épocas em que se gira em torno antes da sociedade do que do indivíduo, antes da desordem do que do injusto, antes da efetividade do que da normatividade, as tradições normativas e pessoais do Direito penal poderiam ser uma orientação útil". (HASSEMER, Winfried. Características e Crises do Moderno Direito Penal. Trad. de Pablo Rodrigo Alflen da Silva. In: **Revista síntese de direito penal e processual penal**, n. 18, p. 144-157, 2003, p. 157).

128 Citação extraída sem referência da obra HAYEK, Frederick August von. **O caminho da servidão.** São Paulo: instituto Ludwig von Mises Brasil, 2010, p. 113.

129 Raúl Cervini associa os conceitos de bem jurídico, democracia e eficácia para definir a legitimidade de processos de neocriminalização, os quais devem ser submetidos a amplo conhecimento e aprovação pública, após demonstrada a imprescindibilidade da tipificação criminal e sua eficácia. Confira-se: *el concepto de bien jurídico pasa hoy por uma transformación en el sentido de su comprensión com base em su contenido personalista y en su legitimación democrática, no en una mera tutela de la función por sí mesma. Dada la inexorable vinculación entre el bien jurídico y el tipo penal, creemos también que es tarea compleja pero no imposible, intentar la construcción de tipos penales socioeconómicos que se encuentren legitimados democráticamente, se muestren eficaces en el contexto de una realidad social concreta y en función de las necesidades de hombres también concretos*". (CERVINI, Raúl. Derecho penal económico democrático: hacia una perspectiva integrada. In. VILARDI, Celso *et alli* (coord.). **Direito penal econômico: análise contemporânea.** São Paulo: Saraiva, p. 3-60, 2009, p. 51).

o avanço da política criminal de esquerda. Para Sánchez, pode-se identificar a expansão mediante:

(i) "intervenção profilática que não espera a produção de lesões de direitos";

(ii) "responsabilização coletiva, que renuncia a imputação individual";

(iii) "inversão do ônus da prova e delitos de mera suspeita que desprezam a presunção de inocência e o princípio *in dubio pro reo*"; e

(iv) "dotação das instituições de persecução penal de competências análogas a dos serviços secretos, que somente podem ser controlados judicialmente de modo limitado".[130]

4.2.2.4 Globalização e Internacionalização do Direito Penal

O fenômeno da globalização econômica - cuja formação se iniciou com a expansão marítima europeia no século XV - inexoravelmente repercutiu nas relações políticas e sociais entre Estados e seus povos, de modo que, hoje, apresenta-se como uma realidade concreta e incontestável.[131]

Sem embargo aos debates existentes sobre seu alcance, Ulrick Beck sustenta que o processo de globalização é irreversível, com base em uma série de argumentos, entre os quais, destacam-se: (i) conexão global dos mercados financeiros e crescimento das empresas transnacionais; (ii) constante e célere evolução dos meios tecnológicos, com destaque para os que aceleram a propagação da informação; (iii) discurso globalizado e impositivo dos direitos humanos; (iv) questões como pobreza discutidas como de responsabilidade de todas as nações; e (v) vertiginoso aumento quantitativo e de influ ência de entidades não governamentais no âmbito internacional.[132]

---

[130] SÁNCHEZ, Jesús-María Silva. **A expansão do direito penal: aspectos de política criminal nas sociedades pós-industriais**. 2 ed. Trad. Luiz Otavio de Oliveira Rocha. São Paulo: Revista dos Tribunais, 2011, p. 89.

[131] PUCEIRO, Zuleta. O processo de globalização e a reforma do estado. In: FARIA, José Eduardo. **Direito e globalização econômica: implicações e perspectivas**. São Paulo: Malheiros, 2010, p. 108-109.

[132] BECK, ULRICH. **O que é globalização? Equívocos do globalismo respostas à globalização**. São Paulo: Paz e Terra,1999, p. 30-31.

Outro fato social amplificado pela globalização e que lhe serve de evidência, sem dúvida, é a criminalidade transnacional, sobretudo aquela enveredada por organizações criminosas.[133]

No cenário internacional, é onde se destacam as relações econômicas das mencionadas organizações, utilizando-se do sistema financeiro para lavar capital proveniente de crime e omiti-lo por meio de depósitos nos chamados paraísos fiscais.

Nessa perspectiva, a teoria do delito tradicional, restrita às fronteiras do Estado, mostra-se, *a priori*, insuficiente para alcançar os bens jurídicos transacionados em meio a um sistema econômico global, cujas interações entre seus titulares fluem em uma rapidez desmedida devido à evolução dos meios de comunicação e à difusão de informações mundiais em tempo real.

Para Sánchez, no anseio de alcançar as céleres mutações sociais, a legislação penal da "globalização econômica e da integração supranacional será um Direito já crescentemente unificado, mas também menos garantista, no qual se flexibilizarão as regras de imputação e se relativizarão as garantias político-criminais, substantivas e processuais".[134]

Está-se diante de uma expansão do Direito Penal tal qual a vivenciada no âmbito das políticas criminais internas direcionadas ao combate à criminalidade organizada, econômica, financeira, bem como a delitos de corrupção e contra o meio ambiente,[135] porquanto

---

133 "Na realidade, as transformações ocorridas na economia mundial repercutem intensamente na esfera do crime, pois novas práticas criminosas começam a surgir em razão dessas mudanças, determinando assim transformações nas estratégias de controle". (CAPELLER, Wanda. A transnacionalização do campo penal: reflexões sobre as mutações do crime e do controle. In: MELLO, Celso de Albuquerque (Coord). **Anuário direito e globalização 1: a soberania.** Rio de Janeiro: Renovar, 1999, p. 114).

134 SÁNCHEZ, Jesús-María Silva. **A expansão do direito penal: aspectos de política criminal nas sociedades pós-industriais**. 2 ed. Trad. Luiz Otavio de Oliveira Rocha. São Paulo: Revista dos Tribunais, 2011, p. 97-98.

135 Importante transcrever a ressalva de Ivan lira de Carvalho sobre a proteção ao meio ambiente na esfera criminal: "Não se pugna pela descriminalização das máculas ao meio ambiente e ao patrimônio ecológico. O desejo é tão-só o da supremacia da razoabilidade no trato legal do assunto". (CARVALHO, Ivan

a persecução penal clássica não se ajusta com a impossibilidade de se individualizar o delinquente nos casos dos ilícitos perpetrados por, *exempli gratia*, sociedades empresárias.

Com efeito, é peculiar à criminalidade transnacional o viés econômico-financeiro, esta característica impõe a inovação na construção da política criminal, pois tais delitos, classificados como *crimes of the powerful* pela criminologia, demandariam uma estrutura dogmática diversa daquela do Direito Penal clássico (*crimes of the powerless*).

No que se refere ao crime organizado em particular, Richard Posner sustenta que tal modalidade emprega violência com menos frequência do que o delinquente comum o faz, entretanto concentra esforços em legitimar seus negócios, utilizando-se de atividades econômicas e financeiras fraudulentas para realocar os recursos obtidos na atividade criminosa de origem. Tal procedimento, em tese, gera rendimentos legítimos para a organização reinvesti-los no próprio fortalecimento de sua estrutura, o que torna o empreendimento criminoso atrativo, lucrativo e sustentável, operando em larga escala nos âmbitos nacional e internacional.[136]

Sem embargo, adiantando-se algumas propostas mais condizentes com o Estado Democrático de Direito, as inovações nessa área devem buscar instituir um arcabouço normativo eficiente – apropriando-se do conceito das ciências econômicas[137] – para enfrentar a

---

Lira de. **Crimes contra a fauna: reflexões sobre a aspereza do código de caça.** In: **Revista de informação legislativa**, n. 131, p. 193-198, 1995, p. 198).

136 "*organized crime may employ violence less frequently than unorganized crime. (...). Nor is surprising that criminal organizations should try to enter legitimate business; such business provide attractive investment opportunities for people with money to invest and with entrepreneurial skills. Should such entry be encouraged or discouraged? On the one hand, a method of reducing the incidence of organized crime is to increase the expected return of alternative, legitimate activities. On the other hand, to the extent that profits earned in organized crime can be safely invested in legitimate activities to yield additional profits, then expected return to organized crime is higher than it would otherwise be*". (POSNER, Richard A. **Economic analysis of law**. Nova Iorque: Aspen Publishers, 2010, p. 305).

137 Em rigor: "eficiência é fazer o melhor com a menor quantidade de recursos disponíveis, reduzindo o desperdício, e buscando beneficiar os indivíduos de

conformação de novos tipos penais oriundos de delitos clássicos, bem assim para coibir a prática de novas formas delitivas particulares ao mundo globalizado. Caso contrário, a expansão ineficiente, ao passo que cerceia liberdades, nenhum benefício efetivo trará em troca.

Ivan Lira de Carvalho entende que o direito penal deve estar atento ao avanço da macrocriminalidade[138] a fim de dar respostas, sobretudo, aos crimes perpetrados na rede mundial de computadores. Em suma, para o autor, "o direito penal tem que progredir para ficar em compasso com o crime organizado, sob pena de não poder combatê-lo com eficiência".[139]

Entretanto, as limitações do Direito Penal Clássico com relação aos novos interesses e riscos da sociedade complexa não devem servir de subterfúgio para uma expansão *ad absurdum* dos tipos penais ou de métodos processuais inquisitivos. Noutra direção, é

uma sociedade. (...). Devido à existência de diversos graus de dificuldades na utilização do princípio da eficiência econômica pelos profissionais do Direito, é de extrema importância levar em consideração tais entraves na formulação, implementação, cumprimento e monitoramento das leis, de modo a se poder avaliá-las periodicamente não só em termos de eficácia e efetividade, mas também em termos de eficiência, pois assim as leis podem ser refinadas e aprimoradas de forma a melhor servir à sociedade". (BITTENCOURT, Maurício Vaz Lobo. Princípio da eficiência. In: RIBEIRO, Marcia Carla Pereira Ribeiro; KLEIN, Vinicius (coord.). **O que é análise econômica do direito: uma introdução.** Belo Horizonte: Fórum, 2011, p. 35-36).

138 Confira-se a precisa abordagem de Ivan Lira de Carvalho sobre *macrocriminalidade*: "nos dias atuais, o que os segmentos especializados da imprensa chamam de macrodelinqüência ou de macrocriminalidade, expressões que se traduzem na prática de ilícitos penais, quase sempre de conteúdo patrimonial, cometidos na esteira do processo de globalização experimentado pela economia mundial, em particular a dos países sul-americanos componentes do Mercosul. São crimes timbrados pela sofisticação, perpetrados por especialistas detentores de amplo domínio tecnológico, e que, não raro, provocam danos de vasta extensão social". (CARVALHO, Ivan Lira de. O direito penal como instrumento inibidor da violência. In: **Revista de informação legislativa**, n. 131, p. 123-128, 1996, p. 126).

139 CARVALHO, Ivan Lira de. O direito penal como instrumento inibidor da violência. In: **Revista de informação legislativa**, n. 131, p. 123-128, 1996, p. 128.

possível empreender uma ampliação razoável, desde que pautada por critérios racionais e democráticos.

Nesse giro, Sánchez, ao abordar a criminalidade típica da integração supranacional, adverte:

> A integração gera uma delinquência contra os interesses financeiros da comunidade, produto da integração (fraude orçamentária - criminalidade alfandegária -, fraude às subvenções), ao mesmo tempo em que contempla corrupção de funcionários das instituições da integração. Além disso, gera a aparição de uma nova concepção de objeto do delito, centrada em elementos tradicionalmente alheios à ideia de delinquência como fenômeno marginal; em particular, os elementos de organização, transnacionalidade e poder econômico. Criminalidade organizada, criminalidade internacional e criminalidade dos poderosos são, provavelmente, as expressões que melhor definem os traços gerais da delinquência da globalização.[140]

A expansão racional do Direito Penal - reitere-se - é inevitável nessa direção,[141] qual seja combater os delitos transnacionais - sobretudo os praticados por organizações criminosas. Entretanto, caso se pretenda instituir reformas democráticas e conforme a ordem constitucional, deverão se dar de forma eficiente e irrestrita a mera repressão punitiva, de modo a albergar instrumentos de inteligência investigativa para conhecer a cadeia produtiva da instituição delinquente, identificando seus pontos frágeis a fim de atingi-los com êxito.[142]

---

140 SÁNCHEZ, Jesús-María Silva. **A expansão do direito penal: aspectos de política criminal nas sociedades pós-industriais.** 2 ed. Trad. Luiz Otavio de Oliveira Rocha. São Paulo: Revista dos Tribunais, 2011, p. 103.

141 "O objetivo é desenvolver uma nova formulação da dogmática penal de maneira que possibilite uma ressurreição do sistema penal, a descoberta de novos instrumentos e mecanismos de combate à criminalidade econômica. (...). A busca é por um sistema que represente prevenção, reparação e repressão". (SILVA, Luciano Nascimento. **Teoria do direito penal econômico: e fundamentos constitucionais da ciência criminal secundária.** 22. ed. Curitiba: Afiliada, 2010, p. 261).

142 "*The kernel of truth in the 'crime tariff' argument is that the higher prices created by legal sanctions may attract entry by risk-preferring crime entrepreneurs*

4.2.2.5 Confusão entre Direito Administrativo Sancionador e Direito Penal

O reflexo das causas de expansão na dogmática penal se dá em várias vertentes, a exemplo do incremento de tipificação de crimes de perigo abstrato, da flexibilização de garantias processuais, bem como da abertura do sistema para mais crimes de mera conduta.[143]

Para Manoel Pedro Pimentel, a repressão dos crimes de mera conduta se funda na ideia de se punir um mal menor a fim de evitar um mal maior com a repetição de condutas similares.[144] Tipos dessa natureza prescindem de resultados danosos ou da configuração de perigo, sustentando-se, portanto, no princípio da prevenção, em seu mais restrito sentido. Afinal, a prevenção de fato vai além da esfera

or persons having special skills for avoiding apprehension; for either group, expected punishment costs may be low and expected income therefore high. More on this in the next section". (POSNER, Richard A. **Economic analysis of law**. Nova Iorque: Aspen Publishers, 2010, p. 305).

143 Dissecando as diversas classificações dos delitos, Bitencourt compara e distingue os crimes de mera conduta, dos crimes formais e de perigo, a saber: "Na verdade, temos dificuldade de constatar com precisão a diferença entre crime formal e de mera conduta porque se trata de uma classificação imprecisa, superada pela moderna dogmática jurídico-penal. Com efeito, como já referimos, os crimes de resultado abrangem tanto os resultados de dano como os resultados de perigo. Nesses termos, os crimes ditos formais podem constituir crimes de resultado de perigo para o bem jurídico protegido pela norma penal. Na realidade, a classificação que consideramos mais adequada, em função da técnica legislativa utilizada na redação dos tipos penais, é aquela que distingue os crimes de resultado dos crimes de mera conduta, por que o elemento a ser considerado, nesse âmbito, é se, para a consumação do crime, há a exigência da produção de algum tipo de resultado: nos crimes materiais podem ser diferenciadas as espécies de resultado (de dano ou de perigo, como veremos no tópico seguinte), enquanto nos crimes de mera conduta, a simples ação ou omissão já é suficiente para a sua consumação". (BITENCOURT, Cezar Roberto Bitencourt. **Tratado de direito penal**. V. 1, 17 ed. São Paulo: Saraiva, 2012, p. 313).

144 PIMENTEL, Manuel Pedro. **Crimes de mera conduta**. 2 ed. São Paulo: Revista dos Tribunais, 1968, p. 172.

jurídica para as esferas social e econômica, pois o crime não existe pelo direito, mas o direito existe em função do crime.

Nos crimes de mera conduta, "a ação ou omissão bastam para constituir o elemento material",[145] porquanto consiste na manutenção formal da ordem pela ordem, cujo dano potencial só poderia existir caso cumuladas condutas idênticas se repetissem. Ao contrário do que já se afirmou neste trabalho, o crime de mera conduta desconstrói a relação clássica/liberal de superveniência entre fato lesivo → imputação penal, uma vez que, antes da existência da lesão, há a imputação do crime de mera conduta. Como argui Arnaldo Malheiros Filho, "o espírito animador dessa proposta é a tão questionável *antecipação da tutela penal*", a qual, "atentatória à dignidade humana, é claramente violadora dos princípios da intervenção mínima".[146]

Atento ao problema, Sánchez se refere aos crimes de mera conduta – e de perigo abstrato – como *delitos cumulativos*, identificando o avanço da antecipação da tutela penal com a finalidade de evitar o risco que envolve a pergunta "e se todos fizessem o mesmo?". Cabe saber se de fato há um *grande risco* na acumulação de condutas idênticas, que justifique cercear a liberdade de determinado indivíduo sem que este tenha sido efetivamente causador de um dano. O benefício da máxima prevenção compensa a violação de princípios gerais do Direito Penal? Eis as objeções de Sánchez:

> As objeções fundamentais dirigidas contra essa proposta são certamente conhecidas: por um lado, que se viola o princípio de *culpabilidade*, ao fundamentar-se a sanção *ex iniuria tertii*; por outro lado, que se trata nesses casos de "grandes riscos", os quais não podem contemplar-se como problemas de um atuar individual, senão somente como problemas sistêmicos, que não cabe reconduzir

[145] PIMENTEL, Manuel Pedro. **Crimes de mera conduta**. 2 ed. São Paulo: Revista dos Tribunais, 1968, p. 172.

[146] MALHEIROS FILHO, Arnaldo. Direito penal econômico e crimes de mero capricho. In. VILARDI, Celso *et alli* (coord.). **Direito penal econômico: análise contemporânea**. São Paulo: Saraiva, p. 63-104, 2009, p. 83.

> equitativamente a ações de pessoas. Em definitivo, que não há uma lesão (ou perigo) para o bem jurídico atribuível pessoalmente à conduta do sujeito concreto, com o que a sanção penal violaria o princípio de proporcionalidade. Enfim, que novamente parece manifestar-se uma fixação do Direito Penal com os ilícitos de menor entidade, ao passo que os ilícitos concretos de natureza autenticamente criminal por sua maior relevância escapam a sua ação.[147]

Outro ponto de preocupação, a propósito, passa pela absurda desproporção entre sanções de ilícitos autenticamente criminais e de ilícitos de mera conduta. A ampliação destes no sistema jurídico costuma gerar, por via reflexa, violação ao princípio da proporcionalidade das penas.

Para tanto, Arnaldo Malheiros Filho descreve um exemplo brasileiro de desequilíbrio nas prescrições punitivas. Observem-se as hipóteses adiante: (i) Mévio, ao se sentir ameaçado por Tício, saca arma de calibre restrito (sem a autorização para porte) e dispara contra seu pé, causando-o lesão física passível de cirurgia para retirada do projétil; (ii) Mévio, ao se sentir ameaçado por Tício, cogita sacar arma de calibre permitido (sem a autorização para o porte), porém é interceptado antes de fazê-lo por policial que o revista e apreende a arma de fogo.[148]

No primeiro caso, há um ilícito genuinamente penal, causador de dano e com potencial grau de ofensividade à vida e à integridade física, o qual se enquadra na conduta tipificada de lesão corporal leve, punível com pena de três meses a um ano de detenção.

No segundo caso, há um ilícito de mera conduta (porte ilegal de arma de fogo de calibre permitido), sem a ocorrência efetiva de

---

147 SÁNCHEZ, Jesús-María Silva. **A expansão do direito penal: aspectos de política criminal nas sociedades pós-industriais.** 2 ed. Trad. Luiz Otavio de Oliveira Rocha. São Paulo: Revista dos Tribunais, 2011, p. 159.

148 MALHEIROS FILHO, Arnaldo. Direito penal econômico e crimes de mero capricho. In. VILARDI, Celso *et alli* (coord.). **Direito penal econômico: análise contemporânea.** São Paulo: Saraiva, p. 63-104, 2009, p. 85-86.

dano, contudo, punível com pena de dois a quatro anos de reclusão e multa, conforme o art. 14 da Lei Federal n. 10.826, de 22 de dezembro de 2003.[149]

Trata-se de incongruência comum na legislação penal brasileira, pródiga em exemplos de expansão desarrazoada do Direito Penal.

Pois bem, a tal fenômeno (crescente de delitos de mera conduta ou delitos cumulativos) se atribui o conceito de *administrativização do Direito Penal*, pois, segundo Sánchez, "o Direito Penal assume o modo de racionalizar próprio do Direito Administrativo sancionador, senão que inclusive, a partir daí, se converte em um Direito de gestão ordinária de grandes problemas sociais".[150]

Por outro lado, a tipificação da mera conduta não desperta essa preocupação no Direito Administrativo Sancionador – em sendo a seara apropriada –, pois, aqui, trata-se de um instrumento comum e condizente com as sanções mais brandas a serem aplicadas. A menor ofensividade da mera conduta, destarte, associa-se mais precisamente ao poder disciplinar da Administração, no qual há a racionalização da sanção em prol da boa gestão da coisa pública.

A distinção de abordagens entre o Direito Administrativo Sancionador e o Direito Penal reside na função peculiar que cada um desempenha dentro da unidade do ordenamento jurídico. O ponto central de divergência está nas finalidades distintas que ambos perseguem, ou seja, o que define cada um é o critério teleológico. A função/finalidade do Direito Penal consiste na defesa de bens jurídicos em casos concretos e segue critérios de lesividade ou perigo

[149] "Dispõe sobre registro, posse e comercialização de armas de fogo e munição, sobre o Sistema Nacional de Armas - Sinarm, define crimes e dá outras providências". (BRASIL. **Lei Federal n. 10.826, de 22 de dezembro de 2003**. Disponível em: <http://www.planalto.gov.br/ccivil_03/leis/2003/l10.826.htm>. Acesso em: 15 de abril de 2013).

[150] SÁNCHEZ, Jesús-María Silva. **A expansão do direito penal: aspectos de política criminal nas sociedades pós-industriais**. 2 ed. Trad. Luiz Otavio de Oliveira Rocha. São Paulo: Revista dos Tribunais, 2011, p. 156.

concreto, bem como de imputação de responsabilidade individual de um ilícito próprio. Já o Direito Administrativo visa à gestão, de modo geral, de setores da atividade do aparato estatal.

Então, quais são os motivos dessa confusão de alcance punitivo entre os regimes administrativo-sancionador e penal?

São algumas hipóteses: (i) a transferência da proteção de bens jurídicos do Direito Administrativo para o Direito Penal, tal como o que já foi exposto, decorre de novos riscos e das peculiaridades da sociedade complexa, a exemplo da necessidade de defesa do meio ambiente (gestão de riscos); além disso, (ii) pode-se reiterar o descrédito da instância administrativa, em si, na prevenção e reparação de ilícitos de mera conduta ou cumulativos, o que atraiu a intervenção penal subsidiária; por fim, (iii) a ingerência expansionista da esquerda na política criminal das últimas décadas, transformando o Direito Penal em instrumento de gestão para promoção da *justiça social*.

A expansão nesse sentido – sobretudo no sentido dos itens (i) e (ii) do parágrafo anterior –, em que pese às críticas, também parece inevitável. O que não se pode aceitar é a imposição de pena de prisão às condutas do Direito Penal administrativizado. De imediato se afastam os princípios da proporcionalidade e da eficiência, pois o menor potencial ofensivo não é conciliável com a privação de liberdade – sanção mais severa prescrita no ordenamento jurídico (art. 5º, XLVI, da Constituição da República)[151] –, assim como a prisão já se demonstrou ineficaz e de elevado custo ao Erário na realidade brasileira.

É dizer, conforme as palavras de Cezar Roberto Bitencourt:

> não se questiona a necessidade de o Direito Penal manter-se ligado às mudanças sociais, respondendo adequadamente às interrogações de hoje, sem retroceder ao dogmatismo hermético de ontem. Quando a sua intervenção se justificar deve responder eficazmente. A questão decisiva, porém,

[151] BRASIL. **Constituição da república federativa do Brasil de 1988.** Disponível em: <http://www.planalto.gov.br/ccivil_03/constituicao/constituicao.htm>. Acesso em: 15 de abril de 2013.

> será: de quanto de sua tradição e de suas garantias o Direito Penal deverá abrir mão a fim de manter essa atualidade?[152]

4.3 PROPOSTAS DE RACIONALIZAÇÃO E NOVAS PERSPECTIVAS TEÓRICAS

Após a análise das mais diversas abordagens do fenômeno *expansão* do Direito Penal, ficou demonstrado que se trata, até certa medida, de uma transformação inevitável, sobretudo no que diz respeito aos novos riscos e interesses que efetivamente permeiam a sociedade contemporânea.

Há, portanto, um espaço de expansão razoável do Direito Penal, cujos limites devem se encontrar precisamente nos direitos e garantias constitucionais, de primeira geração, base do Estado Democrático de Direito.

É de se convir que um retorno ao *Direito Penal clássico* não mais se demonstra possível. Isso, porque, segundo Sánchez, "o Direito Penal liberal, que certos autores pretendem reconstruir agora, na realidade nunca existiu como tal".[153]

Sem embargo, a ausência de um modelo vigente de Direito Penal genuinamente clássico não deve importar-lhe o desprestígio, sobretudo porque seus princípios consistem, antes de tudo, em um ideal de liberdade, do qual a sociedade nunca deve se afastar.

É possível então conciliar tal ideal com os avanços do Direito Penal? Para os autores que subsidiam este trabalho, trata-se de uma tarefa viável e sobremaneira adequada na conformação constitucional em que se insere a legislação penalista.

Winfried Hassemer propõe uma segmentação do Direito Penal, a se situar entre ele e o Direito Administrativo Sancionador,

---

[152] BITENCOURT, Cezar Roberto Bitencourt. **Tratado de direito penal: parte especial - dos crimes contra as pessoas.** V. 2, 12 ed. São Paulo: Saraiva, 2012, p. 39.

[153] SÁNCHEZ, Jesús-María Silva. **A expansão do direito penal: aspectos de política criminal nas sociedades pós-industriais.** 2 ed. Trad. Luiz Otavio de Oliveira Rocha. São Paulo: Revista dos Tribunais, 2011, p. 177.

denominada de *Direito de Intervenção*. O arcabouço de regras e princípios desse novo ramo contaria com "garantias e regulações processuais menos exigentes que o Direito Penal, mas que, para isso, inclusive, seja equipado com sanções menos intensas aos indivíduos".[154] Para o autor, a formação de tal Direito da contemporaneidade, seria não apenas normativamente mais branda, como seria mais apropriada para recepcionar os novos riscos e interesses da sociedade complexa.

Hassemer formula tal proposição a fim de preservar parcialmente o Direito Penal das vicissitudes dos tempos hodiernos.[155] Um verdadeiro corte epistemológico no ordenamento para preservar a sua unidade conforme os ditames constitucionais.

Nesse modelo, a cominação de sanções penais em defesa de bens coletivos e difusos deverá respeitar os limites dos bens jurídicos individuais. O que transpassar tal fronteira deverá ser atribuído ao regime do *Direito de Intervenção*, a fim de se observar, no campo criminal, os princípios da lesividade e do perigo concreto exclusivamente.

É dizer: preservada a unidade do Direito Penal mínimo, preservado está o indivíduo.

A priori, Sánchez segue o mesmo entendimento, pois sustenta a ideia de que a "configuração de diversos sistemas jurídicos de imputação do fato ao sujeito, assim como a das garantias gerais de cada sistema, tem uma clara dependência das suas consequências jurídicas, sua configuração e sua teleologia".[156]

154 HASSEMER, Winfried. Características e Crises do Moderno Direito Penal. Trad. de Pablo Rodrigo Alflen da Silva. In: **Revista síntese de direito penal e processual penal**, n. 18, p. 144-157, 2003, p. 156.

155 HASSEMER, Winfried. Características e Crises do Moderno Direito Penal. Trad. de Pablo Rodrigo Alflen da Silva. In: **Revista síntese de direito penal e processual penal**, n. 18, p. 144-157, 2003, p. 156.

156 SÁNCHEZ, Jesús-María Silva. **A expansão do direito penal: aspectos de política criminal nas sociedades pós-industriais**. 2 ed. Trad. Luiz Otavio de Oliveira Rocha. São Paulo: Revista dos Tribunais, 2011, p. 179.

O Direito Penal vocacionado à racionalização se expandirá apenas na direção das demandas sociais cuja proteção lhe seja efetivamente peculiar. Respeitado o princípio clássico da *subsidiariedade*, aquilo que for protegido eficientemente por outro ramo jurídico, nunca deverá ser acolhido na esfera penal.[157]

Ainda assim, para aquilo que for indispensável a tutela penal, outro processo de racionalização deverá ser empreendido, porquanto a celeuma não se encontra na expansão do Direito Penal no todo, senão, mais propriamente, na expansão do Direito Penal da pena privativa de liberdade. É essa última vertente expansionista que deve realmente ser combatida.

O que restar para a expansão do Direito Penal deverá atender a todos os princípios constitucionais pertinentes a fim de instituir um modelo sancionador, a um só tempo, garantista e eficiente, de modernos aspectos preventivos e ressocializadores, sem utilizar-se da privação de liberdade como principal recurso.

Todavia, Sánchez diverge de Hassemer quanto à necessidade de se instituir um *novo Direito*, isto é, o *Direito de Intervenção*. Para Sánchez, "não haveria nenhuma dificuldade em admitir esse modelo de menor intensidade garantística *dentro* do Direito Penal, sempre e quando as sanções previstas para os ilícitos correspondentes não fossem de prisão".[158]

Em suma, a conclusão proposta, consoante orienta Sánchez, é a seguinte:

---

[157] Nessa linha, *vide* o que leciona Ivan Lira de Carvalho: "A presença do direito penal deve ser restrita aos campos da atividade humana onde a tutela oferecida pelos outros segmentos da ciência penal não tenha sido suficiente. Assim, o alentado número de tipos penais, disciplinando temas que seriam melhor albergados em outros ramos do direito, só implica hipertrofia do direito penal, tornando-o lento e ineficaz, o que provoca seu descrédito pela população. (CARVALHO, Ivan Lira de. O direito penal como instrumento inibidor da violência. In: **Revista de informação legislativa**, n. 131, p. 123-128, 1996, p. 128).

[158] SÁNCHEZ, Jesús-María Silva. **A expansão do direito penal: aspectos de política criminal nas sociedades pós-industriais**. 2 ed. Trad. Luiz Otavio de Oliveira Rocha. São Paulo: Revista dos Tribunais, 2011, p. 184.

> Por um lado, como foi sendo demonstrado, que será difícil frear certa expansão do Direito Penal, dadas a configuração e aspirações das sociedades atuais. Por outro lado, que a teoria clássica do delito e as instituições processuais, que por sua vez refletem a correspondente vocação político-criminal de garantia próprias do Direito Nuclear da pena de prisão, não teriam que expressar idêntica medida de exigência em um Direito Penal moderno com vocação intervencionista e "regulamentadora" baseado, por exemplo, nas penas pecuniárias e privativas de direitos, assim como para um eventual Direito Penal da reparação.[159]

Ambos, Hassemer e Sánchez, são contrários à consolidação de um único *Direito Penal da contemporaneidade*, haja vista que a expansão razoável, na forma que impõe um regime constitucional democrático, deve se dar na coexistência de *Direitos Penais diversos*, com institutos típicos, dispositivos de imputação, princípios processuais e penas, em substância, diversas.

A esse modelo, Sánchez atribui o conceito de *Direito Penal de duas velocidades*, com o qual, em função de sua menor complexidade de formação, este trabalho pretende seguir, porém sem desprezar as premissas bastante pertinentes que sustentam a tese do *Direito de Intervenção*, cunhado por Hassemer.

Ao *Direito Penal de primeira velocidade* caberá os delitos clássicos de lesão e perigo concreto e, consequentemente, abrangerá a pena de prisão, observado o princípio da proporcionalidade. Já ao *Direito Penal de segunda velocidade*, cuja persecução penal se dará de forma mais flexibilizada, caberá os delitos a bens jurídicos transindividuais, bem como os de mera conduta e perigo abstrato, desde que ausentes as penas restritivas de liberdade – nada impede a aplicação de penas pecuniárias e restritivas de direito.

Ademais, cumpre mencionar a existência de teóricos de uma *terceira velocidade* do Direito Penal, também conhecida como *Direito*

---

159 SÁNCHEZ, Jesús-María Silva. **A expansão do direito penal: aspectos de política criminal nas sociedades pós-industriais**. 2 ed. Trad. Luiz Otavio de Oliveira Rocha. São Paulo: Revista dos Tribunais, 2011, p. 185.

Penal do Inimigo.[160] Destina-se, em ampla medida, ao combate da macrocriminalidade socioeconômica, principalmente a de caráter transnacional. A denominação de *inimigo* traz profunda substância simbólica repressiva, pois abandona qualquer finalidade punitiva de reinserção do delinquente: é a repressão máxima em prol da defesa das ordens nacional e internacional.

Com as devidas ressalvas, a visão do *inimigo* aparenta ser um retrocesso na teoria do crime, uma vez que flerta com as ideias penais de *vingança*, há séculos superadas pela humanidade. Segue-se, para tanto, a posição quanto à recondução do âmbito de incidência do *Direito Penal do Inimigo* à primeira ou à segunda velocidades.

Além da incongruência com os regimes constitucionais democráticos, do ponto de vista interdisciplinar de Direito e Economia, mais adiante se tentará demonstrar a ineficiência das políticas criminais amparadas no fenômeno do *Inimigo* ou de *terceira velocidade*, com enfoque especial para o narcotráfico.

Pois bem, uma terceira proposta para conceber os novos riscos e interesses no Estado Democrático de Direito, cujo impacto se origina da atividade jurisprudencial dos tribunais superiores, em defesa dos *direitos de liberdade*.

A esse respeito, Arnaldo Malheiros Filho[161] cita uma sequência de precedentes em que se afastou a tipicidade expressa de delitos de mera conduta e de perigo abstrato em função de princípios gerais de Direito Penal, com amparo na Constituição.

160 Muitos dos autores que propugnam teorias expansionistas são mencionados por: SILVA, Luciano Nascimento. **Teoria do direito penal econômico e fundamentos constitucionais da ciência criminal secundária**. Curitiba: Juruá, 2010, p. 260-266.

161 "A realidade é que a aplicação desideologizada da lei nos crimes ditos de mera-conduta tem levado em conta a existência de um evento jurídico, ainda que na forma de risco, porém concreto e efetivo". (MALHEIROS FILHO, Arnaldo. Direito penal econômico e crimes de mero capricho. In. VILARDI, Celso *et alli* (coord.). **Direito penal econômico: análise contemporânea.** São Paulo: Saraiva, p. 63-104, 2009, p. 89).

Frise-se que não se trata apenas de uma interpretação garantista dos tribunais superiores quanto aos elementos subjetivos e objetivos dos tipos penais. Isso, porque ocorreu um afastamento da regra penal, sem a declaração de inconstitucionalidade (em sede de controle difuso ou concentrado), com vistas a se aplicar normas de princípio de forma direta.

Destarte, cumpre transcrever os precedentes levantados por Malheiros Filho em que se invocam as figuras clássicas do Direito Penal:

> *Porte de arma* – Exige-se a idoneidade e disponibilidade (STF, HC 81.057/SP, Rel. designado Min. Sepúlveda Pertence), além da proximidade de alguém que possa ser alvejado como elementos de concretização do perigo. *Falso testemunho* – Necessita "verificação da potencial lesividade da declaração" (STJ, REsp 659.512), que exige certa credibilidade. O depoimento de quem viu um elefante passar voando está mais próximo do desacato que do falso testemunho. Além disso, por falta de potencial lesividade, é imputável o *falsum super accidentalibus* (TRF/1, ACR 200434000270161).[162]

O avanço da *justiça penal negocial* também serve como alternativa à expansão punitivista. Em obra seminal sobre justiça restaurativa, Yuri Santana de Brito Rocha[163] afirma que "as técnicas conciliatórias [...] demonstram adequar-se ao anseio popular de pacificação jurídica desta sociedade plural manifestadora de diversas formas e conflitos cuja maneira mais eficaz de resolvê-los dependerá de múltiplas variáveis". Ainda para o autor, é necessária uma reforma processual em prol da adoção de um sistema multiportas eficaz na esfera penal, no qual "a mediação penal policial desponta, em relação aos crimes de menor potencial ofensivo, como uma forma de divisão processual justa, equitativa, dinâmica, adequada, simples e

---

162 MALHEIROS FILHO, Arnaldo. Direito penal econômico e crimes de mero capricho. In. VILARDI, Celso *et alli* (coord.). **Direito penal econômico: análise contemporânea.** São Paulo: Saraiva, p. 63-104, 2009, p. 89.

163 ROCHA, Yuri Santana de Brito. **Mediação & Polícia:** práticas de justiça restaurativa no âmbito da segurança pública e sua repercussão jurídico--criminal e social. Curitiba: Juruá, 2018, p. 161.

participativa; típica de uma democracia avançada e de um Sistema Criminal Transformador".

Para os delitos cujo dolo específico do agente reside no ganho econômico, o modelo de *plea bargain* – assimilado nos institutos da colaboração premiada,[164] delação premiada,[165] e transação penal[166] –, quando associado a sanções pecuniárias, revela-se indispensável para produzir alternativas ou a redução no tempo de encarceramento. O microssistema de processo penal negocial ou cooperativo, na linha do que sustenta Yuri Santana Rocha, ganha corpo ao criar convergências entre os institutos consensuais hoje indevidamente afastados. A legitimidade dessa nova abordagem sistemática é defendida por Cibele Benevides Guedes da Fonseca,[167] notadamente ao concluir que, quanto ao acordo de colaboração premiada, "não fere a ética do Estado, é constitucional, e efetiva, concretamente, os princípios constitucionais do contraditório e ampla defesa", sem contar que aperfeiçoa a persecução penal para "a obtenção da prova nas hipóteses de crimes praticados por organizações criminosas".

Richard Posner adverte que um modelo processual sem o *plea bargain* inviabiliza o direito a um julgamento célere.[168] No Brasil, a

---

164 BRASIL. **Lei Federal n. 12.850, de 2 de agosto de 2013 (arts. 3º-A a 7º)4**. Disponível em: <http://www.planalto.gov.br/ccivil_03/_ato2011-2014/2012/lei/l12737.htm>. Acesso em: 15 de junho de 2020.

165 BRASIL. **Lei Federal n. 11.343, de 23 de agosto de 2006 (art. 41)**. Disponível em: <http://www.planalto.gov.br/ccivil_03/_ato2004-2006/2006/lei/l11343.htm>. Acesso em: 30 de junho de 2020.

166 BRASIL. **Lei Federal n. 9.099, de 26 de setembro de 1995 (art. 76)**. Disponível em: <http://www.planalto.gov.br/ccivil_03/_ato2004-2006/2006/lei/l11343.htm>. Acesso em: 30 de junho de 2020.

167 FONSECA, Cibele Benevides Guedes da. Colaboração premiada. Belo Horizonte: Del Rey, 2017, p. 241.

168 "If plea bargaining were forbidden and there were no increase in the number of judges [...] the result would be either a drop in the number of prosecutions or na enormous increase in the waiting period for criminal trials, for at some point a dearth of judges must lead to longer queues unless drastic court fees or dramatic changes in law are used to reduce the demand for trials (Probably both effects would be observed). The expected punishment cost of people

morosidade processual em vez de traduzir um plexo de garantias fundamentais implica na seletividade do sistema de justiça, com a protelação recursal dos réus mais abastados[169] e o encarceramento preventivo dos mais vulneráveis durante o longo curso do processo. As prisões processuais se tornam verdadeiras antecipações da pena para substancial parcela da população carcerária, notadamente composta por quem não dispõe de recursos para custear os melhores advogados. Com a consolidação da justiça penal negocial, mediante a ampliação das hipóteses de transação e cooperação, o tempo de cárcere tende a ser bastante reduzido, sobretudo na paradoxal realidade brasileira, em que, na dúvida, prende-se os desassistidos e prescreve-se a pena dos bem representados.

Por fim, tem-se que a melhor maneira de se preservar a ordem constitucional democrática vigente é a conformação da *teoria da dupla velocidade*, a ser implementada tanto por processos legislativos como pela produção jurisprudencial, sob paradigmas de eficiência, cooperação processual e racionalidade.

---

free on bail would fall precipitously and that of people imprisioned until trial would increase unless theu could successfully argue that thei constitutional right to a speedy trial had been infringed by the delay". (POSNER, Richard A. **Economic analysis of law**. Nova Iorque: Aspen Publishers, 2010, p. 776).

169 "Naturalmente que quanto mais sofisticado o delito e seus agentes, mais difícil e custosa será a prova. Bons advogados podem fazer o processo durar uma eternidade no Brasil e o réu escapar por prescrição. E aí todos os recursos gastos até ali foram em vão. Delitos de homicídio são facilmente descobertos porque haverá sempre um cadáver. A prova, não tão difícil de produzir. Já delitos de cartel, de corrupção, são mais difíceis". (TIMM, Luciano Benetti. **Artigos e ensaios de direito e economia**. Rio de Janeiro: Lumen Juris, 2018, p. 60).

5

EFICIÊNCIA E DIREITO PENAL

5.1 EFICIÊNCIA E ESTADO DEMOCRÁTICO DE DIREITO

5.1.1 Processo de Constitucionalização da Eficiência: Eficiência como Norma Jurídica

Assim como os indivíduos reagem a incentivos e buscam satisfazer de forma mais conveniente – ou menos custosa – seus interesses, transportam para o Estado a mesma finalidade essencial.[1] Tais indivíduos, na condição de contribuintes, destinatários de serviços públicos e cidadãos em geral, clamam por uma Administração eficiente, cujo agir comporte resultados esperados e baixo custo ao Erário.

Apesar da convergência mais expressa entre Direito e Economia ser recente, a perspectiva de *eficiência* há algum tempo[2] já

---

1 Premissas teóricas oriundas da economia clássica, exaustivamente analisadas neste trabalho. De todo modo, para mais estudos sobre o assunto, ver: BITTENCOURT, Maurício Vaz Lobo. Princípio da eficiência. In: RIBEIRO, Marcia Carla Pereira Ribeiro; KLEIN, Vinicius (coord.). **O que é análise econômica do direito: uma introdução.** Belo Horizonte: Fórum, 2011, p. 27-37.

2 Para Edilson Nobre Pereira Júnior, tal período corresponde ao advento do pós-positivismo. Observe-se: "superado o positivismo estrito ou legalista, as Constituições promulgadas a partir da metade do século XX aderiram ao que, na cultura jurídica, convencionou-se chamar de pós-modernismo ou pós-positivismo, de maneira a ajustara ideia de legalidade à conformidade com o Direito, movimento a grassar no direito administrativo, o qual passa a fundar-se em preceitos oriundos dos tradicionais princípios gerais do direito e, mais

se imiscuía no seio das ciências jurídicas, sobretudo no Direito Administrativo.

Nessa linha, Alvacir Correa dos Santos afirma que "o princípio da eficiência achava-se implicitamente incluído entre os deveres do administrador público, significando que este deveria atuar com presteza, perfeição e rendimento funcional".[3]

Celso Antônio Bandeira de Mello, a seu turno, consigna que, antes da adoção do termo *eficiência*, de origem econômica, seu conteúdo já estava abrangido pelo conceito de *boa-administração*, tido, entre as obras clássicas de Direito Administrativo de outrora, como princípio da Administração Pública. *In verbis*:

> O fato é que o princípio da eficiência não parece ser mais do que uma faceta de um princípio mais amplo já superiormente tratado, de há muito, no Direito italiano: o princípio da 'boa administração'. Este último significa, como resulta das lições de Guido Falzone, em desenvolver a atividade administrativa 'do modo mais congruente, mais oportuno e mais adequado aos fins a serem alcançados, graças à escolha dos meios e da ocasião de utilizá-los, concebíveis como os mais idôneos para tanto'. Tal dever, como assinalava Falzone, 'não se põe simplesmente como um dever ético ou como mera aspiração deontológica, senão como um dever atual e estritamente jurídico'.[4]

Entretanto, a preocupação com a racionalidade do aparato estatal e do Direito, em geral, não vem desses dias. Não obstante, o Poder Público sempre foi mais afeto ao desperdício de recursos e à instabilidade institucional do que à eficiência.

---

recentemente, daqueles resultantes dos imperativos da vida coletiva, como é o caso da eficiência na ação administrativa". (NOBRE JÚNIOR, Edilson Pereira. Administração pública e o princípio constitucional da eficiência. In: **Revista de Direito administrativo**, n. 241, p. 209-240, 2005, p. 239).

3 SANTOS, Alvacir Correa dos. **Princípio da eficiência da administração pública**. São Paulo: LTr, 2003, p.183.

4 MELLO, Celso Antônio Bandeira de. **Curso de direito administrativo**. 27 ed. São Paulo: Malheiros, 2010, p. 122-123.

Isso, porque, ao contrário do que sustenta Celso Antônio Bandeira de Mello, a construção doutrinária do princípio da *boa-administração* não trazia consigo o aporte científico ao qual se dedicou a Economia para conceber as várias implicações da *eficiência*.

Não obstante às aparentes semelhanças no campo propedêutico, a distinção entre os conceitos de *eficiência* e *boa-administração* se encontra no fato de que: este não se desenvolveu além do campo prescritivo do dever-ser, muitas vezes ancorado apenas em construções retóricas; ao passo que aquele se prestou a estudos interdisciplinares, em vieses teóricos e empíricos comparados exaustivamente. Por isso, a recepção do conceito econômico no Direito é, em potencial, um avanço metodológico, agregando ao mundo jurídico diversos conhecimentos e técnicas de otimização das normas que o integram.

Também não se deve confundir *eficiência* com os conceitos de *eficácia* e *efetividade*, de conteúdos mais restritos. Enquanto a *eficiência* se preocupa com a relação ótima de custos-benefícios para o alcance do resultado programado, a eficácia limita-se à obtenção do resultado devido e a efetividade restringe-se à repercussão da decisão política na comunidade demandante.[5] A abordagem eficiente, ao ser programada para atingir demandas de eficácia e efetividade, abrange-as e agrega o elemento de *economicidade* – tratando-se, pois, de uma abordagem mais sofisticada. Em síntese, segundo Alvacir Correa dos Santos, "avaliar *eficiência* é saber como aconteceu [e como pode acontecer melhor]; a *eficácia*, o que aconteceu; a *efetividade*, que diferença fez".[6]

O primeiro passo dado nesse sentido pôde ser identificado no Decreto-Lei n. 200, de 25 de fevereiro de 1967,[7] cujo teor já

5 Ver sobre o tema: CARVALHO FILHO, José dos Santos. **Manual de direito administrativo.** 25 ed. São Paulo: Atlas, 2012, p. 31.

6 SANTOS, Alvacir Correa dos. **Princípio da eficiência da administração pública.** São Paulo: LTr, 2003, p. 189.

7 "Dispõe sôbre a organização da Administração Federal, estabelece diretrizes para a Reforma Administrativa e dá outras providências". (BRASIL. **Decreto-Lei n. 200, de 25 de fevereiro de 1967.** Disponível em: <http://www.planalto.gov.br/ccivil_03/decreto-lei/del0200.htm>. Acesso em: 8 de maio de 2013).

mencionava expressamente a *eficiência* administrativa (art. 26, III), bem como vinculava a atividade estatal ao controle de *resultados*, típico requisito para aferição qualitativa de desempenho, isto é, atenção com a análise e o aperfeiçoamento dos resultados, sob critérios de economicidade (art. 13, *c*).

O Constituinte Originário, em 1988, também positivou menção expressa na Carta Magna,[8] ao disciplinar o controle interno dos Poderes. São os comandos destinados a: (i) avaliar metas e execução de programas e de orçamento (art. 74, I); (ii) comprovar a legalidade, a eficácia e a *eficiência* da gestão orçamentária, financeira e patrimonial dos órgãos e entidades, públicas ou privadas, vinculadas ao Poder Público (art. 74, II); (iii) exercer o controle das operações financeiras de crédito e dos direitos e haveres da Administração (art. 74, III); e (iv) apoiar o controle externo (art. 74, IV).[9]

Entretanto, ainda não era o bastante.

Fez-se necessário a introdução expressa da *eficiência* na Constituição, elevando-a ao status de princípio constitucional por meio da Emenda Constitucional n. 19, de 4 de junho de 1998,[10] conhecida como *reforma administrativa*, que se propunha a estabelecer um novo perfil para a Administração, com ênfase na desburocratização da esfera pública.

[8] BRASIL. **Constituição da república federativa do Brasil de 1988**. Disponível em: <http://www.planalto.gov.br/ccivil_03/constituicao/constituicao.htm>. Acesso em: 8 de maio de 2013.

[9] Portanto, "antes de ser inserido expressamente no art. 37 da CF/88, o princípio da eficiência já era mencionado na jurisprudência, estando também implícito no ordenamento constitucional". (LEITE, Rosimeire Ventura. O princípio da eficiência na administração pública. In: **Revista de direito administrativo**, n. 226, p. 251-263, 2001, p. 258).

[10] "Modifica o regime e dispõe sobre princípios e normas da Administração Pública, servidores e agentes políticos, controle de despesas e finanças públicas e custeio de atividades a cargo do Distrito Federal, e dá outras providências". (BRASIL. **Emenda constitucional n. 19, de 4 de junho de 1998**. Disponível em: < http://www.planalto.gov.br/ccivil_03/constituicao/Emendas/Emc/emc19.htm>. Acesso em: 8 de maio de 2013).

Vladimir da Rocha França, ao analisar o contexto da época, entendeu que a consagração da *eficiência* como norma jurídica ocorreu em resposta às acusações de "praxe contra a administração pública brasileira, tais como corrupção, nepotismo, baixa qualidade dos serviços públicos, estabilidade do servidor como mordomia, salários exorbitantes etc". Para o administrativista potiguar, "o cidadão brasileiro sempre se ressentiu dos serviços públicos que lhe são oferecidos, denunciando continuamente a ineficiência destas atividades estatais através da mídia".[11]

A partir daí, muitas definições foram atribuídas à *eficiência* nas obras jurídicas, de modo que, a um só tempo, acrescentou-lhe uma carga valorativa tipicamente jurídico-constitucional e tentou-se manter a essência econômica do termo (no que se refere à relação de maximização racional com o intuito de otimizar custos e benefícios),[12] ao menos no âmbito conceitual.

A *eficiência* considerada instituto jurídico de origem econômica assumiu a condição de norma destinada "a conferir aos agentes públicos o dever de selecionar e utilizar criteriosamente os melhores meios a serem empregados no cumprimento das atividades necessárias à boa administração, voltada ao atingimento de sua finalidade legal".[13]

---

11 FRANÇA, Vladimir da Rocha. Notas sobre a eficiência administrativa na constituição federal. In: **Revista trimestral de direito público**, n. 30, p. 77 85, 2000, p. 77.

12 Nesse ponto, cumpre transcrever as precisas palavras de Edilson Pereira Nobre Júnior, ainda no ano de 2005: "a eficiência administrativa, demais de lídimo princípio jurídico, cuja consagração aqui precedeu, em muito, à EC 19/98, representa imperativo a que a Administração Pública melhor tenda à consecução de seus objetivos, com o menor custo possível, satisfazendo as exigências de atuação média do aparato administrativo, sem descurar do respeito às regras de boa administração, juntamente com o propósito de simplificar suas posturas e de proceder à resolução de conflitos por mecanismos consensuais". (NOBRE JÚNIOR, Edilson Pereira. Administração pública e o princípio constitucional da eficiência. In: **Revista de Direito administrativo**, n. 241, p. 209-240, 2005, p. 240).

13 CEREIJIDO, Juliano Henrique da Cruz. O princípio constitucional da eficiência na administração publica. In: **Revista de direito administrativo**, n. 226, p. 231-241, 2001, p. 231-232.

A *escolha racional pelos melhores meios a serem empregados no cumprimento das atividades*, que se pode extrair da definição acima, demonstra o viés econômico intrínseco, ao passo que a *finalidade legal* é o valor jurídico agregado à eficiência econômica pura, conformando-a à unidade[14] do sistema constitucional.

Parcela da doutrina, entretanto, questionou a condição de princípio atribuída pelo Poder Constituinte Derivado. Maurício Antônio Ribeiro Lopes, quando da entrada em vigor da Emenda Constitucional n. 19, de 1998, sustentou que a *eficiência* jamais teria substância de princípio regente da Administração Pública, pois, na sua visão, sempre foi finalidade da própria Administração, isto é tudo aquilo que se considera eficiente o seria por consequência, nunca por princípio.[15]

Outra dificuldade enfrentada no meio jurídico se deveu à preocupação de o Estado se transformar em um regime *tecnocrata*, apartando-se da recém restabelecida democracia constitucional. Acreditava-se

---

14 A respeito da unidade do sistema jurídico-constitucional, veja-se: "O fato de uma norma pertencer a uma determinada ordem normativa baseia-se em que o seu último fundamento de validade é a norma fundamental desta ordem. É a norma fundamental que constitui a unidade de uma pluralidade de normas enquanto representa o fundamento da validade de todas as normas pertencentes a essa ordem normativa". (KELSEN, Hans. **Teoria pura do direito**. 6 ed. São Paulo: Martins Fontes, 1998, p. 136). Também a respeito do assunto: "Segundo essa regra de interpretação, as normas constitucionais devem ser vistas não como normas isoladas, mas como preceitos integrados num sistema unitário de regras e princípios, que é instituído na e pela própria Constituição. Em consequência, a Constituição só pode ser compreendida e interpretada corretamente se nós a entendermos como unidade, do que resulta, por outro lado, que em nenhuma hipótese devemos separar uma norma do conjunto em que ela se integra, até porque – relembre-se o circulo hermenêutico – o sentido da parte e o sentido do todo são interdependentes". (MENDES, Gilmar; COELHO, Inocêncio Martires; BRANCO, Paulo Gustavo Gonet. **Curso de Direito Constitucional**. 3 ed., São Paulo: Saraiva, 2008, p. 114).

15 LOPES, Maurício Antônio Ribeiro. **Comentário à reforma administrativa – de acordo com as emendas constitucionais 18, de 5.2.1998, e 19, 4.6.1998**. São Paulo: Revista dos Tribunais, 1998, p. 108-109.

que a ânsia de um *eficientismo público* para otimizar a governança poderia, "não raras vezes, induzir o administrador à indevida 'flexibilização' das normas que regulam o procedimento administrativo previsto para o caso concreto".[16] E – por que não? – relativizar-se-ia até mesmo regimes mais nucleares de proteção de garantias individuais, a exemplo dos Direitos Penal e Processual Penal. O Estado Democrático de Direito se transformaria em um *Estado Eficientista*?

Conforme já foi dito, a interpretação conferida pela linha majoritária e pela jurisprudência, *a priori*, não se ateve a tais preocupações. Manifestou-se, ao contrário, em defesa da preservação da unidade do sistema jurídico-constitucional. Eventuais conflitos existentes entre os princípios deveriam ser bloqueados pelo jurista,[17] ao tê-los como contradições meramente aparentes, entre duas normas constitucionais de mandamentos distintos, para idênticas hipóteses de incidência.[18]

Alvacir Correa dos Santos sustentou que a "interpretação do princípio da eficiência deve ser feita em consonância com o ordenamento jurídico nacional, especificamente com os demais princípios constitucionais da Administração Pública".[19]

Na mesma direção, Vladimir da Rocha França refutou a elevação da *eficiência* ao posto de princípio superior do sistema administrativista. Segundo ele, a *eficiência* se dirigia para um "fim maior do Estado, a prestação dos serviços públicos sociais essenciais à

---

16 FRANÇA, Vladimir da Rocha. Notas sobre a eficiência administrativa na constituição federal. In: **Revista trimestral de direito público**, n. 30, p. 77-85, 2000, p. 79.

17 MENDES, Gilmar; COELHO, Inocêncio Martires; BRANCO, Paulo Gustavo Gonet. **Curso de Direito Constitucional**. 3 ed., São Paulo: Saraiva, 2008, p. 114.

18 *Incidência*, nas palavras de Geraldo Ataliba: "Costuma-se designar por incidência o fenômeno especificamente jurídico da subsunção de um fato a uma hipótese legal, como consequente e automática comunicação ao fato das virtudes jurídicas previstas na norma". (ATALIBA, Geraldo.**Hipótese de incidência tributária**. 6 ed. São Paulo: Malheiros, 2008, p. 45).

19 SANTOS, Alvacir Correa dos. **Princípio da eficiência da administração pública**. São Paulo: LTr, 2003, p. 199.

população, visando à adoção de todos os meios legais e morais possíveis para a satisfação do bem comum".[20]

Ocorre que a conformação do princípio ao sistema legal mitigou em demasia seu conteúdo econômico essencial. De modo que a Administração Pública não sofreu a transformação esperada. Ironicamente, hoje em dia não se pode chamar o princípio da *eficiência* de norma eficaz, pois nunca lhe foi atribuída em substância a característica mais elementar de um mandamento jurídico, qual seja: a exigibilidade, a ser viabilizada por uma sanção.[21] Em outras palavras, não se levou a sério a *eficiência* como direito.

O discurso de unidade, portanto, não careceu de grande esforço retórico ou científico, afinal, ausente a força normativa do princípio, não surgiram conflitos substanciais com outras normas constitucionais, suscetíveis de harmonização.[22] A unidade do sistema custou um *estado de coma* da eficiência como norma constitucional.

Excepcionalmente, pôde-se identificar um julgado do Supremo Tribunal Federal (STF) cujos Ministros enfrentaram questões de ponderação entre os princípios da *legalidade formal* e da *eficiência*. Trata-se, pois, do Mandado de Segurança (MS) n. 27.621 - DF, impetrado contra ato do Conselho Nacional de Justiça (CNJ), que fixou prazo a "todos os Juízes do Brasil com função executiva" para se cadastrarem "obrigatoriamente no denominado Sistema BACEN JUD".[23]

---

20 FRANÇA, Vladimir da Rocha. Notas sobre a eficiência administrativa na constituição federal. In: **Revista trimestral de direito público**, n. 30, p. 77-85, 2000, p. 80.

21 Considerou-se, para a elaboração do raciocínio desenvolvido, o conceito de sanção trazido por Ataliba: "A sanção não é sempre e necessariamente um castigo. É mera consequência jurídica que se desencadeia (incide) no caso de ser desobedecido o mandamento principal de uma norma". (ATALIBA, Geraldo. **Hipótese de incidência tributária.** 6 ed. São Paulo: Malheiros, 2008, p. 44).

22 DIMOULIS, Dimitri; MARTINS, Leonardo. **Teoria geral dos direitos fundamentais.** 2 ed. São Paulo: Revista dos Tribunais, 2009, p. 154.

23 BRASIL. Supremo Tribunal Federal. **Mandado de Segurança (MS) n. 27.621 – DF**. Relator: Ministra Carmen Lúcia. Julgamento em: 7 de dezembro de 2011. Publicado no DJe em: 11 de maio de 2012. Disponível em: <http://redir.stf.jus.br/paginadorpub/paginador.jsp?docTP=TP&docID=1983588>. Acesso em: 13 de maio de 2013.

O Ministro Cezar Peluso, então Presidente do STF, esclareceu o seguinte sobre a lide: "não é para obrigar o magistrado a usar penhora *on line*, é para evitar que o Banco Central tenha que oficiar o magistrado para saber se a ordem partiu mesmo dele, se ele é o juiz que está no exercício, etc, o que vai (...), eventualmente, frustrar a penhora". Ato contínuo, o Ministro justificou: "porque, no instante em que o credor souber que há expedição de uma ordem de penhora *on line* na sua conta, ele vai lá e levanta o saldo, antes de o Banco Central tornar concreta a penhora"![24]

De fato, o *writ* levado à análise da mais alta Corte brasileira se restringia a questionar a validade da Resolução n. 61, de 7 de outubro de 2008,[25] do CNJ, provocada por ocasião do Pedido de Providências n. 2007.10.00.001581-8, que tornou obrigatório - tão somente - o cadastramento, no sistema de penhoras *on line* do Banco Central (BACEN JUD), de todos os magistrados brasileiros cuja atividade jurisdicional envolvesse o bloqueio de recursos no Sistema Financeiro Nacional, em função de processo judicial. Segundo o Ministro Ayres Brito, o CNJ disciplinou apenas uma "medida de automação" com o objetivo de "racionalização" dos trâmites administrativos decorrente do processo de penhora *on line*.[26]

---

[24] BRASIL. Supremo Tribunal Federal. **Mandado de Segurança (MS) n. 27.621 - DF**. Relator: Ministra Carmen Lúcia. Julgamento em: 7 de dezembro de 2011. Publicado no DJe em: 11 de maio de 2012. P. 1. Disponível em: <http://redir.stf.jus.br/paginadorpub/paginador.jsp?docTP=TP&docID=1983588>. Acesso em: 13 de maio de 2013.

[25] "Disciplina o procedimento de cadastramento de conta única para efeito de constrição de valores em dinheiro por intermédio do Convênio BACENJUD e dá outras providências". (BRASIL. Conselho Nacional de Justiça. **Resolução n. 61, de 7 de outubro de 2008**. Publicada no DJe em: 15 de outubro de 2008. Disponível em: <http://www.cnj.jus.br/atos-administrativos/12176:resolucao-no-61-de-07-de-outubro-de-2008>. Acesso em: 16 de maio de 2013.

[26] BRASIL. Supremo Tribunal Federal. **Mandado de Segurança (MS) n. 27.621 - DF**. Relator: Ministra Carmen Lúcia. Julgamento em: 7 de dezembro de 2011. Publicado no DJe em: 11 de maio de 2012. P. 1. Disponível em: <http://redir.stf.jus.br/paginadorpub/paginador.jsp?docTP=TP&docID=1983588>. Acesso em: 13 de maio de 2013.

Em que pese à aparente simplicidade do tema, o voto da Ministra Relatora, Carmen Lúcia, e dos Ministros Luiz Fux e Marco Aurélio, seguiram pela concessão da segurança, desconstituindo a ordem do CNJ, a despeito das consequências danosas à eficiência da prestação jurisdicional, conforme suscitado pelos Ministros Cezar Peluso e Ayres Britto em debate com a Ministra Relatora. Tal confrontação de argumentos inicia a questão entre *legalidade formal* e *eficiência*, senão, veja-se:

> A SENHORA MINISTRA CÁRMEN LÚCIA (RELATORA) – Só para fechar meu raciocínio: eu não tenho dúvida quanto a isso [a racionalização dos trâmites judiciários], inclusive à conveniência dos juízes. Agora, o que nós estamos discutindo, vamos centrar bem o que eu tentei e talvez não tenha explicado bem. O que é o ato tido como coator? Um Conselho, numa consulta, determinar que os juízes, em sessenta dias, cumprissem essa ordem para obrigatoriamente se cadastrarem. Não estou discutindo nem o uso do Bacen Jud, porque eu considero, mas aí há uma *ilegalidade*. (...). O SENHOR MINISTRO CEZAR PELUSO (PRESIDENTE) – Aí é que está. Se não for obrigatório, ele vai expedir a ordem sem estar cadastrado, e a ordem vai ficar frustrada. O SENHOR MINISTRO AYRES BRITTO – Vai bater e voltar. Depois, isso faz parte do princípio da *eficiência*, e compete ao Conselho Nacional velar pela observância do princípio da *eficiência*.[27]

Por parte do Ministro Luiz Fux, a resistência ao princípio constitucional da *eficiência* ainda se demonstrou maior, pois, conforme asseverou, a obrigatoriedade do *cadastramento* não seria "tarefa [digna] para juiz ficar preenchendo formulário". (...). "Diz que toma um tempo imenso, o formulário é enorme". Não sendo o bastante, advertiu o Ministro que "procurei ouvir os juízes para não cair nessa armadilha da eficiência".[28]

---

[27] BRASIL. Supremo Tribunal Federal. **Mandado de Segurança (MS) n. 27.621 – DF.** Relatora: Ministra Carmen Lúcia. Julgamento em: 7 de dezembro de 2011. Publicado no DJe em: 11 de maio de 2012. P. 6. Disponível em: <http://redir.stf.jus.br/paginadorpub/paginador.jsp?docTP=TP&docID=1983588>. Acesso em: 13 de maio de 2013.

[28] BRASIL. Supremo Tribunal Federal. **Mandado de Segurança (MS) n. 27.621 – DF.** Relatora: Ministra Carmen Lúcia. Julgamento em: 7 de dezembro de

Armadilha da eficiência é como um dos magistrados do STF se referiu ao princípio constitucional da Administração Pública. A fim de evitar que os juízes brasileiros venham a praticar "tão enfadonha" atividade.[29]

Não obstante, em decisão "apertada" entre os princípios da *legalidade formal* e da *eficiência*, o conflito resolveu-se pela ponderação em prol deste último, com a proclamação do Acórdão no sentido de "denegar a segurança, contra os votos da Senhora Ministra Cármen Lúcia (Relatora) e dos Senhores Ministros Luiz Fux e Marco Aurélio. Votou o Presidente, Ministro Cezar Peluso".[30] Resultado desempatado, destarte, para 4 a 3 com o voto do Ministro Presidente.

Como se pôde perceber, a força normativa do princípio da eficiência não é consenso até mesmo no STF, guardião da Carta Política. O julgado sob análise é paradigmático nesse sentido.

No entanto, cabe reconhecer que o STF, mais recentemente, vem reacomodando a aplicação dos postulados da eficiência e dos instrumentos metodológicos da Análise Econômica do Direito em seus julgados. Um exemplo desse momento da Corte é visto na Ação de Descumprimento de Preceito Fundamental (ADPF) n. 449, cujo julgamento foi relatado pelo Ministro Luiz Fux, responsável, oito anos antes, pela alusão à "armadilha da eficiência". Na ADPF n. 449, em que se julgou a regulação dos aplicativos de transporte, o Ministro Fux consignou em seu voto uma visão absolutamente distinta

2011. Publicado no DJe em: 11 de maio de 2012. P. 5. Disponível em: <http://redir.stf.jus.br/paginadorpub/paginador.jsp?docTP=TP&docID=1983588>. Acesso em: 13 de maio de 2013.

29 BRASIL. Supremo Tribunal Federal. **Mandado de Segurança (MS) n. 27.621 - DF**. Relatora: Ministra Carmen Lúcia. Julgamento em: 7 de dezembro de 2011. Publicado no DJe em: 11 de maio de 2012. P. 10. Disponível em: <http://redir.stf.jus.br/paginadorpub/paginador.jsp?docTP=TP&docID=1983588>. Acesso em: 13 de maio de 2013.

30 BRASIL. Supremo Tribunal Federal. **Mandado de Segurança (MS) n. 27.621 - DF**. Relatora: Ministra Carmen Lúcia. Julgamento em: 7 de dezembro de 2011. Publicado no DJe em: 11 de maio de 2012. Disponível em: <http://redir.stf.jus.br/paginadorpub/paginador.jsp?docTP=TP&docID=1983588>. Acesso em: 13 de maio de 2013.

daquela presente no julgamento do MS n. 27.621 quanto ao princípio da eficiência:

> A visão romantizada de reguladores e juízes vem sendo absolutamente abandonada pelos especialistas na matéria. A afirmação de que a expertise dos órgãos reguladores, em contraposição à formação generalista de magistrados, garantiria àqueles um amplo campo de atuação infenso ao controle jurisdicional já não resiste à análise mais atenta das nuances que envolvem essa especial aplicação dos *checks and balances*. Nesse sentido se inclina a recentíssima teoria regulatória do *enforcement*, que considera o critério da eficiência como norte para a distribuição de métodos para efetivação de padrões socialmente desejáveis de conduta entre atores privados, o Judiciário e o governo.[31]

Sem embargo, ainda na maioria dos casos em que se menciona a *eficiência* como fundamento de decisão, a hipótese normativa recebe a incidência do conjunto dos princípios da Administração.[32] Isto é, a invalidação de um ato administrativo não costuma ocorrer

31 BRASIL. Supremo Tribunal Federal. **Ação de Descumprimento de Preceito Fundamental (ADPF) n. 449 - DF**. Relator: Ministro Luiz Fux. Julgamento em: 8 de maio de 2019. Publicado no DJe em: 2 de setembro de 2019, p. 28. Disponível em: < http://redir.stf.jus.br/paginadorpub/paginador.jsp?docTP=TP&docID=750684777>. Acesso em: 27 de junho de 2020.

32 A exemplo, veja-se: BRASIL. Supremo Tribunal Federal. **Ação Direta de Inconstitucionalidade (ADI) n. 3.386 - DF**. Relatora: Ministra Carmen Lúcia. Julgamento em: 14 de abril de 2011. Publicado no DJe em: 24 de agosto de 2011. Disponível em: <http://redir.stf.jus.br/paginadorpub/paginador.jsp?docTP=AC&docID=626496>. Acesso em: 13 de maio de 2013; e BRASIL. Supremo Tribunal Federal. **Recurso Extraordinário (RE) n. 503.436 - PI**. Relator: Ministro Luiz Fux. Julgamento em: 16 de abril de 2013. Publicado no DJe em: 6 de maio de 2013. Disponível em: <http://redir.stf.jus.br/paginadorpub/paginador.jsp?docTP=TP&docID=3741515>. Acesso em: 13 de maio de 2013.

tão somente por força do princípio da *eficiência*, mas dele em conjunto com os demais.

Isso talvez se deveu ao caminho adotado pela doutrina, ao qual não se impõe críticas, no sentido da unidade normativa dos princípios da Administração Pública. Afinal é preciso que o "operador jurídico compreenda que os princípios da legalidade, da impessoalidade, da moralidade, da publicidade e da eficiência são elementos que devem ser conjugados para o melhor entendimento do regime jurídico-administrativo".[33]

Não obstante, a força normativa da norma se torna evidente quando é possível exigi-la individualmente, portanto não apenas em conjunto com as demais regras e princípios que compõe o sistema. Então, o controle judicial dos atos administrativos e das políticas públicas pode ser efetuado apenas com base na *eficiência*?[34] Apesar de entender a gestão eficiente como princípio constitucional, Vladimir da Rocha França afirma que: "é vedado (...) ao Poder Judiciário controlar a eficiência do ato administrativo. A eficiência da ação administrativa é objeto do controle interno de cada poder e do controle legislativo".[35]

Para o autor, o princípio isolado só poderia ser utilizado em sede de:

(i) *controle legislativo*, onde "há espaço para que o Congresso Nacional aprecie a economicidade da ação administrativa. O Tribunal de Contas, seu órgão auxiliar, pode impugnar o ato ineficiente, sustando-o caso se persista na sua execução";[36] ou

---

33 FRANÇA, Vladimir da Rocha. Notas sobre a eficiência administrativa na constituição federal. In: **Revista trimestral de direito público**, n. 30, p. 77-85, 2000, p. 81.

34 Ver, a respeito do assunto: CARVALHO FILHO, José dos Santos. **Manual de direito administrativo**. 25 ed. São Paulo: Atlas, 2012, p. 30-31.

35 FRANÇA, Vladimir da Rocha. Notas sobre a eficiência administrativa na constituição federal. In: **Revista trimestral de direito público**, n. 30, p. 77-85, 2000, p. 83.

36 FRANÇA, Vladimir da Rocha. Notas sobre a eficiência administrativa na constituição federal. In: **Revista trimestral de direito público**, n. 30, p. 77-85, 2000, p. 83.

(ii) *autotutela administrativa*, limitada a hipótese de *revogação* do ato,[37] sob critérios discricionários[38] de conveniência e oportunidade.

Em suma, os argumentos acima conduzem à conclusão de que eventual controle judicial de eficiência só "pode incidir quando se tratar [também] de comprovada ilegalidade".[39]

Há, entretanto, abordagens intermediárias. José dos Santos Carvalho Filho ressalva que tal ideia "não pretende excluir

[37] A fim de elucidar o tema, confira-se: "Através da prerrogativa da autotutela, como já vimos anteriormente, é possível que a Administração reveja seus próprios atos, podendo a revisão ser ampla, para alcançar aspectos de legalidade e de mérito. Trata-se, com efeito, de princípio administrativo, inerente ao poder-dever geral de vigilância que a Administração deve exercer sobre os atos que pratica e sobre os bens confiados à sua guarda. (...). A autotutela se caracteriza pela iniciativa de ação atribuída aos próprios órgãos administrativos. Em outras palavras, significa que, se for necessário rever determinado ato ou conduta, a Administração poderá fazê-lo *ex officio*, usando sua autoexecutoriedade, sem que dependa necessariamente de que alguém solicite. Tratando-se de ato com vício de legalidade, o administrador toma a iniciativa de anulá-lo; caso seja necessário rever ato ou conduta válidos, porém não mais convenientes e oportunos quanto a sua subsistência, a Administração providencia a revogação". (CARVALHO FILHO, José dos Santos. **Manual de direito administrativo**. 25 ed. São Paulo: Atlas, 2012, p. 158).

[38] Sobre o controle judicial da ponderação de eficiência em sede de discricionariedade administrativa, veja-se a seguinte ressalva: "conquanto irrefutável a inserção da eficiência no bloco de juridicidade, para fins de controle jurisdicional da Administração, importa ponderar que tal competência não se espraia ao ponto de eliminar a opção discricionária entre duas soluções justas, prevalecendo o entendimento válido quanto à discricionariedade técnica, de maneira que, enquanto o juízo oriundo do conhecimento específico se apresente impositivo ao administrador, a este pertence a liberdade de escolha quanto ao meio para atingi-lo, desde que não afete direito de terceiro, não sendo cabível a intervenção substitutiva do julgador". (NOBRE JÚNIOR, Edilson Pereira. Administração pública e o princípio constitucional da eficiência. In: **Revista de Direito administrativo**, n. 241, p. 209-240, 2005, p. 240).

[39] CARVALHO FILHO, José dos Santos. **Manual de direito administrativo**. 25 ed. São Paulo: Atlas, 2012, p. 31.

inteiramente o controle judicial, mas sim evitar que a atuação dos juízes venha a retratar devida intervenção no círculo de competência constitucional atribuída aos órgãos da Administração".[40]

Nesse ponto, insere-se a abordagem da Análise Econômica do Direito (AED), cujo um dos mais relevantes princípios norteadores é a *eficiência*. Entretanto, ainda resta a pergunta: como harmonizar os conflitos existentes com os valores (ou princípios, desde que assim estejam positivados) jurídicos de *justiça* e *legalidade*, por exemplo?

A abordagem econômica do Direito reacendeu o debate. Por isso, já surgiram manifestações mais recentes acerca do princípio da *eficiência*, a fim de impor um discrímen entre suas acepções *econômicas* e *jurídico-administrativas*, o que não se vislumbra razoável, porquanto promove a malfadada redução do princípio à noção insuficiente de *eficácia*.

Cite-se a posição do administrativista Marçal Justen Filho, com vistas a segmentar o princípio constitucional da *eficiência* em três discursos: (i) "eficiência econômica"; (ii) "dever de otimização dos recursos públicos"; e (iii) "eficiência estatal e sua configuração própria: a eficácia estatal".[41]

Para tanto, o autor traz o seguinte conceito de *eficiência econômica*: "pode ser considerada como a utilização mais produtiva de recursos econômicos, de modo a produzir os melhores resultados". Enquanto, para o *dever de otimização dos recursos públicos*, expõe que: "o próprio princípio da República já impõe o dever de utilização eficiente dos recursos públicos".[42]

Sobre a redução da eficiência à *eficácia estatal*, Marçal Justen Filho entende que "quando houver incompatibilidade entre a eficiência econômica e certos valores fundamentais, deverá adotar-se a solução

[40] CARVALHO FILHO, José dos Santos. **Manual de direito administrativo**. 25 ed. São Paulo: Atlas, 2012, p. 31.

[41] JUSTEN FILHO, Marçal. **Curso de direito administrativo**. 8 ed. Belo Horizonte: Fórum, 2012, p. 181-183.

[42] JUSTEN FILHO, Marçal. **Curso de direito administrativo**. 8 ed. Belo Horizonte: Fórum, 2012, p. 181-182.

que preserve ao máximo todos os valores em conflito, mesmo que tal implique a redução da eficiência econômica". Mais adiante, arremata: "a eficácia administrativa significa que os fins buscados pela Administração devem ser realizados segundo o menor custo econômico possível, o que não é sinônimo da obtenção do maior lucro".

Tal conclusão, além de mitigar a força normativa de princípio constitucional, propõe uma costumeira confusão de *eficiência* – ou *Economia* – com a ideia de *lucro*. Caso assim fosse, admitir-se-ia que o princípio, desde sua gênese, seria juridicamente impossível. Afinal, salvo as empresas estatais da Administração Indireta, todos os órgãos e entidades do Poder Público, em essência, não podem ser norteados pela obtenção de *lucros*. Contudo, isso não descaracteriza sua condição de agente maximizador dos correspondentes fins sociais,[43] orientados pela *supremacia do interesse público* na conformação da atividade estatal.

Adota-se, pois, o conceito de Paulo Caliendo, que dispõe de forma mais técnica sobre o assunto: "A *eficiência econômica* irá possuir o sentido de maximização de determinados bens sociais eleitos como sendo de significativa importância".[44] Partindo-se desse pressuposto, não há obstáculo para conversão da *eficiência econômica* em norma jurídica, desde que os *bens sociais eleitos* decorram da Constituição, isto é, *bens de significativa importância*.

Do ponto de vista da Análise Econômica do Direito Tributário, por exemplo, a *eficiência* econômica, em adequada acepção, constitui um parâmetro racional para o Poder Público alcançar seus fins sem onerar ainda mais os contribuintes.[45]

---

43 Sobre os fins sociais a serem alcançados utilizando-se da *eficiência*: "a eficiência na Administração Pública deve ter em vista, primordialmente, a efetivação da cidadania e o atendimento do interesse público, através da prestação de um serviço público cada vez mais qualificado e voltado para as necessidades sociais". (LEITE, Rosimeire Ventura. O princípio da eficiência na administração pública. In: **Revista de direito administrativo**, n. 226, p. 251-263, 2001, p. 262).

44 CALIENDO, Paulo. **Direito tributário e análise econômica do direito: uma visão crítica**. Rio de Janeiro: Elsevier, 2008, p. 71.

45 A respeito da abordagem econômica da tributação, recomendam-se: SEIXAS, Luiz Felipe Monteiro. **Tributação, Finanças Públicas e Política**

No âmbito do controle preventivo de constitucionalidade,[46] várias *razões de veto* proferidas pelo Chefe do Poder Executivo do Rio Grande do Norte, da lavra da Consultoria-Geral do Estado (CGE), foram amparadas no princípio da *eficiência* isoladamente, afastando do ordenamento jurídico potiguar normas desprovidas de elementos mínimos para obtenção de resultados satisfatórios, *exempli gratia*:

> Cumpre asseverar que a Constituição Federal submete a atuação da Administração Pública à observância de determinados princípios, especialmente os previstos no art. 37, caput, dentre os quais se destaca o da eficiência, cujo sentido repousa na exigência direcionada ao Poder Público para a produção de resultados satisfatórios em prol da sociedade. O Poder Executivo, ao exercer o controle preventivo de constitucionalidade, deve, portanto, impedir o ingresso no ordenamento jurídico de norma ineficaz que não permita uma atuação eficiente por parte da Administração Pública. A par de tais considerações, saliente-se que o Projeto de Lei em apreço encontra-se eivado de *inconstitucionalidade material*, por violação ao princípio constitucional da eficiência (...).[47]

Fiscal: uma análise sob a óptica do Direito e Economia. Dissertação (Mestrado em Direito). Centro de Ciências Sociais Aplicadas, Universidade Federal do Rio Grande do Norte, Natal, 2012; e COSTA, Leonardo de Andrade. A racionalidade matemática como limite objetivo instransponível à produção e aplicação do direito: um estudo de caso. In: **Revista de direito administrativo**, n. 261, p. 47-87, 2012.

46 "Controle preventivo ocorre quando a lei ou ato normativo ainda não entrou em vigor, melhor dizendo, encontra-se em processo de formação. O objetivo desse tipo de fiscalização é, justamente, o de evitar que ingresse no ordenamento jurídico, produzindo efeitos, normas inconstitucionais". (VELOSO, Zeno. **Controle jurisdicional de constitucionalidade.** 2 ed. Belo Horizonte: Del Rey, 2000, p. 155).

47 ESTADO DO RIO GRANDE DO NORTE. **Razões de veto ao projeto de lei n. 115/2012, constante dos autos do processo n. 1.784/12 – PL/SL, que "dispõe sobre a criação do selo amigo do esporte para as empresas privadas do estado do rio grande do norte que contribuírem com projetos desportivos e dá outras providências", de iniciativa de sua excelência, a senhora deputada gesane marinho, aprovado pela assembleia legislativa, em sessão plenária realizada em 12 de dezembro de 2012.** In: **Diário Oficial do Estado (DOE)**, Edição n. 12.863, publicada em 8 de janeiro de 2013, p. 1.

5.1.2 Elementos do Princípio da Eficiência

Quais seriam, então, tais elementos mínimos, corolários da *eficiência* econômica como norma jurídica na Constituição? A partir das obras analisadas, identificaram-se os seguintes: (i) *objetividade*; (ii) *celeridade*; (iii) *racionalização*; (iv) *qualidade*; (v) *proporcionalidade*; (vi) *economicidade*; (vii) *eficácia*; e (viii) *efetividade*.

A começar pelo elemento *objetividade*, Diogo de Figueiredo Moreira Neto o conceitua como "a importância de decidir apenas com base no mérito, não tendo em vista senão a busca dos resultados positivos que possam e devam ser alcançados na gestão da coisa pública".[48]

Quanto aos elementos *celeridade*, *racionalização* e *qualidade*, o serviço público que os atenda será desempenhado (racionalizado) com prevalência do interesse coletivo sobre a morosa burocracia estatal, no intuito de buscar a celeridade na obtenção dos melhores resultados qualitativos.[49] Com relação à *celeridade* em especial, Hely Lopes Meirelles afirma ter sido este o elemento que alçou o princípio da *eficiência* também à condição de direito fundamental, em tal perspectiva.[50] Com o advento da Emenda Constitucional n. 45, de 30 de dezembro de 2004,[51] foi inserida a "razoável duração do processo e os meios que garantam a *celeridade* de sua tramitação" no Título II,

---

48 MOREIRA NETO, Diogo de Figueiredo. **Administração pública gerencial**. In: **Revista de Direito**, Rio de Janeiro, v. 2, n. 4, p. 37-44, 1996, p. 40. Disponível em: <http://www.camara.rj.gov.br/setores/proc/revistaproc/revproc1998/revdireito1998B/est_adminpublica.pdf>. Acesso em: 3 de dezembro de 2012.

49 LEITE, Rosimeire Ventura. O princípio da eficiência na administração pública. In: **Revista de direito administrativo**, n. 226, p. 251-263, 2001, p. 260.

50 MEIRELLES, Hely Lopes. **Direito administrativo brasileiro**. 34 ed. São Paulo: Malheiros, 2008, p. 98-99.

51 "Altera dispositivos dos arts. 5º, 36, 52, 92, 93, 95, 98, 99, 102, 103, 104, 105, 107, 109, 111, 112, 114, 115, 125, 126, 127, 128, 129, 134 e 168 da Constituição Federal, e acrescenta os arts. 103-A, 103B, 111-A e 130-A, e dá outras providências". (BRASIL. **Emenda constitucional n. 45, de 30 de dezembro de 2004**. Disponível em: <http://www.planalto.gov.br/ccivil_03/constituicao/Emendas/Emc/emc45.htm>. Acesso em: 13 de maio de 2013).

"Dos Direitos e Garantias Fundamentais", mais especificamente no art. 5º, LXXVIII, da Constituição.[52]

A *proporcionalidade*, por sua vez, agrega as noções de *adequação* e *necessidade*,[53] pois, segundo Alexandre Santos de Aragão, "não se poderia impor a adoção de meio (normalmente uma interpretação) inadequado ou desnecessariamente oneroso ao atingimento das finalidades legais, pelo simples apego a uma legalidade formal", na forma do mencionado precedente MS n. 27.621 - DF,[54] "impondo-se uma legalidade material, cujo substrato encontrar-se-ia na eficiente e menos onerosa possível realização dos objetivos constitucionais que estiverem em jogo".[55]

Os fins programados para uma atividade estatal eficiente devem comportar os menores custos possíveis. Trata-se, aqui, do elemento *economicidade*, típico da abordagem econômica, por se preocupar com a alocação ótima dos recursos escassos entre fins competitivos. Afinal, o Estado possui muitos objetivos a serem custeadas por um conjunto de recursos limitados, de modo que a *economicidade* inerente ao princípio da *eficiência* demonstra o caminho mais adequado para a distribuição desses recursos, considerando prioridades e necessidades. Não só isso, busca-se preservar também os custos não financeiros, tais quais os *direitos de liberdade*. A política pública, portanto, mais adequada à *economicidade*, almeja obter

---

52 BRASIL. **Constituição da república federativa do Brasil de 1988**. Disponível em: <http://www.planalto.gov.br/ccivil_03/constituicao/constituicao.htm>. Acesso em: 8 de maio de 2013

53 Conforme já analisado neste trabalho, aprofundar-se em: DIMOULIS, Dimitri; MARTINS, Leonardo. **Teoria geral dos direitos fundamentais**. 2 ed. São Paulo: Revista dos Tribunais, 2009, p. 171-175.

54 BRASIL. Supremo Tribunal Federal. **Mandado de Segurança (MS) n. 27.621 - DF**. Relatora: Ministra Carmen Lúcia. Julgamento em: 7 de dezembro de 2011. Publicado no DJe em: 11 de maio de 2012. Disponível em: <http://redir.stf.jus.br/paginadorpub/paginador.jsp?docTP=TP&docID=1983588>. Acesso em: 13 de maio de 2013.

55 ARAGÃO, Alexandre Santos de. O princípio da eficiência. In: **Revista de direito administrativo**, n. 237, p. 1-6, 2004, p. 4.

o melhor resultado "com os menores ônus possíveis, tanto para o próprio Estado, especialmente de índole financeira, como para as liberdades dos cidadãos".[56]

Ainda a respeito de *economicidade*, Juarez Freitas afirma ser uma imposição ao gestor público "trabalhar com os menores custos, sem sacrifício da qualidade final, tendo como parâmetro a busca menos onerosa da atuação". Nessa perspectiva, não há, no controle judicial de *eficiência econômica*, "qualquer elemento intrusivo do espaço de discricionariedade administrativa, porque é certo que qualquer discricionariedade válida somente o será se guardar vinculação fiel aos imperativos da sensatez econômica",[57] incompatível com o desperdício inútil ao interesse público.

Além do que já foi esclarecido sobre *eficácia* e *efetividade*, embora não se confundam com *eficiência*, são elementos que a compõem. De um lado, a *eficácia* representa a estipulação dos resultados jurídicos (corretos) a serem alcançados, a partir dos demais elementos – tal qual a *economicidade*. De outro lado, a *efetividade* preocupa-se com as repercussões supervenientes na sociedade, permitindo um diagnóstico da concretização de todos os demais elementos, a fim de otimizar a política, o programa ou o projeto públicos, ou tornando-os ainda mais eficientes.[58]

A AED, dessa forma, fornece os melhores subsídios metodológicos para a densificação do princípio constitucional da *eficiência*. Entende-se, a partir dessa leitura, ser possível harmonizar uma atuação estatal constitucionalmente legítima e eficiente do ponto de vista econômico, preservando-se custos de cunho financeiro e *direitos de liberdade*.

À guisa de conclusão do tema, cumpre transcrever as considerações de Alexandre Santos de Aragão, cujo conteúdo serve de

[56] ARAGÃO, Alexandre Santos de. O princípio da eficiência. In: **Revista de direito administrativo**, n. 237, p. 1-6, 2004, p. 1.

[57] FREITAS, Juarez. **O controle dos atos administrativos e os princípios fundamentais.** 4 ed. São Paulo: Malheiros, 2009, p. 125.

[58] CALIENDO, Paulo. **Direito tributário e análise econômica do direito: uma visão crítica.** Rio de Janeiro: Elsevier, 2008, p. 70-71.

orientação à postura tomada neste trabalho quanto à *eficiência* como norma jurídica. Confira-se:

> O dilema deve, ao nosso ver, ser resolvido, não pelo menosprezo da lei, mas pela valorização dos seus elementos finalísticos. É sob este prisma que as regras legais devem ser interpretadas e aplicadas, ou seja, todo ato, normativo ou concreto, só será válido ou validamente aplicado, se, *ex vi* do Princípio da Eficiência (art. 37, *caput*, CF), for a maneira mais eficiente ou, na impossibilidade de se definir esta, se for pelo menos uma maneira razoavelmente eficiente de realização dos objetivos fixados pelo ordenamento jurídico. A Princípio da Eficiência de forma alguma visa mitigar ou ponderar o Princípio da Legalidade, mas sim embeber a legalidade de uma nova lógica, determinando a insurgência de uma legalidade finalística e material – dos resultados práticos alcançados –, e não mais uma legalidade meramente forma e abstrata.[59]

5.2 EFICIÊNCIA E ANÁLISE ECONÔMICA DO DIREITO PENAL

Delimitado o conceito de eficiência econômica como princípio constitucional, conforme apresentado no tópico anterior, cumpre analisar até que ponto tal norma jurídica de princípio incide sobre o Direito Penal, observadas todas as suas implicações oriundas das Ciências Econômicas.

Antes, entretanto, é necessário definir duas *premissas fundamentais*, nas quais se sustenta este trabalho de análise econômica, de caráter eminentemente propositivo e interdisciplinar. São elas: (i) a *importância* da *eficiência* no Direito Penal; e (ii) a *abrangência* do que ora se trata como Direito Penal.[60]

Em primeiro lugar, acerca da *importância*, um Direito Pe nal conformado constitucionalmente com o princípio da *eficiência*

---

59 ARAGÃO, Alexandre Santos de. O princípio da eficiência. In: **Revista de direito administrativo**, n. 237, p. 1-6, 2004, p. 3.

60 SÁNCHEZ, Jesús-María Silva. **Eficiência e direito penal**. Barueri: Manole, 2004, p. 1-8.

pressupõe a adoção de todos os seus elementos. Na linha do que já foi abordado, busca-se uma legislação criminal *objetiva*, *célere*, *racional*, *qualitativa*, *proporcional*, *econômica*, *eficaz* e *efetiva*.

Entretanto, deve-se reiterar que a *eficiência*, abrangidos, sem exceção, a integralidade de seus elementos, está situada em meio a um contexto de comandos igualmente constitucionais, restando-lhe, pois, emitir um conteúdo normativo condizente com a harmonia e a unidade[61] da Constituição Federal.

Assim como acontece com todas as demais normas constitucionais, a aplicação isolada do princípio da *eficiência* é possível desde que se proceda dentro de uma moldura, a ser delimitada pela hermenêutica constitucional. Sugere-se, para tanto, a ponderação entre os princípios eventualmente em colisão, o que deve ser feito sem suprimir-lhes a força normativa, por evidente. Em outras palavras, a ponderação não permite decisões arbitrárias aos agentes concretizadores, sejam eles o legislador infraconstitucional ou os tribunais, no afã de optar pelo princípio que lhe for mais conveniente. Ao contrário, permite, apenas, "projeções ou irradiações normativas com um certo grau de discricionariedade, mas sempre limitadas pela juridicidade objectiva dos princípios".[62]

Assim, a moldura condizente com o princípio da *eficiência* aplicado ao Direito Penal é a preservação do próprio Estado

---

[61] Confira-se: "Compreendido desta forma, o princípio da unidade da constituição é uma exigência da coerência narrativa do sistema jurídico. O princípio da unidade, como princípio de decisão, dirige-se aos juízes e a todas as autoridades encarregadas de aplicar as regras e princípios jurídicos, no sentido de as lerem e compreenderem, na medida do possível, como se fossem obra de um só autor, exprimindo uma concepção correcta do direito e da justiça (Dworkin). Neste sentido, embora a Constituição possa ser uma unidade dividida (P. Badura) dada a diferente configuração e significado material das suas normas, isso em nada altera a *igualdade hierárquica* de todas as suas regras e princípios quanto à sua validade, prevalência normativa e rigidez". (CANOTILHO, José Joaquim Gomes. **Direito constitucional e teoria da constituição**. 7 ed. Coimbra: Almedina, 2003 p. 1184).

[62] CANOTILHO, José Joaquim Gomes. **Direito constitucional e teoria da constituição**. 7 ed. Coimbra: Almedina, 2003 p. 1182-1183.

Democrático de Direito. A subsunção da legislação vigente aos parâmetros de *eficiência econômica* pressupõe, desse modo, a observância dos *direitos de liberdade* como verdadeiros limites.

Tratam-se das abordagens democráticas ou constitucionais pertinentes à visão liberal do Direito Penal, já exaustivamente abordada neste trabalho.

Não obstante, cabe reiterar quais são os limites democráticos[63] do poder punitivo do Estado, exteriorizado na legislação criminal, os quais, de acordo com a sistematização de Eduardo Medeiros Cavalcanti,[64] são verdadeiros princípios constitucionais do Direito Penal.[65] A saber: (i) *legalidade*;[66] (ii) *culpabilidade*; (iii) *interven-*

63 RAMIREZ, Juan Bustos. Principios fundamentales de un derecho penal democrático. In: **Revista de Ciencia Penales**, Ano V, n. 8, p. 20-46, San José, 1994.

64 CAVALCANTI, Eduardo Medeiros. **Crime e sociedade complexa**. Campinas: LZN, 2005, p. 286-319.

65 Ver também: LIMA, Alberto Jorge Correia de Barros. **Direito penal constitucional: a imposição dos princípios constitucionais penais**. São Paulo: Saraiva, 2012.

66 Para Nereu José Giacomolli, o atendimento ao princípio da *legalidade* abrangeria demais garantias e liberdades constitucionais conferidas aos indivíduos, *in verbis*: "A adoção do princípio da legalidade reflete uma série de implicações, tanto para o legislador, quanto aos magistrados, como garantia para o cidadão. Estas garantias transcendem o âmbito do Direito Penal substantivo, pois atingem o próprio processo penal, mais precisamente a vinculação da aplicação da lei penal unicamente por órgãos jurisdicionais estatais (art. 5º, LIII e LXI, da CF). Além da previsão do princípio da legalidade pelo ordenamento jurídico, inclusive por normas constitucionais, reveste-se de fundamental importância o seu efeito de garantia, vinculado aos seu significado material. Ainda que brevemente, analisaremos os efeitos que advêm da adoção da reserva legal no Direito Penal. Estes dizem respeito à criação e à previsão das normas criminais, às garantias (criminal, penal, de execução e jurisdicional) e às fontes do direito (*lex scripta*, *stricta* e *praevia*), vinculadas diretamente às garantias anteriormente referidas". (GIACOMOLLI, Nereu José. O princípio da legalidade como limite do *ius puniendi* e proteção dos direitos fundamentais. In: STRECK, Lenio Luiz (org.). **Direito Penal em Tempos de Crise**. Porto Alegre: Livraria do Advogado, 2007, p. 159-160).

ção mínima;[67] (iv) *subsidiariedade* (ou a ideia de *ultima ratio*); e (v) *proporcionalidade*.[68]

Para o autor, tais mandamentos decorrentes da Constituição nada mais consistem senão em "todo o fundamento de criação, integração e interpretação"[69] do sistema jurídico-penal brasileiro, a que ora se atribui a metáfora de moldura, da qual este trabalho não pretende se afastar.

Como conciliar, então, *eficiência* e sua abordagem econômica com um Direito Penal Democrático – ou *libertário*,[70] na visão de Winfried Hassemer?

A solução, a partir da ótica proposta neste trabalho, passa pela Análise Econômica do Direito Penal, filiada à frente *positiva* da AED.

Rememorando: a frente *positiva* almeja estudar as construções hermenêuticas que podem tornar mais eficiente o arcabouço jurídico em vigor, sem que dele se afaste, preservando os valores jurídico-normativos que inauguram o sistema. A abordagem econômica nessa perspectiva propõe a otimização do ordenamento jurídico para os fins constitucionais pré-existentes, oferecendo uma alternativa funcional-democrática à volátil retórica jurídica.[71]

---

[67] Sobre o assunto: "O princípio da intervenção mínima nasce vinculado ao pensamento iluminista que pretendeu reduzir, de forma geral, toda legislação e, em especial, as leis penais1. Beccaria, de certo modo antecipando-o, acentuava na sua antológica obra: 'Proibir grande quantidade de ações diferentes não significa prevenir delitos que delas possam nascer, mas criar novos'. E a Declaração de Direitos do Homem e do Cidadão, editada na Revolução Francesa, traduzindo a proporcionalidade que substancia o princípio, prescrevia no art. VIII: "A lei só deve estabelecer penas estrita e evidentemente necessárias". (LIMA, Alberto Jorge Correia de Barros. **Direito penal constitucional: a imposição dos princípios constitucionais penais**. São Paulo: Saraiva, 2012, p. 67).

[68] CAVALCANTI, Eduardo Medeiros. **Crime e sociedade complexa**. Campinas: LZN, 2005, p. 286-319.

[69] Ver mais sobre o assunto em: DILGUERIAN, Mirian Gonçalves. Princípio constitucional da proporcionalidade e sua implicação no direito penal. In: **Revista de direito constitucional e internacional**, n.º43, p. 168-208, 2003.

[70] HASSEMER, Winfried. **Direito penal libertário**. Belo Horizonte: Del Rey, 2007.

[71] POSNER, Richard A. **Economic analysis of law**. Nova Iorque: Aspen Publishers, 2010, p. 31-32.

Adotada a frente *positiva* da AED, a importância da *eficiência econômica* para o Direito Penal Democrático reside em fornecer a seu intérprete parâmetros racionais de maximização da tutela penal de bens jurídicos - eleitos em *ultima ratio*[72] - sem que isso custe maiores restrições aos *direitos de liberdade*.

Além disso, a abordagem econômica se torna ainda mais relevante nos dias de hoje por fornecer uma nova metodologia de cunho liberal, a fazer frente às inúmeras e variadas perspectivas punitivistas. Perspectivas normalmente consideradas para se promover um Direito Penal funcionalista na linha de Jakobs[73] ou orientado às Ciências Sociais, cabendo destaque à criminologia crítica e seu discurso garantista seletivo.

Acolhidas as premissas da AED *positiva* e obscvados os estudos da Economia do Crime, serão mais facilmente deslegitimadas as

---

72 Filia-se, portanto, à *teoria constitucional de caráter estrito*, através da qual a eleição de bens jurídicos a serem tutelados pelo Direito Penal restringe-se à proteção de direitos fundamentais, conforme o princípio da subsidiariedade. Nessa linha, veja-se: "De acordo com a teoria constitucional de caráter estrito, o legislador só poderia valer-se do Direito Penal para tutelar bens reconhecidos entre os valores explícitos ou implícitos na Constituição, sendo insuficiente o critério de compatibilidade com esta. Dentro desta concepção, surgem ainda duas linhas de entendimento. Uma, a de que todo e qualquer objeto de nível constitucional pode receber a proteção penal. A outra, a de que apenas os bens que possuam natureza de direito fundamental podem recebê-lo, já que a intervenção penal também atinge direitos desta ordem, como os de liberdade. Expoente da teoria estrita, Bricola aduz que os valores constitucionais não imporiam só limites formais ao legislador, mas também conteriam indicações de conteúdo, operando como quadro máximo de tutela penal. Para ele, não basta apenas que o bem não contrarie a Lei Maior, sendo ainda necessário haver a assunção dos objetos entre os valores explícita ou implicitamente garantidos pela Magna Carta. Parte ele do raciocínio de que, sendo a sanção penal a reação mais forte do Estado e limitadora de vários direitos, tal só poderia ser adotada diante da violação de um bem que, caso não possua idêntico grau de dignidade em relação ao valor que é sacrificado pela restrição penal (liberdade pessoal), deve ao menos possuir relevância constitucional". (FLACH, Michael Schneider. A relação entre bem jurídico-penal e constituição. In: **Sistema Penal & Violência**, v. 2, n. 1, p. 45-63, Porto Alegre, 2010, p. 51).

73 Para aprofundamento: JAKOBS, Günther. **Fundamentos do direito penal**. Trad. Lúcia Kalil. São Paulo: Revista dos Tribunais, 2003.

tendências de expansão dos institutos penais, antes alimentadas pelas teorias sociais funcionalistas, agora desmascaradas por parâmetros concretos de *eficiência econômica* sob a ótica constitucional. Nas palavras de Sánchez, entender os indivíduos como "utilitariamente racionais – ainda que não apenas isso – é uma condição prévia para a busca de um Direito Penal liberal".[74]

Uma vez trabalhada a *importância* da *eficiência* no Direito Penal, como primeira *premissa fundamental* de sustentação deste tópico, resta abordar a *abrangência* do que ora se trata como Direito Penal.

A Economia do Crime costuma desenvolver modelos sobre o comportamento criminoso[75] e a repercussão de seus atos na sociedade, cuja verificação se efetua em regra por meio de pesquisas empíricas.[76] A partir desses dados, a AED *positiva* consegue extrair subsídios para

---

74 SÁNCHEZ, Jesús-María Silva. **Eficiência e direito penal**. Barueri: Manole, 2004, p. 24.

75 A título exemplificativo: "Embora uma redução na probabilidade de sucesso na atividade criminal esteja associada à maior eficiência da aplicação de leis coibidoras e penalizadoras, isto contribui para diminuir o nível da atividade criminal da pessoa avessa ao risco. Mas, para o indivíduo amante do risco, uma redução da probabilidade de sucesso do crime pode causar um aumento da atividade criminal, posto a sua condição inerente de amante do risco". (SCHAEFER, Gilberto José; SHIKIDA, Pery Francisco de Assis. Economia do crime: elementos teóricos e evidências empíricas. In: **Revista análise econômica**, ano 18, n. 33, p. 195-217, Porto Alegre, 2000, p. 200).

76 Ver: (i) OLIVEIRA, Cristiano Aguiar de. Criminalidade e o tamanho das cidades brasileiras: um enfoque da economia do crime. In: **XXXIII Encontro nacional de economia**, 2005, Natal, Associação Nacional dos Centros de Pós-Graduação em Economia (ANPEC). Natal: ANPEC, 2005, p. 13. Disponível em: <http://www.anpec.org.br/encontro2005/artigos/A05A152.pdf>. Acesso em 1.º de maio de 2013; (ii) SCHAEFER, Gilberto José; SHIKIDA, Pery Francisco de Assis. Economia do crime: elementos teóricos e evidências empíricas. In: **Revista análise econômica**, ano 18, n. 33, p. 195-217, Porto Alegre, 2000; (iii) SHIKIDA, Pery Francisco Assis; AMARAL, Thiago Bottino do. Análise econômica do crime. In: TIMM, Luciano Benetti (org.). Direito e economia no brasil. São Paulo: Atlas, 2011; e (iv) SHIKIDA, Pery Francisco Assis. Economia do crime no Brasil. In: RIBEIRO, Marcia Carla Pereira Ribeiro; KLEIN, Vinicius (coord.). **O que é análise econômica do direito: uma introdução**. Belo Horizonte: Editora Fórum, 2011.

avaliar a *eficiência* (i) das tipificações penais de condutas, (ii) do grau de ofensividade dos delitos, (iii) dos diversos efeitos das penas, (iv) da persecução penal promovida pelas polícias e pelo Ministério Público, (v) do funcionamento das varas criminais do Poder Judiciário; (vi) da implicação das mazelas sociais nos índices de criminalidade etc. Tudo com a intenção de fornecer alternativas para otimizar a política criminal, sem retirá-la da moldura constitucional e democrática. Não raro, conforme já trabalhado anteriormente, os dados obtidos por métodos *econométricos* conduzem à redução de penas ou à imposição de regimes menos degradantes, bem como, em certos casos, aconselha até mesmo o abolicionismo criminal.

Dito isso, o que ora se trata como "Direito Penal" importa "examinar o sistema criminal de controle em seu conjunto – *criminal law enforcement system* – (organização da polícia, aspectos orgânicos, processuais, substantivos, penitenciários, de ordenamento jurídico-penal)"[77] a fim de determinar o correspondente grau de *eficiência*.

Winfried Hassemer, a seu turno, preocupa-se com o estudo analítico do Processo Penal eficiente. Para ele, as normas processuais não devem atender aos apelos expansionistas da sociedade e dos defensores de modelos funcionais, pois afirma que, quanto à efetividade do combate à criminalidade, "o direito processual penal precisa pouco se preocupar. Ele está cercado e conectado a inúmeras outras instâncias de controle social e estatal dos desvios, desde a vizinhança até a polícia". Mais adiante justifica que "o objeto do direito processual penal é o controle jurídico do controle social, é a formalização da assimilação do conflito".[78]

Por tais razões, nunca os benefícios de um processo penal sincrético e menos garantista compensariam os custos da relativização de *direitos de liberdade*, tido como parâmetro de utilidade da *eficiência* na perspectiva democrática. Afinal a AED *positiva*, a partir dos dados

---

[77] SÁNCHEZ, Jesús-María Silva. **Eficiência e direito penal**. Barueri: Manole, 2004, p. 8.

[78] HASSEMER, Winfried. **Direito penal libertário**. Belo Horizonte: Del Rey, 2007, p. 118.

levantados pela Economia do Crime, reunirá os mecanismos metodológicos para promover a verificação empírica da ineficiente expansão do processo penal. Noutro sentido, na eventualidade de apontamentos em contrário, ainda persistirá o núcleo mínimo dos direitos fundamentais que emolduram e limitam a *eficiência econômica*.

Ainda em sede de delimitação de premissas, cumpre ressalvar que a "eficiência" defendida pelas teorias funcionalistas, decorrentes, sobretudo, das Ciências Sociais, não corresponde ao tradicional conceito de *eficiência econômica*, muito menos com a abordagem da AED *positiva*.

Os adeptos da criminologia crítica e de suas correntes derivadas adotaram a premissa do *homo sociologicus*, a partir da qual desenvolveram aperfeiçoamentos das teorias da *prevenção especial* e da *prevenção geral positiva*,[79] que, segundo Magalhães Noronha, podem ser conceituadas como um mal ameaçado e imposto perante a sociedade e o delinquente, *in vebis*:

> a pena como um mal, primeiramente ameaçado e depois imposto ao violador do preceito legal; como retribuição, consistente na diminuição de um bem jurídico e cujo fim é evitar os delitos. Vê-se, nessa definição, que o autor conjuga o fundamento da sanção com sua finalidade. Esta é a dupla, como já se viu. Cifra-se na *prevenção geral* e *especial*. A primeira dirige-se à sociedade, tem por escopo

[79] Segundo Cezar Roberto Bitencourt: "A finalidade preventiva da pena divide-se — a partir de Feuerbach — em duas direções bem-definidas: prevenção geral e prevenção especial. Essas duas grandes vertentes da prevenção se diferenciam em função dos destinatários da prevenção: o destinatário da prevenção geral é o coletivo social, enquanto o destinatário da prevenção especial é aquele que delinquiu. Além disso, essas duas vertentes da prevenção são atualmente subdivididas em função da natureza das prestações da pena, que podem ser positivas ou negativas. Assim, adotando a classificação proposta por Ferrajoli, existem basicamente quatro grupos de teorias preventivas: a) as teorias da prevenção geral positiva; b) as teorias da prevenção geral negativa; c) as teorias da prevenção especial positiva; e d) as teorias da prevenção especial negativa". (BITENCOURT, Cezar Roberto Bitencourt. **Tratado de direito penal**. V. 1, 17 ed. São Paulo: Saraiva, 2012, p. 159).

> intimidar os propensos a delinquir, os que tangenciam o Código Penal, os destituídos de freios inibitórios seguros, advertindo-os de não transgredirem o mínimo ético. Além dessas finalidades de caráter geral, há a especial. Com efeito, o delito é resultado de condições endógenas, próprias do criminoso, e exógenas, isto é, do meio circundante.[80]

Ao passo que a teoria da escolha racional ou do *homo economicus* procura entender o criminoso como maximizador de incentivos em cometer ou não o delito,[81] a premissa do *homo sociologicus* serviu de base para a antropologia criminal de Enrico Ferri e para a tese patológica do crime de Cesare Lombroso. Esta abordagem sociológica potencialmente conduz a legislação penal para um instrumentalismo social, descaracterizando toda a sua conformação dogmática, amparada na Constituição.[82]

Pois bem, o utilitarismo presente na premissa do *homo economicus* foi a base da revolução instaurada pela Escola Clássica do Direito Penal, com vistas a preservar a liberdade e a dignidade da pessoa humana. Sucessivamente, surgiram as teses mencionadas do *homo*

---

80 NORONHA. Edgard Magalhães. **Direito penal**. V. 1, 31 ed. São Paulo: Saraiva, 1995, p. 221.

81 Na direção do utilitarismo de Beccaria e Bentham: "*Theories of criminal behavior based more or less on the assumption of rational choice were proposed by Beccaria and Bentham. Bentham wrote that 'the profit of the crime is the force which urges man to delinquency: the pain of the punishment is the force employed to restrain him from it. If the first of these forces be the greater, the crime will be committed; if the second, the crime will not be committed.' From the beginning of this century interest in their point of view dwindled as a plethora of other theories were developed*". (EIDE, Erling. Economics of crime behavior. In: BOUCKAERT, Boudewijn; GEEST, Gerrit de. **Encyclopedia of law & economics**, n. 8100, p. 345-389, 1999, p. 346. Disponível em: <http://encyclo.findlaw.com/8100book.pdf>. Acesso em: 30 de abril de 2013).

82 "No âmbito do Direito Penal, essa postura contrária deu lugar à concepção do delinquente como sujeito patológico (*homo sociologicus*), base da política criminal do final do século XIX e princípios do século XX. Essa concepção, correlata às ideias do Estado social, explica, por exemplo, a introdução das medidas de segurança – inclusive no intuito de substituir a pena – e a difusão da ideologia terapêutica". (SÁNCHEZ, Jesús-María Silva. **Eficiência e direito penal**. Barueri: Manole, 2004, p. 16-17).

sociologicus, entretanto suas proposições tidas no campo teórico como "eficientes" nunca foram consensuais em verificações empíricas.[83] Tratam-se, geralmente, de postulados retóricos com pretensão de cientificidade, não materializada devido a imprecisos dados concretos. Por outro lado, os paradigmas utilitaristas da Escola Clássica, testados pela Economia do Crime, mostraram-se muito mais precisos no levantamento empírico. O que demonstra o despropósito da nova onda de invasão sociológica na dogmática jurídico-penal.

A esse respeito, é precisa a análise de Ejan Mackaay e Stéphane Rousseau, em que identificam uma falha na própria premissa coletivista do *homo sociologicus*: "o 'bem-estar da sociedade' deve ser compreendido em função do de seus membros. As escolhas coletivas da sociedade devem ser analisadas como resultantes da composição de escolhas individuais". Ainda para os autores, "o 'Estado', o 'governo', o 'povo' ou o 'sindicato' não pensam, não decidem eles mesmo, mas indivíduos agem em seu nome, respeitando, imagina-se, os critérios de

[83] Isso, porque, nas Ciências Sociais, a premissa valorativa antecede a verificação empírica, viciando os dados a serem obtidos. Ao contrário, nas Ciências Econômicas, observa-se a desvinculação da análise econômica do crime a discursos prescritivos prévios, o que preserva sua cientificidade. Veja-se: "existem três correntes nas Ciências Econômicas que analisam a teoria econômica do crime: uma primeira corrente, conhecida como de origem marxista, enfatiza que o aumento da criminalidade, sobretudo aquela vinculada à ocorrência de crimes lucrativos, está relacionado às características do processo capitalista, sendo fruto das alterações do comportamento empresarial num contexto cada vez mais concorrencial; uma segunda corrente sustenta que o aumento da criminalidade está associado a problemas estruturais e conjunturais (altos índices de desemprego e concentração de renda, baixo nível de escolaridade e renda, descaso nas atividades de policiamento e justiça, etc); e uma terceira corrente reconhece que a prática de crimes lucrativos é uma atividade ou setor da economia, como qualquer outra atividade econômica tradicional. Este trabalho não se prende, *a fortiori*, a nenhuma corrente ora exposta, porquanto os resultados do questionário aplicado é que aproximarão elementos teóricos com evidências empíricas". (SCHAEFER, Gilberto José; SHIKIDA, Pery Francisco de Assis. Economia do crime: elementos teóricos e evidências empíricas. In: **Revista análise econômica**, ano 18, n. 33, p. 195-217, Porto Alegre, 2000, p. 199).

decisão aplicáveis e outras restrições", a exemplo dos custos de oportunidades e *payoffs*.[84]

Positivada no ordenamento jurídico-constitucional por força do princípio da *eficiência*, a racionalidade econômica propõe-se como mecanismo de otimização do Direito Penal Democrático a fim de desconstituir discursos expansionistas, geralmente pautados por: (i) irracionalidade; (ii) emotividade; (iii) razões psicossociais de vingança; (iv) interesses políticos demagógicos em soluções a curto prazo, a exemplo do Direito Penal simbólico; e (v) renascimento do *homo sociologicus*, relativizando a dogmática criminal.

Convém ressaltar mais uma vez que, embora contenha isoladamente um valor normativo, a *eficiência* insere-se em uma unidade jurídica maior, não se constituindo como um fim em si, mas como um meio de promoção do Estado Democrático de Direito.[85] A AED *positiva* se presta perfeitamente para assimilar e limitar o ímpeto eficientista eventualmente emergido em função da abordagem econômica. Em geral, segundo assevera Jesús María Silva Sánchez: "os direitos fundamentais, apareceriam, assim, como limite intransponível das considerações de eficiência. No meu entender, esta é a tese mais difundida".[86]

Isso posto, a abordagem econômica *positiva* ou *descritiva* do universo jurídico e social pode ser identificada como a tese mais difundida.

---

84 MACKAAY, Ejan; ROUSSEAU, Stéphane. **Análise econômica do direito**. Trad. Rachel Sztajn. 2 ed. São Paulo: Atlas, 2015, p. 41.

85 Para deixar claro que a teoria dos preços não tem por finalidade monetizar a vida humana, mas sim compreender as escolhas e os mais variados custos a elas inerentes: "a economia proporcionou uma teoria científica para prever os efeitos das sanções legais sobre o comportamento. Para os economistas, as sanções se assemelham aos preços, e, presumivelmente, as pessoas reagem às sanções, em grande parte, da mesma maneira que reagem aos preços". (COOTER, Robert; ULEN, Thomas. Direito & economia. 5 ed. Porto Alegre: Bookman, 2010, p. 25).

86 SÁNCHEZ, Jesús-María Silva. **Eficiência e direito penal**. Barueri: Manole, 2004, p. 65.

Há, no meio jurídico, propostas de racionalização democrática que convergem na direção da Análise Econômica do Direito Penal, ainda que permaneçam resistentes à interdisciplinaridade entre Direito e Economia como instrumento de confirmação das teses.

A teoria do delito *funcional redutora* de Eugenio Raúl Zaffaroni pode ser apontada como uma proposta de racionalização do Direito Penal, pautada pelos *direitos de liberdade* e pelos dados da realidade, "sob pena de construir-se conceitos jurídicos perversos", tal como ocorre nas demais abordagens funcionalistas. Assim, "o direito penal, conforme Zaffaroni, deve ser construído de maneira muito parecida com o direito humanitário".[87] A aposição da expressão "redutora" possui justamente o condão de limitar o instrumentalismo penal aos princípios democráticos.

Sob a ótica *redutora*, a principal função extraída do Direito Penal é, segundo Zaffaroni: "ser o direito penal o ramo do saber jurídico que, mediante a interpretação das leis penais, propõe aos juízes um sistema orientador de decisões que contém e reduz o poder punitivo, para impulsionar o progresso do estado constitucional de direito".[88]

Ademais, segundo Luís Augusto Sanzo Brodt, a teoria *redutora* contribui para o seguinte entendimento:

> o direito penal se legitima à medida em que se contenha nos estreitos limites indicados pelo princípio da intervenção mínima e a ideia de que a pena se justifica como instrumento de garantia dos direitos fundamentais (pois permite submeter aos parâmetros constitucionais o exercício da força pelo estado e contém a violência que adviria do emprego generalizado da vingança privada), parece apto a, independentemente de se acatar a teoria agnóstica da pena, fundamentar uma concepção do direito penal também limitadora do poder punitivo.[89]

[87] BRODT, Luís Augusto Sanzo. O direito penal sob a perspectiva funcional redutora de eugenio raul zaffaroni. In: **Revista brasileira de estudos políticos**, n. 101, p. 97-136, 2010, p. 100.

[88] ZAFFARONI, Eugenio Raúl *et alli*. **Direito penal brasileiro: teoria geral do direito penal**. Rio de Janeiro: Renavan, 2003, p. 40.

[89] BRODT, Luís Augusto Sanzo. O direito penal sob a perspectiva funcional redutora de eugenio raul zaffaroni. In: **Revista brasileira de estudos políticos**, n. 101, p. 97-136, 2010, p. 132.

Vê-se, em que pese o viés ideológico, substancial pertinência entre a abordagem econômica e a *funcionalidade redutora* do Direito Penal, conforme proposto por Zaffaroni, de modo a preservar a unidade democrática do ordenamento jurídico.

A respeito da concepção *agnóstica* da pena, também presente no sistema *redutor*, em nada diverge da preocupação da AED na obtenção de estudos empíricos de Economia do Crime que respaldem a eficiência punitiva da sanção penal, sobretudo nos aspectos de *dissuasão* preventiva e *reparação* do dano causado pelo ato ilícito.

A teoria *funcional redutora* pode perfilhar-se certamente com a *Teoria Econômica do Crime*, desenvolvida pioneiramente por Gary Becker, na qual há evidente preocupação com a repercussão dos incentivos para delinquência, existentes no *mundo real*. Assim, se o problema é eminentemente social, conforme apontam tanto Zaffaroni[90] como Becker,[91] não há viabilidade em interferir na política criminal em função dos custos financeiros e da restrição de liberdades derivados. A política pública deve sair do campo jurídico-penal para o campo juseconômico.[92]

---

90 ZAFFARONI, Eugenio Raúl *et alli*. **Direito penal brasileiro: teoria geral do direito penal**. Rio de Janeiro: Renavan, 2003, p. 156-157.

91 BECKER, Gary Stanley. Crime and punishment: an economic approach. In: **Journal of political economy: Essays in the economics of crime and punishment**, National Bureau of Economic Research, p. 169-217, 2001, p. 177. Disponível em: <http://www.jstor.org/discover/10.2307/1830482?uid=3737664&uid=2&uid=4&sid=21101968867553>. Acesso em: 30 de abril de 2013.

92 A propósito do tema, leia-se: "O direito penal deve programar o exercício do poder jurídico como um *dique* que contenha o estado de polícia, impedindo que afogue o estado de direito. Entretanto, as águas do estado de polícia se encontram sempre em um nível superior, de modo que ele tende a ultrapassar o *dique* por transbordamento. Para evitar isso, deve o dique dar passagem a uma quantidade controlada de poder punitivo, fazendo-o de modo seletivo, *filtrando* apenas a torrente menos irracional e reduzindo sua turbulência, mediante um complicado sistema de comportas que impeça a ruptura de qualquer uma delas e que, caso isto ocorra, disponha de outras que reassegurem a contenção". (ZAFFARONI, Eugenio Raúl *et alli*. **Direito penal brasileiro: teoria geral do direito penal**. Rio de Janeiro: Renavan, 2003, p. 156-157).

Outras duas propostas de racionalização, atinentes sobretudo ao processo de expansão do Direito Penal, são as defendidas por Winfried Hassemer[93] e Jesús-María Silva Sánchez,[94] respectivamente: (i) a criação de um *Direito de Intervenção*, a ser destacado da atual tipificação criminal dos *novos riscos*; e (ii) o dimensionamento de um *Direito Penal de duas velocidades*.

Ambos já foram descritos neste trabalho, adotando-se a linha metodológica proposta por Sánchez. Porém, ressalte-se que pouco diferem em substância.

Assim, tanto o *Direito Penal Clássico* de Hassemer quanto o *Direito Penal da primeira velocidade* de Sánchez, pautados pela racionalização, expandir-se-ão na direção das demandas sociais cuja proteção lhe seja própria efetivamente, de modo a respeitar o princípio da *subsidiariedade*. Em sendo assim, aquilo que foi protegido eficientemente por outro ramo jurídico, nunca deverá ser acolhido na esfera penal.

A preocupação com as sanções penais está presente também na obra de ambos os autores.[95] De modo que é possível concluir o seguinte:

---

93 HASSEMER, Winfried. Características e Crises do Moderno Direito Penal. Trad. de Pablo Rodrigo Alflen da Silva. In: **Revista síntese de direito penal e processual penal**, n. 18, p. 144-157, 2003.

94 SÁNCHEZ, Jesús-María Silva. **A expansão do direito penal: aspectos de política criminal nas sociedades pós-industriais**. 2 ed. Trad. Luiz Otavio de Oliveira Rocha. São Paulo: Revista dos Tribunais, 2011.

95 Segundo Hassemer, com a expansão devem estar presentes: "garantias e regulações processuais menos exigentes que o Direito Penal, mas que, para isso, inclusive, seja equipado com sanções menos intensas aos indivíduos". (HASSEMER, Winfried. Características e Crises do Moderno Direito Penal. Trad. de Pablo Rodrigo Alflen da Silva. In: **Revista síntese de direito penal e processual penal**, n. 18, p. 144-157, 2003, p. 156). Já para Sánchez: "não haveria nenhuma dificuldade em admitir esse modelo de menor intensidade garantística *dentro* do Direito Penal, sempre e quando as sanções previstas para os ilícitos correspondentes não fossem de prisão" (SÁNCHEZ, Jesús-María Silva. **A expansão do direito penal: aspectos de política criminal nas sociedades pós-industriais.** 2 ed. Trad. Luiz Otavio de Oliveira Rocha. São Paulo: Revista dos Tribunais, 2011, p. 184).

para o que for estritamente necessária a tutela penal, empreender-se-á um processo de racionalização distinto, haja vista que a problemática não reside na expansão do Direito Penal em si mesma, mas na expansão das ineficientes penas de privação de liberdade. Em tal expansão punitiva, cabe a racionalização da AED a fim de combatê-la.

O que restar de expansão no *Direito de Intervenção* ou no *Direito Penal da primeira velocidade* atenderá aos *direitos de liberdade* e aos princípios constitucionais pertinentes. A finalidade será otimizar um modelo sancionador democrático e eficiente, visando à dissuasão e à ressocialização punitiva, sem utilizar-se da privação de liberdade como principal recurso.

Especialmente com relação aos novos delitos econômicos, Luciano Nascimento da Silva dispõe que um Direito Penal Econômico descarcerizado é o ideal, propondo a construção de um sistema punitivo eficiente, no seguinte sentido:

> um sistema que represente medidas de prevenção, reparação e repressão, com medidas punitivas como, p. ex., privativas de direitos na atividade empresarial, proibição do exercício da profissão, indisponibilidade dos bens denunciados, a expropriação do patrimônio pessoal, dissolução de sociedades, destituição do conselho/assembleia ou órgão administrativo, medidas de segurança, controle administrativo mediante auditoria, proibição de participação em licitação, publicação da ação delituosa etc., que são reconhecidamente medidas punitivas de caráter preventivo eficaz.[96]

Para tais abordagens, tornam-se pertinentes do mesmo modo as formulações teóricas da Economia do Crime, tal como também desenvolvidas por Erling Eide.[97]

---

96 SILVA, Luciano Nascimento. **Teoria do direito penal econômico e fundamentos constitucionais da ciência criminal secundária**. Curitiba: Juruá, 2010, p. 264.

97 EIDE, Erling. Economics of crime behavior. In: BOUCKAERT, Boudewijn; GEEST, Gerrit de. **Encyclopedia of law & economics**, n. 8100, p. 345-389, 1999. Disponível em: <http://encyclo.findlaw.com/8100book.pdf>. Acesso em: 30 de abril de 2013.

Por fim, falta analisar a repercussão específica no campo da dogmática penal das quatro análises de Economia do Crime aplicada, conduzidas neste trabalho, quais sejam: (i) *fatores de avanço e de redução da criminalidade*; (ii) *menos armas, menos crimes*; (iii) *narcotráfico e mercado*; e (iv) *sistema penitenciário ótimo*.

A primeira aplicação, relativa aos *fatores de avanço e de redução da criminalidade*, demonstrou como um contexto social desigual e degradado influencia na formação do delinquente, desde sua infância até à fase adulta.

Fatores demográficos, habitacionais, de educação e distribuição de renda positivos, *exempli gratia*, influem como contraincentivos ao comportamento criminoso, porquanto impõem um acréscimo proporcional nos custos de oportunidade (*trade off*), que podem ser exemplificados pelo distanciamento de atividades laborais lícitas em decorrência da opção pelo crime.

A AED, diante isso, fixa uma fronteira entre o que cabe à dogmática penal se aperfeiçoar para evitar delitos e o que cabe às políticas sociais e econômicas serem mais eficientes em prol de garantir a concretização de direitos fundamentais. Com isso, inverte-se a agenda estatal para alocar recursos nas ações que atingirão os verdadeiros fatores da criminalidade. A um só tempo, preserva-se a unidade democrática e liberal do Direito Penal e reduz-se a criminalidade sem expandi-lo.

Repercussão positiva, destarte, nos princípios constitucionais da *intervenção mínima* e da *subsidiariedade*.

A segunda aplicação, referente a *menos armas, menos crimes*, apresentou fortes indícios de que as políticas de desarmamento, sobretudo aquelas associadas a legislações severas e com substancial criminalização de condutas, são bastante ineficazes e apresentam elevados custos financeiros e de restrição de liberdades, com o pagamento inócuo de indenizações estatais por entrega de armas e o encarceramento de cidadãos sem histórico de delinquência.

Ora, se a expansão penal decorrente de políticas de desarmamento não resultou em menores taxas de homicídio e crimes violentos, muito menos no efetivo desarmamento do delinquente habitual, trata-se de um avanço despropositado da política criminal por cima dos *direitos de liberdade* prescritas na Constituição.

De imediato, pode-se questionar a constitucionalidade da Lei Federal n. 10.826, de 22 de dezembro de 2003 (Estatuto do Desarmamento),[98] no que se refere aos novos tipos penais e às sanções severas nela cominadas. O controle constitucional é viável em face dos princípios da *intervenção mínima* e da *proporcionalidade*.

A terceira aplicação, ao tratar de *narcotráfico e mercado*, demonstrou como as políticas de repressão às associações criminosas do narcotráfico possui um efeito reverso, bastante nocivo para seu próprio êxito.

Muitos recursos estatais são dirigidos ao combate do narcotráfico sem que retornem benefício correspondentes aos elevados gastos públicos. Tais políticas de repressão, no caso brasileiro, devem ser rediscutidas sob parâmetros de racionalidade e com a abertura devida para a abordagem econômica de mercado.

O modelo repressor, cada vez mais adotado, aproxima-se do que, segundo Manuel Cancio Meliá, é denominado de *Direito Penal do Inimigo*[99] ou, para Jesús-María Silva Sánchez, *Direito Penal de terceira velocidade*.[100]

Atribui-se a criação do conceito dessa nova dimensão de expansão criminal ao penalista alemão Günther Jakobs,[101] que identi-

---

98 "Dispõe sobre registro, posse e comercialização de armas de fogo e munição, sobre o Sistema Nacional de Armas – Sinarm, define crimes e dá outras providências". (BRASIL. **Lei Federal n. 10.826, de 22 de dezembro de 2003**. Disponível em: < http://www.planalto.gov.br/ccivil_03/leis/2003/l10.826.htm>. Acesso em: 3 de maio de 2013).

99 MELIÁ, Manuel Cancio. De nuevo: "derecho penal del enemigo?. In: STRECK, Lenio Luiz (org.). **Direito Penal em Tempos de Crise**. Porto Alegre: Livraria do Advogado, 2007, p. 27.

100 SÁNCHEZ, Jesús-María Silva. **A expansão do direito penal: aspectos de política criminal nas sociedades pós-industriais**. 2 ed. Trad. Luiz Otavio de Oliveira Rocha. São Paulo: Revista dos Tribunais, 2011, p. 193-197.

101 JAKOBS, Günther; MELIÁ, Manuel Cancio. **Derecho penal del inimigo**. Madri: Civitas, 2003, p. 55-56.

ficou três elementos bases do processo de criminalização de delitos socioeconômicos, sobretudo aqueles praticados por organizações criminosas e terroristas. São eles: (i) avanço da punibilidade prospectiva, ou seja a criminalização do perigo abstrato, mera conduta e até mesmo da simples cogitação *praeter criminis*, ao contrário da teoria clássica que exige a lesividade antecedente para a resposta do processamento penal; (ii) penas desproporcionalmente elevadas, destituídas de qualquer função preventiva, reacendendo as premissas da *vingança pública*; e (iii) relativização e supressão de liberdades e garantias processuais de caráter individual.[102]

Diferentemente da concepção *redutora* de Zaffaroni e das abordagens liberais de Hassemer e Sánchez, a função do *Direito Penal do Inimigo* é identificar e tratar o delinquente típico dessa dimensão como um adversário do ordenamento jurídico.[103]

Jakobs parte da premissa de que níveis de punibilidade e de relativização de garantias são legítimos na medida da gravidade do delito para a segurança do Estado de Direito.[104]

A ideia do *inimigo*, portanto, atribui ao Direito Penal a função protetora do ordenamento jurídico, em razão da seguinte lógica: a proteção do Estado de Direito e de seu ordenamento antecede a proteção dos *direitos de liberdade*, pois, sem aquele não se poderiam exigir estes.

Para o autor, eventuais vulnerações de direitos humanos, depois de um processo legislativo de criminalização, mostram traços próprios do *Direito Penal do Inimigo* sem serem por eles considerados ilegítimos. O hiperpunitivismo do *inimigo* claramente delimitado e destinado à proteção de direitos humanos e do próprio Estado seria, portanto, legítimo.[105]

---

[102] Ver: MELIÁ, Manuel Cancio. De nuevo: "derecho penal del enemigo?. In: STRECK, Lenio Luiz (org.). **Direito Penal em Tempos de Crise**. Porto Alegre: Livraria do Advogado, 2007, p. 27.

[103] JAKOBS, Günther; MELIÁ, Manuel Cancio. **Derecho penal del inimigo**. Madri: Civitas, 2003, p. 48.

[104] JAKOBS, Günther; MELIÁ, Manuel Cancio. **Derecho penal del inimigo**. Madri: Civitas, 2003, p. 47.

[105] Confira-se no original: "*Un Derecho penal del enemigo claramente delimitado es menos peligroso, desde la perspectiva del Estado de Derecho, que entremezclar*

Assim, autorizar a máxima amplitude do poder punitivo estatal para combater organizações criminosas narcotraficantes, por exemplo, estaria devidamente justificado em função dos danos causados aos direitos humanos e, consequentemente, a toda sociedade pelo mercado ilícito de tóxicos.

Em que pesem tais argumentos, os mecanismos eficientes de redução do tráfico de drogas não estão e nem nunca estiveram no Direito Penal em princípio. Assim restou demonstrado pela Economia do Crime ser mais bem sucedidas intervenções de políticas públicas sociais em conjunto com novas políticas de repressão, amparadas por parâmetros de racionalidade e com a abertura devida para a abordagem econômica de mercado. Tais políticas de repressão, conforme analisado, não prescindem das liberdades e garantias individuais do Estado Democrático de Direito. Afinal, foram propostas justamente dentro de sua moldura constitucional.

A AED *positiva*, ao analisar a *eficiência* do *Direito Penal do Inimigo* no caso das organizações narcotraficantes, fornece relevantes subsídios para ponderação dos direitos fundamentais em prol dos princípios constitucionais da *intervenção mínima*, *proporcionalidade* e *legalidade*, preservando-se as garantias legais decorrentes da *ampla defesa* e do *contraditório*, por exemplo.[106]

Enfim, a derradeira aplicação da Economia do Crime, *sistema penitenciário ótimo*, demonstrou como é possível solucionar muitas das incongruências não apenas do sistema penitenciário, mas também de demais áreas do Direito, com ênfase para a esfera penal, tudo

---

todo el Derecho penal con fragmentos de regulaciones propias del Derecho penal del enemigo. La punición internacional o nacional de vulneraciones de los derechos humanos después de un cambio político muestra rasgos propios del Derecho penal del enemigo sin ser sólo por ello ilegítima". (JAKOBS, Günther; MELIÁ, Manuel Cancio. **Derecho penal del inimigo**. Madri: Civitas, 2003, p. 56).

106 Frise-se, por oportuno, que há juseconomistas que defendem o *abolicionismo criminal* com relação ao mercado de entorpecentes, pois argumentam ser a medida menos onerosa socialmente para o Estado e para os cidadãos. (POSNER, Richard A. **Economic analysis of law**. Nova Iorque: Aspen Publishers, 2010, p. 307-309).

por força da metodologia da AED *positiva* aplicável, destacando, para esse caso, a importância do regime semiaberto como o sustentáculo do sistema de Execução Penal ressocializador e mecanismo inibidor da reincidência delinquencial.[107]

Observou-se, portanto, a partir da abordagem econômica, a maior proteção dos seguintes princípios constitucionais do Direito Penal: *legalidade*, *proporcionalidade*, *intervenção mínima* e, ainda mais importante, *dignidade da pessoa humana*. Isso, porque a AED fornece instrumentos viáveis e sustentáveis para a Administração penitenciária assegurar os direitos mínimos dos apenados, assim determinados em lei. Além disso, foram demonstrados os resultados satisfatórios para a ressocialização com a execução razoável das penas, em regimes apropriados, dada a devida ênfase ao trabalho do preso, a ser desempenhado em colônias agrícolas e industriais - na perspectiva de incrementar *custos de oportunidade* que tornem o crime desvantajoso.[108]

Conforme se extrai das palavras de Alberto Jorge C. de Barros Lima, cumpre empreender uma intervenção racional mínima no Direito Penal. Veja-se:

> a resposta penalógica privativa de liberdade, ao menos aquelas de média e longa duração, deve servir somente à tutela dos bens jurídicos mais importantes. Mesmo a pena privativa de liberdade de curta duração (detenção, prisão simples) não pode vingar quando existem outros modos, menos gravosos e, sobretudo, mais proveitosos, para composição do litígio. O princípio da intervenção mínima irradia determinações delimitadoras à atuação do legislador e do juiz na incriminação de condutas, legitimando-os a agir, criminalizando

[107] BITENCOURT, Cezar Roberto Bitencourt. **Tratado de direito penal**. V. 1, 17 ed. São Paulo: Saraiva, 2012, p. 663-664.

[108] Sobre o assunto, ver artigo já publicado desta autoria: RODRIGUES, Fillipe Azevedo. **Análise econômica da execução penal: ressocialização e regime semiaberto.** Revista Direito e Liberdade, v. 13, n. 2, p. 101-124, 2012. Disponível em: <http://www.esmarn.tjrn.jus.br/revistas/index.php/revista_direito_e_liberdade/article/view/403/433>. Acesso em: 28 de abril de 2013.

> comportamentos, somente em marcos estreitos, observada a imposição de paradigmas de conteúdo.[109]

Na linha do que foi exposto, a *eficiência econômica* como norma jurídica constitucional fortalece o Estado Democrático de Direito e concilia *direitos de liberdade* (protegido pela garantia da intervenção racional mínima) e direitos sociais, econômicos e difusos,[110] a exemplo da garantia de uma segurança pública eficiente e humanitária.

109 LIMA, Alberto Jorge Correia de Barros. **Direito penal constitucional: a imposição dos princípios constitucionais penais**. São Paulo: Saraiva, 2012, p. 72.

110 Também nesse sentido: "o princípio da eficiência, apesar de inaugurar um novo modelo de administrar a coisa pública, denominado gerencial, não ostenta primazia ante aos demais cânones regentes da Administração Pública, antes com estes mantendo relacionamento harmônico, bem assim não se descurando da inevitável reverência aos direitos fundamentais". (NOBRE JÚNIOR, Edilson Pereira. Administração pública e o princípio constitucional da eficiência. In: **Revista de Direito administrativo**, n. 241, p. 209-240, 2005, p. 240).

6

CONCLUSÃO

O estudo sobre a racionalização do Direito Penal da contemporaneidade partiu da conceituação dos *direitos fundamentais de liberdade*, cujas premissas-base de *constitucionalismo*, *constituição* e *direitos fundamentais* delimitam seu escopo e pertinência para a preservação do Estado Democrático de Direito.

De início, afirmou-se que o *constitucionalismo*, em sua acepção liberal, remonta ao movimento político e ideológico o qual fez frente aos arbítrios do Estado Absolutista. Um movimento político-ideológico tipicamente ocidental, datado do século XVIII, com amplitude irrestrita ao novo mundo, haja vista ter se concretizado sobretudo em França e nos Estados Unidos.

Considerou-se o conceito de *Estado* relativo a uma sociedade ordenada sobre *direitos fundamentais*, correspondente ao aparelho de poder centralizado e destinado a impor a soberania de um povo em delimitado território, por meio de estrutura tripartida em sistemas administrativos, de caráter executivo, legislativo e judiciário. De maneira que tal aparato estatal se funda a partir de valores de *liberdade* – oriundos do *constitucionalismo moderno* – e os materializa como *direitos fundamentais*, os quais servem de limite e norte de atuação da atividade pública em face dos indivíduos.

Quanto à definição de *Constituição*, a partir de tais perspectivas liberais, a premissa utilizada a definiu como o estatuto maior que reúne os valores de liberdade presentes no meio social e legitima a atuação do *Estado*, desde que orientada para a maximização dos *direitos fundamentais* constitucionalmente consagrados.

Assim, em um aspecto geral e comum a todos os movimentos semelhantes pelo mundo ocidental, o *constitucionalismo* compreendeu um ordenamento jurídico-político reduzido em texto escrito, ou seja, em uma *constituição*, que dispunha sobre a organização política do poder a fim de torná-lo moderado e limitado democraticamente, a partir de uma reunião de *direitos fundamentais*, devidamente assegurados.

Tal ideia da *supremacia ou da prevalência dos direitos fundamentais*, originada no *constitucionalismo moderno*, tornou-se comum nos ordenamentos constitucionais da maior parte dos países que se amparam em regimes democráticos. Diante disso, a principal função dos *direitos fundamentais* é limitar o exercício do poder estatal em face da liberdade individual, em sede de caráter normativo dentro do Estado.

Conforme trabalhado dentro dos *direitos fundamentais*, expressam-se os *direitos de liberdade* para os quais a doutrina atribui diversas nomenclaturas, sem, entretanto, divergir no conteúdo material de proteção da propriedade privada e da liberdade física, de expressão e informação, de consciência, de religião e culto, de criação cultural etc., dos quais se extrai, a um só tempo, o direito de agir e de não sofrer interferência ou impedimento nesse intento de liberdade.

A positivação dos *direitos de liberdade* na condição de norma constitucional do Estado importou compreendê-los em nível de supremacia perante o ordenamento jurídico. Norteiam, portanto, toda a produção jurídica oriunda de lei, decisões judiciais e atos administrativos. Todo o sistema tripartido de poder está vinculado ao regime constitucional dos *direitos de liberdade*, além de serem oponíveis também no meio social.

Tratou-se dos *direitos de liberdade*, destarte, sob a perspectiva de dupla funcionalidade. A primeira é a função *negativa*, de *direito público subjetivo* do indivíduo, a qual vincula o Estado a uma correspondente *norma de competência negativa*, isto é, obrigação de não invadir o espaço de autodeterminação do indivíduo. A segunda, por outro lado, consiste na função *positiva*, pois infere o dever estatal de proteção a eventuais transgressões às liberdades dos indivíduos, de modo que estes possam se socorrer dos mecanismos e garantias jurídicos de defesa. Conjugadas as funções, pôde-se dizer que tanto o Estado como os demais particulares são *sujeitos passivos* dos *direitos de liberdade*.

Noutro pórtico, restou cediço que o Estado Democrático de Direito protege de intervenções restritivas os *direitos fundamentais*, abrangendo-se os *direitos de liberdade*, salvo nas condições expressamente dispostas na própria ordem constitucional.

As intervenções, assim concebidas, não ficam suscetíveis à plena discricionariedade do legislador. Estão limitadas às *garantias constitucionais* das liberdades, bem como a um critério de *proporcionalidade*, do qual se extrai a assertiva de inconstitucionalidade da restrição de *direitos de liberdade* que não se preste a cumprir um fim democrático evidentemente necessário e às consequências observadas pela perspectiva pragmática.

Em primeiro lugar, a prescrição de *garantias fundamentais* compõe o núcleo normativo dos *direitos de liberdade*, dotando-os de carga de exigibilidade imediata, bem como de instrumentos jurídicos de reintegração caso haja uma conduta lesiva a suas prescrições. Viabilizam um sistema de *proteção social, política* e *jurídica* de liberdades.

Como exemplo lembrado de *garantia constitucional*, a *legalidade* é corolário do regime democrático e orienta todos os ramos do Direito, sobretudo aqueles destinados a se debruçarem sobre regras e princípios que disciplinam a atividade estatal com interferência no domínio privado.

No tocante ao Direito Penal, cuja incidência sobre *direitos de liberdade* se mostrou deveras exacerbada, a *legalidade* desdobra-se em uma série de outros princípios específicos da tutela penal, no afã de preservar um núcleo mínimo de *direitos de liberdade*. Basicamente são eles: (i) *nullum crimen, nulla poena sine lege praevia*; (ii) *nullum crimen, nulla poena sine lege scripta*; (iii) *nullum crimen, nulla poena sine lege stricta*; e (iv) *nullum crimen, nulla poena sine lege certa*.

Em suma, impôs-se a necessidade de definir e aplicar limites aos limites. A regra democrática é restringir as restrições arvoradas pelo exercício discricionário do legislador nos *direitos de liberdade*, a utilizar-se, não só de garantias como o *princípio da legalidade*, como também do critério de *proporcionalidade*.

Assim, procedeu-se à análise da relação entre meios e fins da norma restritiva de liberdades. Ainda que esteja devidamente motivada a necessidade dos fins inerentes à proposição restritiva, a avaliação da adequação dos meios é indispensável, porquanto, apenas através dela, é possível demonstrar se esses viabilizarão tais intenções do Estado e quais suas consequências. Em geral, foi dito que, não obstante o fim seja constitucionalmente válido, não é recomendável aventurar-se em medidas restritivas de *direitos de liberdade* caso não se mostrem integralmente eficazes e proporcionais.

A função da *proporcionalidade* consiste em atuar como regra disciplinadora do limite fixado às entidades públicas legitimadas para intervenção restritiva nos *direitos de liberdade*. Configura um limite racional ao poder limitador orientado pelo pragmatismo das consequências.

Aplicada às abordagens expansionistas do Direito Penal, a Economia do Crime cumpre o papel de verificação objetiva da *proporcionalidade*. Partindo do conceito de *eficiência econômica*, maximiza a concreção de deveres positivos do Estado em harmonia com a preservação dos *direitos de liberdade*. Promove, destarte, a convergência de *garantias constitucionais* (jurídica) com um critério pragmático de *proporcionalidade*, incólume às clivagens ideológicas de processos hermenêuticos meramente retóricos.

Iniciada a investigação própria da Economia do Crime, ressaltou-se que as mais variadas abordagens científicas sobre o fenômeno da criminalidade admitem a forte influência dos indicadores socioeconômicos na redução ou na elevação de fatos criminosos em dado contexto social.

No caso brasileiro, mostrou-se evidente a influência do processo intenso de urbanização, vivenciado no Século XX, com relação às diversas questões de conflito socioeconômico contemporâneos, devido, sobretudo, à formação de bolsões de pobreza no entorno das grandes cidades, estereotipados nas sub-habitações conhecidas como favelas. Nessa linha, foi arguido que o tamanho das cidades brasileiras foi um fator de aumento da criminalidade, principalmente devido ao processo de urbanização desordenado.

Outros fatores suscitados se revelaram na desigualdade de renda e a manutenção da pobreza, cujas causas são geralmente danosas à preservação de um regime democrático. As mazelas sociais apontadas, a despeito da gravidade, costumam incrementar conflitos diuturnos, algumas vezes materializados no crime.

Ainda sobre fatos sociais pertinentes à análise econômica, diz-se da *interiorização do crime* como fenômeno comum em cidades de menor porte, cujo ritmo de crescimento se deu de forma mais acelerada, ao passo que o investimento no aparato de segurança pública permaneceu estagnado e ineficiente. O crime se tornou mais viável e comum em ambientes urbanos menos protegidos.

O resumo apresentado do perfil social da criminalidade brasileira indicou predominância entre jovens, distribuição geográfica desigual, violência maior nos bolsões urbanos de pobreza, interiorização do crime, taxas ainda mais elevadas nas capitais e regiões metropolitanas e crescimento elevado de crimes violentos em todo o país, ressalvado os últimos anos de 2018 e 2019 em que houve substancial redução no número de homicídios, queda sem precedentes e, portanto, ainda de difícil elucidação das causas.

A tal cenário foi aplicada a metodologia econômica, com base na *lei das consequências não intencionais*, devido à qual se consideram os indivíduos como agentes maximizadores, que respondem a incentivos, embora não necessariamente de maneiras previsíveis.

Sobre esses incentivos, foi dito que existem em função das incontáveis necessidades das pessoas, expandidas indefinidamente, ao passo que os recursos para as atender são finitos ou, melhor dizendo, escassos. Assim, com a finalidade de satisfazer demandas, cada um costuma reagir no sentido dos melhores incentivos e contra os piores, referenciados seus interesses. A escassez inevitavelmente leva ao conflito de interesses antagônicos em sociedade.

Dada a problemática, a Economia se presta ao estudo da melhor alocação possível dos recursos escassos entre usos alternativos e fins competitivos, em um habitat socializante. Demonstrou-se, assim, a intercomunicação com o Direito, onde os institutos jurídico-normativos consistem nas arestas da atividade econômica – os limites, nos quais, os agentes econômicos devem pautar suas reações aos incentivos existentes.

Contudo, evidenciou-se a necessidade de estimular maior diálogo entre as áreas, ainda muito aquém do ideal e do potencial interdisciplinar premente. Sustentou-se, pois, que o divórcio científico apenas prejudica a qualidade das pesquisas, cujas conclusões, amparadas sobre frágeis referenciais teóricos da ciência diversa, não repercutem positivamente como deveriam para o mundo real.

Muito ainda pode ser desenvolvido no debate Direito e Economia, de modo a se reiterarem justamente as conclusões propostas neste trabalho. A começar, conforme dito, pela descrição mais detalhada da *lei econômica* da reação dos indivíduos a incentivos, sejam eles jurídicos, amorosos, éticos, biológicos etc. Útil para entender a diuturna tomada de decisões, típica do comportamento humano e dos fatos jurídicos.

Desse modo, a *Teoria da Escolha Racional* serviu de instrumento hábil para estudar como os indivíduos comportam-se em função da maximização daquilo a que atribuem o valor de utilidade, concluindo-se o seguinte: o comportamento previsível das empresas é a maximização dos lucros, assim como o Fisco maximiza a arrecadação, o ativista ambiental maximiza a preservação do meio ambiente e o assaltante maximiza os benefícios oriundos do objeto roubado. Trata-se de uma lógica utilitarista, cujo objeto é compreender a maioria das pessoas como agentes racionais, comportando-se tal qual *homo economicus* à procura da satisfação de seus interesses particulares.

Sopesadas as margens de erro da teoria do *homo economicus*, afinal o comportamento previsível do indivíduo está suscetível ao fluxo de vários outros aspectos sociais e culturais, não foi suprimido seu valor e sua funcionalidade no aspecto macrocomportamental. É dizer: ao maximizar uma situação concreta da qual se extraem várias alternativas de reação, o indivíduo, como agente econômico, toma uma decisão por aquilo que melhor lhe satisfaz com o menor esforço – ou custo – possível, tratando-se, pois, de um julgamento de eficiência.

Pois bem, a Economia é, acima de tudo, um *método de investigação* do comportamento humano em um ambiente de fins diversos e meios escassos que possuem usos alternativos, servindo o Direito como método de compreensão das imbricações decorrentes das normas jurídicas no meio social, tornando-as mais condizentes com a realidade das coisas.

Coube destaque à influência do *realismo jurídico* em abrir o debate da abordagem interdisciplinar do Direito. As ideias de Alf Ross admitiram a aproximação do jurista às demais ciências, com vistas a permitir melhor compreensão da realidade social, afastando-o do formalismo exacerbado e improdutivo. Sem embargo, do *realismo jurídico* norte-americano surgiu a Análise Econômica do Direito (AED), tendo em vista que suas ideias centrais eram, por feliz coincidência, a maximização do critério de eficácia das normas, acima, inclusive, de qualquer critério de justiça ou validade; a AED, por sua vez, aperfeiçoou a eficácia do realismo para o critério econômico-jurídico de eficiência.

Entre as duas frentes de abordagem da AED, optou-se por adotar a de caráter descritivo ou, como mais conhecida, a AED *Positiva*. Afinal, teve-se como objetivo analisar o arcabouço jurídico vigente e propor – sem fugir dele – quais as construções hermenêuticas que podem torná-lo mais eficiente em sua unidade, preservados os valores jurídico-normativos que inauguram o sistema. No caso brasileiro, tratar-se-ia da aplicação da metodologia econômica em prol de otimizar o ordenamento jurídico para os fins constitucionais positivos (especialmente, *direitos liberdade* e *garantias fundamentais*), oferecendo uma alternativa pragmática à retórica jurídica.

Nessa linha de abordagem, acreditou-se em um diálogo harmônico entre juseconomistas e juspositivistas, pois ficarão preservadas a dogmática e a unidade democrática do ordenamento jurídico.

Referente ao Direito Penal, a linha (*soft*) da AED *Positiva* promove a abordagem introdutória sobre crime e sistema penal na realidade brasileira de maneira mais profícua, ao partir dos pressupostos constitucionais, que inauguram o ordenamento jurídico. Isto é, as instituições jurídicas foram variáveis valiosas e ponto de partida desse estudo.

Iniciado o estudo propriamente da Economia do Crime, as teorias do comportamento delinquencial se amparam na *escolha racional* conforme as propostas idealizadas por Cesare Beccaria e Jeremy Bentham ainda no Século XVIII, porquanto afirmavam que o benefício obtido com o crime é a força que estimula o homem à delinquência: a dor da punição é a força empregada para demovê-lo do crime. A dedução obtida de tais hipóteses revela que, se a primeira dessas forças for superior, o crime será cometido e, se a segunda for superior, o crime não será cometido. O desenvolvimento dessas ideias se atribuiu ao trabalho *Crime and Punishment: An Economic Approach*, de Gary Becker, obra de extrema relevância para a Economia do Crime.

Firmado o referencial teórico, compreendeu-se que o delito ocorre na medida em que o delinquente, como *homo economicus*, reage racionalmente a incentivos, assim como os não criminosos o fazem. Esses incentivos são delimitados através de uma análise de custos e benefícios entre praticar ou não a conduta criminosa.

Nisso, influem as questões socioeconômicas brasileiras, relacionadas com o fenômeno da delinquência. Também no crime se está em jogo um custo de oportunidade ou um *trade off*. Ao seguir a carreira do crime, o delinquente, na condição de *homo economicus*, paga o *preço* de afastar-se de atividades lícitas. Os benefícios esperados com o ilícito penal devem, portanto, superar os custos de oportunidade e compensar os riscos inerentes ao submundo do crime.

Desse modelo, viabilizado mediante funções algébricas, extraíram-se diversas conclusões. As variáveis utilizadas para se chegar a elas foram as seguintes (i) *quantidade de crimes* (*O*); (ii) *probabilidade da condenação* (*p*); (iii) *efeito dissuasivo da pena* (*f*); (iv) *características exógenas* (*u*); (v) *custos para combater o crime* (*C*); (vi) *danos causados pelo crime* (*D*); e o (vii) *coeficiente do custo social da pena* (*b*).

A primeira conclusão, consistente no produto das variáveis *p* e *f*, demonstra o grau de *eficiência geral* da política criminal em coibir a atividade criminosa, afinal, caso as penas sejam tão brandas que não dissuadam o comportamento criminoso, em nada adiantará eficientes processos de persecução criminal e julgamento. Por lógica, a recíproca também procede.

Sobre a *perda social* (*L*) decorrente do avanço da insegurança e da violência, importa listar seus elementos integradores: os danos patrimoniais e extrapatrimoniais causados pela criminalidade somados ao temor da quantidade elevada de crimes, bem como aos custos sociais da pena e financeiros do combate à criminalidade.

A solução está em otimizar o emprego de recursos cada vez mais escassos para o alcance de fins ainda maiores, com o objetivo de, para o direito e para a política criminal, minimizar o custo social. Só assim se identificarão as políticas ótimas da justiça penal.

Quanto à pena de prisão, toda a abordagem econômica ressaltada concluiu pela sua ineficiência. Não é possível compreender o porquê do avanço de tipificações de delitos com penas de prisão e de sentenças que, em função do encarceramento, prescindem de outras modalidades de sanção mais eficientes.

A teoria do crime aplicada abordou quatro temáticas. Em todas, descontruiu-se uma série de dogmas em que se pautam políticas públicas de segurança. O avanço ou redução da criminalidade pouco é influenciada pela expansão do Direito Penal. A influência maior decorre das condições sociais e da própria criminalização ineficiente de condutas, em função da qual os *mercados ilícitos* se promovem.

Com referência particular à política brasileira de desarmamento, procedeu-se ao estudo dos dados empíricos disponíveis (que ainda são poucos), a fim de identificar os reais impactos na redução da criminalidade, quais sejam: (i) não é possível afirmar se de fato a demanda por armas legais sofreu redução após uma década de vigência do Estatuto do Desarmamento, em função dos números desencontrados fornecidos por órgãos e entidades públicas; (ii) o controle mais rigoroso do mercado lícito possui o efeito de migrar parcela resistente da demanda para o mercado ilícito de armas de fogo, nos quais é comum a utilização de métodos violentos, formando um ciclo vicioso do crime; (iii) a criminalidade habitual ou profissional não foi influenciada pela expansão de tipos e sanções penais, bem como pelo acesso mais restrito a armas legais, tendo vista que o delinquente nunca irá se prestar a cadastros de antecedentes para adquirir arma de fogo, sendo-lhe usual recorrer ao mercado ilícito; (iv) a discreta redução de crimes letais que pode ser atribuída ao Estatuto se deveu possivelmente a menor ocorrência de conflitos resultantes em morte entre cidadãos comuns, que outrora tinham acesso mais fácil a armas de fogo; (v) os valores módicos fixados para indenizar o cidadão que entrega sua arma à Campanha Nacional do Desarmamento não representam um incentivo substancial em prol do sucesso da política pública; (vi) o número de armas de fogo recolhidas pela Campanha Nacional do Desarmamento, de 2003 até hoje, não conseguiu superar consistentemente o número de novas armas adquiridas no mesmo período, não obstante às severas restrições para aquisição por parte do cidadão comum; e (vii) a função dissuasiva das novas prescrições penais não inibiram as práticas criminosas típicas, de modo que mantiveram-se contundentes na punição com prisão (elevado custo social) de cidadãos que passaram à situação de ilegalidade com o novo regime.

O conjunto dos dados apresentados levou à conclusão de que as políticas de desarmamento, sobretudo aquelas associadas a legislações severas e que contêm substancial criminalização de condutas, mostram-se ineficazes e de elevada *perda social* – *e.g.*, indenizações por entrega de armas custeadas pelo Estado e encarceramento de cidadãos sem histórico de delinquência habitual – logo ineficientes sob vários parâmetros da *Teoria Econômica do Crime*.

Sobre a descriminalização – ou *legalização* – do uso e comércio de drogas, o entendimento exposto recomendou uma estrutura regulamentada pelo Estado e sobre a qual incidiriam tributos. A arrecadação proveniente seria aplicada nas correspondentes áreas de segurança e saúde pública com o intuito de sanar ao máximo os custos sociais remanescentes do mercado ilícito, possivelmente levado à falência inevitável nesse cenário.

Apenas com a expansão punitiva da legislação penal, muitos recursos estatais continuarão sendo dirigidos sem retornos positivos à altura do investimento social. Tais políticas públicas, no caso brasileiro, devem ser rediscutidas sob parâmetros de racionalidade e com a abertura devida para a abordagem econômica, muito pertinente ao tema. Revisitar os institutos jurídicos e repensá-los é salutar para o aprimoramento da segurança pública nacional, além de minimizar as enormes *perdas sociais* que o narcotráfico enseja.

Por seu turno, a Execução Penal deve prezar pela racionalidade de custos e benefícios, devido ao esfacelamento do sistema prisional. Voltar os recursos governamentais ao regime semiaberto, por este trazer mais benefícios a baixo custo, é meta urgente, abstraindo-se, ao menos em princípio, da estrita vinculação à noção *retributiva* da sanção criminal.

Em sendo assim, cumpre concluir ser possível solucionar muitas das incongruências não apenas do sistema penitenciário, mas também de demais áreas do Direito, com ênfase para a esfera penal, tudo por força da metodologia econômica aplicável, ressaltando – para a hipótese ora em análise – a importância do regime semiaberto como o sustentáculo do sistema.

Malgrado os fortes indícios da AED por um Direito Penal reduzido racionalmente, a tendência da legislação contemporânea é oposta. Para boa parcela da doutrina, a dogmática e os valores de liberdade que orientam os institutos jurídico-criminais estão em crise diante da expansão desenfreada do punitivismo.

Uma das justificativas elencadas para tal crise é a consolidação de uma sociedade contemporânea complexa. As interações sociais se dão, nesse meio, sob a sensação perene de riscos reais e ilusórios e que tais riscos repercutem em inovações na esfera criminal sem a depuração devida dos princípios constitucionais do Direito Penal, bem como prescindindo de uma análise prévia de eficiência desses novos institutos de gestão de riscos.

Pôde-se enxergar uma pressa peculiar da nossa realidade contemporânea que contamina a concepção do arcabouço normativo jurídico-penal, prejudicando o seu devido processo de racionalização. Hoje, encontra-se instalada uma sociedade do impensado, da pressa ou até mesmo do efêmero, incompatível com as responsabilidades democráticas.

A fim de melhor elucidar as vicissitudes da sociedade contemporânea, a sinalização de Jesús-María Silva Sánchez para algumas das causas da expansão do Direito Penal é bastante precisa e cumpre ser observada sobretudo quanto: (i) aos *novos interesses e riscos*; (ii) ao *império da insegurança na sociedade de sujeitos passivos*; (iii) à *política criminal da esquerda no século XXI*; (iv) à *globalização e à internacionalização do Direito Penal*; e (v) à *confusão entre Direito Administrativo Sancionador e Direito Penal*.

No tocante *aos novos interesses e riscos*, o crime organizado é um dos fatores que, associado ao mundo da comunicação digital, pereniza o medo nos indivíduos e nas instituições estatais. Os novos riscos da criminalidade corporativa ensejam a sensação de perplexidade e de insegurança. Surge daí o Direito Penal do Risco – ou da *sociedade do risco* – fomentado pelo discurso sedutor para as aspirações – alheias à ética – da mídia de massa e da demagogia política.

O segundo ponto, isto é o *império da insegurança na sociedade de sujeitos passivos*, atrai profundas discussões. Não obstante, deve-se alegar que, atualmente, a sociedade do novo milênio não conduz somente a novos riscos e bens jurídicos, mas também a uma sensação psicótica de insegurança massificada, espécie de esquizofrenia coletiva. A patologia social é tão crônica que transcende do campo subjetivo privado para uma verdadeira *institucionalização da insegurança*. A incerteza e a demasiada preocupação sobre a segurança de novas tecnologias e comportamentos tornam fértil o campo de desenvolvimento do anseio por novas tipificações penais de condutas. Ocorre que o modelo de Estado Interventor, tanto nas esferas social e econômica como no próprio Direito Penal, não atingiu os fins a que se propôs, ao contrário, restringiu *direitos de liberdade*, tornando os indivíduos ainda mais dependentes das provisões públicas e menos autossuficientes para o seu próprio desenvolvimento privado. Eis o sujeito passivo, que procura no Estado todas as respostas para suas inquietações particulares. Reage à sensação massificada de insegurança com mais clamor por expansão do Estado sob o domínio privado. Não aceita o risco, embora viva numa sociedade de efetivos novos riscos. Para ele, é dever do Estado afastá-lo de qualquer risco ou insegurança, não obstante se isso é possível ou não de ser feito, até mesmo por uma Administração Pública ideal.

Nesse cenário, os crimes de dano, cuja lesão efetiva é um pressuposto da antijuridicidade da conduta, não são suficientes. Abre-se espaço para uma abordagem penal diferente, peculiar à construção de crimes de perigo abstrato, os quais passam, cada dia com maior frequência, de exceção para regra comum na legislação penal. Assim, o Direito Penal Clássico, inconciliável com a imputação meramente objetiva, desprovida dos elementos mínimos de culpabilidade e causalidade, cede espaço para uma legislação penal simbólica, destinada a satisfazer a percepção de insegurança sentida pela sociedade de sujeitos passivos.

Particularmente quanto ao debate da redução da maioridade penal, travado nas grandes redes de comunicação, trata-se, no mínimo, de uma proposta ingênua e emotiva, sem a necessária preocupação de eficiência dos efeitos inibidores da medida na delinquência juvenil.

Posto isso, cumpre indicar que a sociedade contemporânea de riscos, composta por sujeitos passivos vitimizados e hipersensíveis a uma insegurança inflacionada pela mídia, não é o ambiente cuja racionalidade progredirá, cabendo identificar, entre outros fatores, o contexto político e ideológico em que se expande o Direito Penal, conforme será descrito adiante.

Acerca da *política criminal da esquerda do século XXI*, a relevância da ideologia socialdemocrata caminha para a transgressão de *direitos de liberdade*, fundamentos da democracia, devido à intervenção demagógica e desproporcional na legislação penal, investindo-se em tipos de perigo abstrato, responsabilização coletiva, desprezo dos princípios da presunção de inocência e do *in dubio pro reo*.

Todavia, em se tratando da *globalização* e da *internacionalização do Direito Penal*, a expansão racional para combater os delitos transnacionais - sobretudo os praticados por organizações criminosas - parece inevitável. Ocorre que, caso se pretenda instituir reformas processuais conforme a ordem constitucional, deverão se dar de maneira eficiente e não restrita à mera repressão punitiva, de modo a albergar instrumentos de inteligência investigativa para conhecer a cadeia produtiva da instituição delinquente, identificando seus pontos frágeis a fim de atingi-los com êxito, bem como soluções de justiça negociada e consensual-restaurativa.

Referente ao derradeiro ponto e em síntese dos demais, cumpre dizer: conquanto o Direito Administrativo Sancionador costume ser mais eficiente, a realidade atual mostra uma incompreensível migração de seus mandamentos para o Direito Penal. A ideia de *ultima ratio* passou a ser completamente desconsiderada ao serem identificadas as seguintes razões da expansão: (i) a transferência da proteção de bens jurídicos do Direito Administrativo para o Direito Penal decorre de novos riscos e das peculiaridades da sociedade complexa, a exemplo da necessidade de defesa do meio ambiente (gestão de riscos); além disso, (ii) pode-se reiterar o descrédito da instância administrativa, em si, na prevenção e reparação de ilícitos de mera conduta ou cumulativos, o que atraiu a intervenção penal subsidiária; por fim, (iii) a ingerência expansionista da esquerda na política criminal das últimas décadas, transformando o Direito Penal em instrumento de gestão para promoção da *justiça social*.

Assim como ocorre no combate aos delitos econômicos e transnacionais, a expansão devida à migração de conteúdo do Direito Administrativo Sancionador também parece inevitável, nos casos de novos riscos e interesses da sociedade complexa (proteção do meio ambiente) e de eventual inoperância da esfera administrativa, o que por vezes se deve à desídia ou até mesmo a crimes de prevaricação por parte dos agentes públicos. Incontinenti, não se pode aceitar a imposição de pena de prisão às condutas de tal Direito Penal administrativizado, preservando-se *direitos de liberdade* sob os critérios de *proporcionalidade* e de *eficiência*, pois o menor potencial ofensivo não é conciliável com a privação de liberdade.

Existem interessantes alternativas teóricas de racionalização para a expansão razoável do Direito Penal, até certa medida, inevitável, sobretudo porque é de se convir que um retorno ao *Direito Penal clássico* não mais se demonstra possível. Essa impossibilidade talvez se justifique porque a concepção liberal do Direito Penal seja muito mais um ideal a ser perseguido do que algo a ser atingido em plenitude.

A primeira proposta acolhida foi a de Winfried Hassemer, consistente no fracionamento do Direito Penal, pinçando os fatores de crise para situá-los entre a dogmática clássica e o Direito Administrativo Sancionador. Propôs-se um novo ramo jurídico isolado, ao qual se atribuiu a denominação *Direito de Intervenção*. O arcabouço de regras e princípios desse fracionamento poderia ser mais sincrético quanto a garantias processuais principalmente, contudo devesse estar equipado com sanções menos agressivas aos *direitos de liberdade*. Uma alternativa mais apropriada para recepcionar os novos riscos e interesses da sociedade complexa.

Outra proposta é a de Jesús-María Silva Sánchez, a qual se optou por seguir, em função de atingir o mesmo intento da proposta do *Direito de Intervenção*, porém de modo menos complexo. Isto é: uma alternativa racionalizadora mais eficiente da expansão do Direito Penal. Trata-se do *Direito Penal de duas velocidades*, cujo objetivo é criar dois núcleos dogmáticos apartados, ainda que compartilhem de certos princípios informadores. Ao *Direito Penal de primeira velocidade* caberá os delitos clássicos de lesão e perigo concreto e, consequentemente, abrangerá a pena de prisão, observado o critério de *proporcionalidade*. Já ao *Direito Penal de segunda velocidade*, cuja persecução penal se dará de forma mais flexibilizada, caberá os delitos a bens jurídicos transindividuais, bem como os de mera conduta e perigo abstrato, desde que ausentes as penas restritivas de liberdade – nada impede a aplicação de penas pecuniárias e restritivas de direito, pelo contrário, estimula-se.

O Direito Penal vocacionado à racionalização se expandirá apenas na direção das demandas sociais cuja proteção lhe seja efetivamente peculiar. Respeitado o princípio clássico da *subsidiariedade*, aquilo que for protegido eficientemente por outro ramo jurídico, nunca deverá ser acolhido na esfera penal. Ainda assim, para aquilo que ficar configurada a necessidade da tutela penal, outro processo de racionalização deverá ser empreendido, porquanto a celeuma não se encontra na expansão do Direito Penal no todo, senão, mais propriamente, na expansão do Direito Penal da pena privativa de liberdade. É essa última vertente expansionista que deve realmente ser combatida. O que restar para a expansão do Direito Penal deverá atender a todos os princípios constitucionais pertinentes a fim de instituir um modelo sancionador, a um só tempo, garantista e eficiente, de modernos aspectos preventivos e ressocializadores, a exemplo do *plea bargain* e da justiça restaurativa, reduzindo o uso da privação de liberdade como principal recurso.

Passa-se às derradeiras conclusões, no intento de convergir todas as demais sob a perspectiva proposta de *eficiência e Direito Penal*, cabendo começar pela premissa econômica de que, assim como os indivíduos reagem a incentivos e buscam satisfazer de forma mais conveniente seus interesses, transportam para o Estado a mesma finalidade essencial. Tais indivíduos, na condição de contribuintes, destinatários de serviços públicos e cidadãos em geral, clamam por uma Administração eficiente, cujo agir comporte resultados esperados a baixo custo para o Erário.

Há algum tempo o debate sobre *eficiência* já repercute no Direito Administrativo, de modo que se vislumbrou deveras pertinente ao *Direito Penal de segunda velocidade*, afinal de contas abarcou esferas de atuação do Direito Administrativo Sancionador.

Entretanto, advertiu-se que a absorção do *princípio da eficiência* pelo sistema legal mitigou em demasia seu conteúdo econômico essencial, muito fomentado pelas incompreensões da doutrina acerca do imanente potencial que a lógica econômica possui no Direito. De modo que a Administração Pública, à qual se destinou o princípio, não sofreu a transformação esperada. Ironicamente, há quem diga atualmente que o princípio da *eficiência* é norma ineficaz, afinal pouco lhe foi concedido de normatividade de fato. Em suma, não levaram a sério a *eficiência* como direito, pois *armadilha da eficiência* foi a forma como um dos magistrados do Supremo Tribunal Federal se referiu a tal princípio constitucional da Administração Pública, embora tenha adotado outra visão em julgados mais recentes.

Tornou-se apenas comum a menção da *eficiência* como fundamento de decisão enquanto elemento em conjunto de demais princípios da Administração. A invalidação de um ato administrativo, portanto, até hoje não costuma se realizar por força unicamente do princípio da *eficiência*. A tal dependência - ou inferioridade - normativa da *eficiência* aproxima-se parcela relevante da doutrina.

A AED, nesse ponto, reacendeu o debate e desconstruiu uma série de confusões na doutrina jurídica quanto à correta acepção da *eficiência econômica*, supostamente inconciliável com o valor de justiça e com a legalidade. Assim, uma das confusões predominantes é a afirmação de uma correspondência intrínseca entre *eficiência econômica* e *lucro*. Caso assim fosse, admitir-se-ia que o princípio, desde sua gênese, seria juridicamente impossível. Afinal, salvo as empresas estatais da Administração Indireta, todos os órgãos e entidades do Poder Público, em essência, não podem ser norteados pela obtenção de *lucros*. Contudo, isso não descaracteriza sua condição de agente maximizador dos correspondentes fins sociais, orientados pela *supremacia do interesse público* na conformação da atividade estatal. Conforme já foi destacado repetidas vezes, a *eficiência* é um método de maximização de determinados bens sociais eleitos como de significada importância; confere condições objetivas ao intérprete de melhor alcançar a satisfação de fins sociais (constitucionais) competitivos com os meios disponíveis.

Dito isso, cumpre apontar quais foram os elementos da *eficiência econômica*, como norma jurídica, exaustivamente trabalhados: (i) *objetividade*; (ii) *celeridade*; (iii) *racionalização*; (iv) *qualidade*; (v) *proporcionalidade*; (vi) *economicidade*; (vii) *eficácia*; e (viii) *efetividade*.

Sem dúvida, a AED *Positiva* fornece os melhores subsídios metodológicos para a densificação do princípio constitucional da *eficiência*. Entende-se, assim, ser possível racionalizar uma atuação estatal constitucionalmente legítima e eficiente do ponto de vista econômico, preservando-se custos de cunho financeiro e *direitos de liberdade*.

Portanto, situada em meio a um contexto de comandos igualmente constitucionais, restando-lhe, pois, emitir um conteúdo normativo condizente com a harmonia e a unidade da Constituição Federal, entendeu-se que a norma jurídica *eficiência econômica* incide sobre o Direito Penal na busca por uma legislação criminal *objetiva, célere, racional, qualitativa, proporcional, econômica, eficaz* e *efetiva*. Assim, vislumbra-se juridicamente possível a aplicação isolada do princípio da *eficiência*, desde que se proceda dentro de uma moldura, a ser delimitada pelo núcleo mínimo de *direitos de liberdade* e *correspondentes garantias constitucionais* (*legalidade*; *culpabilidade*; *intervenção mínima*; *subsidiariedade*; e *proporcionalidade*).

No mesmo sentido, deve-se reiterar que a moldura condizente com o princípio da *eficiência* aplicado ao Direito Penal é a preservação do próprio Estado Democrático de Direito. A subsunção da legislação vigente aos parâmetros de *eficiência econômica* pressupõe, desse modo, a observância dos *direitos de liberdade* como verdadeiros limites.

A pertinência da pesquisa para a atualidade se deve à necessidade de refutação, sob uma nova metodologia racional e de cunho liberal, das inúmeras perspectivas punitivistas, ideologicamente enviesadas ou orientadas às Ciências Sociais. Assim, acolhidas as premissas da AED *Positiva* e observados os estudos da Economia do Crime, o intérprete terá em mãos uma alternativa racional à expansão exclusivamente funcionalista dos institutos penais, amparado em parâmetros concretos de *eficiência econômica* sob a ótica constitucional.

Em síntese, volta-se a mencionar que a AED *Positiva*, a partir dos dados levantados pela Economia do Crime, serve como instrumento hábil para avaliar a *eficiência* (i) das tipificações penais de condutas, (ii) do grau de ofensividade dos delitos, (iii) dos diversos efeitos das penas, (iv) da persecução penal promovida pelas polícias e pelo Ministério Público, (v) do funcionamento das varas criminais do Poder Judiciário; (vi) da implicação das mazelas sociais nos índices de criminalidade etc. Tudo com a intenção de fornecer alternativas para otimizar a política criminal, sem retirá-la da moldura constitucional e democrática.

Enquanto a teoria da escolha racional ou do *homo economicus* almeja conceber o criminoso como maximizador de incentivos em delinquir ou não, a premissa do *homo sociologicus* dos deterministas sociais serviu de base para a antropologia criminal de Enrico Ferri e para a tese patológica do crime de Cesare Lombroso. Tal premissa sociológica potencialmente conduz a legislação penal para um instrumentalismo social, afastado da dogmática clássica e, inevitavelmente, dos próprios *direitos de liberdade.*

A expansão do Direito Penal passa a ser facilmente refutada com a abordagem econômica, pois a racionalização dos institutos e dos dados da realidade não condiz com: (i) irracionalidade; (ii) emotividade; (iii) razões psicossociais de vingança; (iv) interesses políticos demagógicos em soluções a curto prazo, a exemplo do Direito Penal simbólico; e (v) renascimento do *homo sociologicus*, relativizando a dogmática criminal.

Além disso, demonstrou-se que as teorias liberais e agnósticas do Direito Penal, como a *funcional redutora* de Zaffaroni, coincidem curiosamente com algumas das conclusões obtidas pela *Teoria Econômica do Crime*, desenvolvida por Gary Becker, na qual há evidente preocupação com a repercussão dos incentivos para delinquência, existentes no *mundo real.* Apontam Zaffaroni e Becker que, se a questão é eminentemente social, não há razão de ser na interferência em *direitos de liberdade* pela legislação criminal, sobretudo ao se considerarem os custos financeiros e de restrição de liberdades derivados. A política criminal só terá sentido prático se migrar do campo jurídico-penal para o campo juseconômico, logo passando a ser concebida como uma política criminal com rigor metodológico e empírico.

Também as propostas do *Direito de Intervenção* de Hassemer e do *Direito Penal de duas velocidades* de Sánchez perfilham-se com a racionalização da *eficiência econômica.* Inclusive, a AED *Positiva*, por meio da Economia do Crime, elucidou questões práticas levantadas neste trabalho no sentido da descriminalização ou redução das penas nas esferas de expansão do Direito Penal. Em alguns casos, recomendou-se com base em dados empíricos o novo direcionamento da política pública rumo a satisfazer efetivamente as demandas sociais, de modo a respeitar o princípio da *subsidiariedade.* Em sendo assim, aquilo que foi protegido eficientemente por outro ramo jurídico, nunca deverá ser acolhido na esfera penal.

O êxito maior deste trabalho foi a convergência entre a literatura e os dados obtidos pela Economia do Crime com as propostas de intervenção racional mínima de um Direito Penal estruturado em prol das liberdades individuais. A *eficiência econômica* refreou a expansão nos seguintes casos: (i) *fatores de avanço e de redução da criminalidade*; (ii) *menos armas, menos crimes*; (iii) *narcotráfico e mercado*; e (iv) *sistema penitenciário ótimo*. Isso, porque, conforme exposto, a *eficiência econômica* como norma jurídica constitucional fortalece o Estado Democrático de Direito e concilia *direitos de liberdade* e direitos sociais, a exemplo da garantia de uma segurança pública eficiente e humanitária.

REFERÊNCIAS

LIVROS

ARAÚJO JÚNIOR, Ari Francisco de; SHIKIDA, Claudio Djissey. Macroeconomia. In: TIMM, Luciano Benetti (org.). Direito e economia no brasil. São Paulo: Atlas, p. 75-114, 2011.

ATALIBA, Geraldo. **Hipótese de incidência tributária**. 6 ed. São Paulo: Malheiros, 2008.

ÁVILA, Humberto. **Teoria dos princípios**. 8 ed. São Paulo: Malheiros, 2008.

BECCARIA, Cesare. **Dos delitos e das penas**. Trad. de Torrieri Guimarães. 1 ed. São Paulo:Editora Rideel, 2003.

BECUE, Sabrina Maria Fadel. Teoria dos jogos. In: RIBEIRO, Marcia Carla Pereira Ribeiro; KLEIN, Vinicius (coord.). **O que é análise econômica do direito: uma introdução**. Belo Horizonte: Editora Fórum, 2011.

BENTHAM, Jeremy. **Principles of penal law**. Adelaide: University of Adelaide Library, 2012. Disponível em: <http://ebooks.adelaide.edu.au/b/bentham/jeremy/principles_of_penal_law/complete.html>. Acesso em 30 de abril de 2013.

BERMUDEZ, André Luiz. **A investigação criminal orientada pela teoria dos jogos**. Florianópolis: Emais, 2018.

BITENCOURT, Cezar Roberto Bitencourt. **Tratado de direito penal**. V. 1, 17 ed. São Paulo: Saraiva, 2012.

BITENCOURT, Cezar Roberto Bitencourt. **Tratado de direito penal: parte especial - dos crimes contra as pessoas**. V. 2, 12 ed. São Paulo: Saraiva, 2012.

BITTENCOURT, Maurício Vaz Lobo. Princípio da eficiência. In: RIBEIRO, Marcia Carla Pereira Ribeiro; KLEIN, Vinicius (coord.). **O que é análise econômica do direito: uma introdução**. Belo Horizonte: Editora Fórum, 2011.

BOBBIO, Norberto. **A era dos direitos**. Trad. de Carlos Nelson Coutinho. Rio de Janeiro: Campus, 1992.

BOBBIO, Norberto. **Teoria da norma jurídica**. 3 ed. Trad. Fernando Pavan Baptista e Ariani Bueno Sudatti. Bauru: EDIPRO, 2005.

BONAVIDES, Paulo. **Curso de direito constitucional**. 16 ed. São Paulo: Malheiros, 1996.

BONAVIDES, Paulo. **Teoria do estado**. 5 ed. São Paulo: Malheiros, 2004.

BRASIL. Atlas da Violência. Brasília: Instituto de Pesquisa Econômica Aplicada (Ipea), 2019, p. 5.

CALIENDO, Paulo. **Direito tributário e análise econômica do direito: uma visão crítica**. Rio de Janeiro: Elsevier, 2008.

CANOTILHO, José Joaquim Gomes. **Direito constitucional e teoria da constituição**. 7 ed. Coimbra: Almedina, 2003.

CARNELUTTI. Francesco. **As misérias do processo penal**. Trad. por José Antônio Cardinalli. 7 ed. Campinas: Bookseller, 2006.

CARVALHO FILHO, José dos Santos. **Manual de direito administrativo**. 25 ed. São Paulo: Atlas, 2012.

CARVALHO, Paulo de Barros. **Curso de direito tributário**. 23 ed. São Paulo: Saraiva, 2011.

CAVALCANTI, Eduardo Medeiros. **Crime e sociedade complexa**. Campinas: Editora LZN, 2005.

CERVINI, Raúl. Derecho penal económico democrático: hacia una perspectiva integrada. In. VILARDI, Celso *et alli* (Coord.). **Direito penal econômico: análise contemporânea**. São Paulo: Editora Saraiva, p. 3-60, 2009.

CHESNEAUX, Jean. Tirania do efêmero e cidadania do tempo. In: MORIN, Edgard; PRIGOGINE, Ilya. **A sociedade em busca de valores: para fugir à alternativa entre o cepticismo e o dogmatismo**. Lisboa, Portugal: Instituto Piaget, p. 117-132, 1996.

COMANDUCCI, Paolo. Formas de (neo)constitucionalimo: un análisis metateorético. In: CARBONELL, Miguel. **Neoconstitucionalismos**. Madri: Trotta, 2005.

COOTER, Robert; ULEN, Thomas. **Direito e economia**. 5. ed. Porto Alegre: Bookman, 2010.

DIMOULIS, Dimitri; MARTINS, Leonardo. **Teoria geral dos direitos fundamentais**. 2 ed. São Paulo: Revista dos Tribunais, 2009.

DINIZ, Maria Helena. **Compêndio de introdução à ciência do direito**. São Paulo: Saraiva, 2005.

FIALDINI, Filipe. Inclusão punitiva: reflexões sobre a tentativa de promover justiça social por meio do direito penal econômico. In. FRANCO, Alberto Silva; LIRA, Rafael (Coord.). **Direito penal econômico: questões atuais**. São Paulo: Revista dos Tribunais, p. 11-40, 2011.

FONSECA, Cibele Benevides Guedes da. **Colaboração premiada**. Belo Horizonte: Del Rey, 2017.

FOUCAULT, Michel. **Vigiar e punir**. Trad. de Raquel Ramalhete. Petrópolis: Editora Vozes, 1999.

FRANKENBERG, Günther. **A gramática da constituição e do direito**. Belo Horizonte: Del Rey, 2007.

FREITAS, Juarez. **O controle dos atos administrativos e os princípios fundamentais**. 4 ed. São Paulo: Malheiros, 2009.

GARAPON, Antoine. **Juez y democracia**. Barcelona: Flor del Viento, 1997.

GIACOMOLLI, Nereu José. O princípio da legalidade como limite do *ius puniendi* e proteção dos direitos fundamentais. In: STRECK, Lenio Luiz (org.). **Direito Penal em Tempos de Crise**. Porto Alegre: Livraria do Advogado, 2007.

GICO JÚNIOR, Ivo. Introdução à análise econômica do direito. In: RIBEIRO, Marcia Carla Pereira Ribeiro; KLEIN, Vinicius (coord.). **O que é análise econômica do direito: uma introdução**. Belo Horizonte: Editora Fórum, 2011.

GREMAUD, Amaury Patrick; VASCONCELLOS, Marco Antônio Sandoval de; TONETO JÚNIOR, Rudinei. **Economia Brasileira Contemporânea**. São Paulo: Atlas, 2005.

HARSANYI, David. **O Estado babá: como radicais, bons samaritanos e moralistas e outros burocratas cabeças duras tentam infantilizar a sociedade**. Trad. de Carla Werneck. Rio de Janeiro: Litteris, 2011.

HASSEMER, Winfried. **Direito penal libertário**. Belo Horizonte: Del Rey, 2007.

HAYEK, Frederick August von. **O caminho da servidão**. São Paulo: instituto Ludwig von Mises Brasil, 2010.

HILBRECHT, Ronald. Uma introdução à teoria dos jogos. In: TIMM, Luciano Benetti (org.), **Direito e economia no brasil**. São Paulo: Atlas, p. 115-138, 2011.

HIRECHE, Gamil Föppel El. **Análise criminológica das organizações criminosas**. Rio de Janeiro: Lumen Juris, 2005.

HUNTINGTON, Samuel P. **The Clash of Civilizations and the Remaking of World Order.** Nova Iorque: Simon & Schuster, 1996.

JAKOBS, Günther. **Fundamentos do direito penal**. Trad. Lúcia Kalil. São Paulo: Revista dos Tribunais, 2003.

JAKOBS, Günther; MELIÁ, Manuel Cancio. **Derecho penal del inimigo**. Madri: Civitas, 2003.

JUSTEN FILHO, Marçal. **Curso de direito administrativo**. 8 ed. Belo Horizonte: Fórum, 2012.

KELSEN, Hans. **Teoria pura do direito**. 6 ed. São Paulo: Martins Fontes, 1998.

HASSEMER, Winfried. Derecho penal simbólico y protección de bienes jurídicos. In: **Pena y estado**. Santiago: Editorial Jurídica Conosur, p. 23-36, 1995.

LEVITT, Steven David; DUBNER, Stephen. **Freakonomics: o lado oculto e inesperado de tudo que nos afeta**. Trad. Regina Lyra. 7 ed. Rio de Janeiro: Elsevier, 2005.

LEVITT, Steven David; DUBNER, Stephen. **Superfreakonomics: o lado oculto do dia a dia**. Trad. Afonso Celso da Cunha Serra. Rio de Janeiro: Elsevier, 2010.

LIMA, Alberto Jorge Correia de Barros. **Direito penal constitucional: a imposição dos princípios constitucionais penais**. São Paulo: Saraiva, 2012.

LIRA, Rafael. O crime de evasão de divisas: análise crítica sobre a atuação da mídia nos processos pré e pós-legislativo. Comentários sobre a (des) necessidade da tutela penal. In. FRANCO, Alberto Silva; LIRA, Rafael (Coord.). **Direito penal econômico: questões atuais**. São Paulo: Revista dos Tribunais, p. 397-426, 2011.

LOPES, José Reinaldo de Lima. Direito e economia: os caminhos do debate. In: LIMA, Maria Lúcia L. M. Padua (coord.). **Direito e economia: 30 anos de Brasil**. Tomo 1. São Paulo: Saraiva, 2012.

LOPES, Maurício Antônio Ribeiro. **Comentário à reforma administrativa - de acordo com as emendas constitucionais 18, de 5.2.1998, e 19, 4.6.1998**. São Paulo: Revista dos Tribunais, 1998.

LOTT JUNIOR, Jonh. **More guns, less crime: understanding crime and gun-control laws**. 2 ed. Chicago: The University of Chicago Press, 2000.

MACKAAY, Ejan; ROUSSEAU, Stéphane. **Análise econômica do direito**. Trad. Rachel Sztajn. 2 ed. São Paulo: Atlas, 2015

MALHEIROS FILHO, Arnaldo. Direito penal econômico e crimes de mero capricho. In. VILARDI, Celso *et alli* (Coord.). **Direito penal econômico: análise contemporânea**. São Paulo: Editora Saraiva, p. 63-104, 2009.

MARINA, José Antonio. **Crónicas de la ultramodernidad**. Barcelona: Anagrama, 2000.

MEIRELLES, Hely Lopes. **Direito administrativo brasileiro**. 34 ed. São Paulo: Malheiros, 2008.

MELIÁ, Manuel Cancio. De nuevo: "derecho penal del enemigo?. In: STRECK, Lenio Luiz (org.). **Direito Penal em Tempos de Crise**. Porto Alegre: Livraria do Advogado, 2007.

MELLO, Celso Antônio Bandeira de. **Curso de direito administrativo**. 27 ed. São Paulo: Malheiros, 2010.

MENDES JÚNIOR, Cláudio. **Execução penal e direitos humanos**. Curitiba: Juruá, 2010.

MENDES, Gilmar; COELHO, Inocêncio Martires; BRANCO, Paulo Gustavo Gonet. **Curso de Direito Constitucional**. 3 ed., São Paulo: Saraiva, 2008.

MIRANDA, Jorge. **Manual de direito constitucional – Tomo IV – direitos fundamentais**. 4 ed. Coimbra: 2008.

NEVES, Marcelo. **A constitucionalização simbólica**. São Paulo: Acadêmica, 1994.

NÓBREGA, Flavianne Fernanda Bitencourt. **Um método para investigação das consequências: a lógica pragmática da absução de C. S. Pierce aplicada ao Direito**. João Pessoa: Ideia, 2013.

NORONHA. Edgard Magalhães. **Direito penal**. V. 1, 31 ed. São Paulo: Editora Saraiva, 1995.

NORONHA. Edgard Magalhães. **Direito penal**. V. 2, 23 ed. São Paulo: Editora Saraiva, 1988.

NUSDEO, Fábio. **Curso de economia: introdução ao direito econômico**. 3 ed. São Paulo: Revista dos Tribunais, 2001.

ORWELL, George. **1984**. Disponível em: <http://www.elivrosgratis.com/download/3259/1984-mil-novecentos-e-oitenta-e-quatro-george-orwell.html>. Acesso em: 14 de abril de 2013.

PESSALI, Huáscar Fialho. Custos de transação. In: RIBEIRO, Marcia Carla Pereira Ribeiro; KLEIN, Vinicius (coord.). **O que é análise econômica do direito: uma introdução**. Belo Horizonte: Editora Fórum, 2011.

PETTER, Lafayete Josué. **Princípios constitucionais da ordem econômica**. São Paulo: Revista dos Tribunais, 2005.

PIMENTEL, Manuel Pedro. **Crimes de mera conduta**. 2 ed. São Paulo: Revista dos Tribunais, 1968.

POSNER, Richard A. **Economic analysis of law**. Nova Iorque: Aspen Publishers, 2010.

POSNER, Richard. **Fronteiras da teoria do direito**. São Paulo: Martins Fontes, 2011.

POSNER, Richard. **Para além do Direito**. São Paulo: Martins Fontes, 2009.

RENAULT, Alain. **O indivíduo: reflexão acerca da filosofia do sujeito**. Trad. de Elena Gaidano. Rio de Janeiro: Diefel, 1998.

RIBEIRO, Marcia Carla Pereira. Racionalidade limitada. In: RIBEIRO, Marcia Carla Pereira; KLEIN, Vinicius(coord.). **O que é análise econômica do direito: uma introdução**. Belo Horizonte: Editora Fórum, 2011.

RIBEIRO, Marcia Carla Pereira; AGUSTINHO, Eduardo Oliveira. Economia institucional e nova economia institucional. In: RIBEIRO, Marcia Carla Pereira Ribeiro; KLEIN, Vinicius (coord.). **O que é análise econômica do direito: uma introdução**. Belo Horizonte: Editora Fórum, 2011.

ROBBINS, Lionel. **An essay on the nature and significance of economic science.** 2 ed. Londres: Macmillan, 1945. Disponível em: <https://mises.org/books/robbinsessay2.pdf>. Acesso em: 29 de abril de 2013.

ROCHA, Yuri Santana de Brito. **Mediação & polícia: práticas de justiça restaurativa no âmbito da segurança pública e sua repercussão jurídico-criminal e social.** Curitiba: Juruá, 2018.

RODRIGUES, Fillipe Azevedo; RODRIGUES, Liliana Bastos Pereira Santo de Azevedo. **Lavagem de dinheiro e crime organizado**: um diálogo entre Brasil e Portugal. Belo Horizonte: Del Rey, 2016.

ROSA, Alexandre Morais da. **Guia compacto do processo penal conforme a teoria dos jogos.** Florianópolis: Empório do Direito, 2016

ROSS, Alf. **Direito e justiça.** Trad. Edson Bini. Bauru: EDIPRO, 2003.

ROXIN, Claus. **A proteção de bens jurídicos como função do direito penal.** 2 ed. Porto Alegre: Livraria do Advogado, 2009.

SÁNCHEZ, Jesús-María Silva. **A expansão do direito penal: aspectos de política criminal nas sociedades pós-industriais.** 2 ed. Trad. Luiz Otavio de Oliveira Rocha. São Paulo: Editora Revista dos Tribunais, 2011.

SÁNCHEZ, Jesús-María Silva. **Eficiência e direito penal.** Barueri: Manole, 2004.

SANTOS, Alvacir Correa dos. **Princípio da eficiência da administração pública.** São Paulo: LTr, 2003.

SEIXAS, Luiz Felipe Monteiro. **Tributação, Finanças Públicas e Política Fiscal: uma análise sob a óptica do Direito e Economia.** Dissertação (Mestrado em Direito). Centro de Ciências Sociais Aplicadas, Universidade Federal do Rio Grande do Norte, Natal, 2012.

SHIKIDA, Pery Francisco Assis. Economia do crime no Brasil. In: RIBEIRO, Marcia Carla Pereira Ribeiro; KLEIN, Vinicius (coord.). **O que é análise econômica do direito: uma introdução.** Belo Horizonte: Editora Fórum, 2011.

SHIKIDA, Pery Francisco Assis; AMARAL, Thiago Bottino do. Análise econômica do crime. In: TIMM, Luciano Benetti (org.). Direito e economia no brasil. São Paulo: Atlas, 2011.

SILVA, Ana Lúcia Silva; *et alli.* Principais conceitos econômicos. In: LIMA, Maria Lúcia L. M. Padua (coord.). **Direito e economia: 30 anos de Brasil.** Tomo 1. São Paulo: Saraiva, 2012.

SILVA, José Afonso da. **Comentário contextual à constituição.** 5 ed. São Paulo: Malheiros, 2008.

SILVA, Luciano Nascimento. **Teoria do direito penal econômico e fundamentos constitucionais da ciência criminal secundária.** Curitiba: Juruá, 2010.

STELZER, Joana; GONÇALVES, Everton das Neves. Análise econômica do direito: uma inovadora teoria geral do direito. In: OLIVEIRA, Amanda Flávio de (coord.). **Direito econômico: evolução e institutos**. Rio de Janeiro: Forense, 2009.

STIGLITZ, Joseph; WALSH, Carl. **Introdução à microeconomia**. Trad. Helga Hoffman. Rio de Janeiro: Elsevier, 2003.

SZTAJN, Rachel; AGUIRRE, Basília. Mudanças institucionais. In: ZYLBERSZTAJN, Decio; SZTAJN, Rachel (org.). **Direito e economia**. 5 ed. Rio de Janeiro: Campus, p. 228-243, 2005.

TAVARES, Juarez *et alli*. Os objetos simbólicos da proibição: o que se desvenda a partir da presunção de evidência. In: COUTINHO, Jacinto Nelson de Miranda (org.). **Direito e psicanálise. Interseções a partir de "O Processo" de Kafka**. V. 1, 1 ed. Rio de Janeiro: Lumen Juris Editora, 2007.

TIMM, Luciano Benetti. **Artigos e ensaios de direito e economia**. Rio de Janeiro: Lumen Juris, 2018

VELOSO, Zeno. **Controle jurisdicional de constitucionalidade**. 2 ed. Belo Horizonte: Editora Del Rey, 2000.

VIAPIANA, Luiz Tadeu. **Economia do crime: uma explicação para a formação do criminoso**. Porto Alegre: AGE Editora, 2006.

ZAFFARONI, Eugenio Raúl *et alli*. **Direito penal brasileiro: teoria geral do direito penal**. Rio de Janeiro: Renavan, 2003.

Artigos

ARAGÃO, Alexandre Santos de. O princípio da eficiência. In: **Revista de direito administrativo**, n. 237, p. 1-6, 2004.

AUAD, Denise. A perspectiva dinâmica do constitucionalismo. In: **Revista de Direito Constitucional e Internacional**, n. 77, p. 41-61, 2011.

BECK, Ulrich. A política na sociedade de risco. Trad. de Estevão Bosco. In: **Ideias: revista do instituto de filosofia e ciências humanas - Unicamp**, v. 2 n. 1, p. 229-253, 2010.

BECKER, Gary Stanley. Crime and punishment: an economic approach. In: **Journal of political economy: Essays in the economics of crime and punishment**, National Bureau of Economic Research, p. 169-217, 2001. Disponível em: < http://www.jstor.org/discover/10.2307/1830482?uid=3737664&uid=2&uid=4&sid=21101968867553>. Acesso em: 30 de abril de 2013.

BECKER, Gary; MURPHY, Kevin; GROSSMAN, Michael. The economic theory of illegal goods: the case of drugs. In: **NBER Working Paper Series**, Working Paper 10976, Cambridge: National Bureau of Economic Research, 2004.

BORDINI, Eliana Blumer Trindade; ABREU, Sérgio França Adorno de. Migração e criminalidade. In: **Revista são paulo em perspectiva**, n. 2, v. 1, p. 36-38, 1987. Disponível em: <http://www.seade.gov.br/produtos/spp/v01n02/v01n02_05.pdf>. Acesso em: 27 de abril de 2013.

BRODT, Luís Augusto Sanzo. O direito penal sob a perspectiva funcional redutora de eugenio raul zaffaroni. In: **Revista brasileira de estudos políticos**, n. 101, p. 97-136, 2010.

CANOTILHO, José Joaquim Gomes. Tomemos a sério os direitos econômicos, sociais e culturais. In: **Estudos sobre direitos fundamentais**. 1 ed. São Paulo: Editora Revista dos Tribunais; Portugal: Coimbra Editora, 2008.

CAPELLER, Wanda. A transnacionalização do campo penal: reflexões sobre as mutações do crime e do controle. In: MELLO, Celso de Albuquerque (Coord). **Anuário direito e globalização 1: a soberania**. Rio de Janeiro: Renovar, 1999.

CARVALHO, Ivan Lira de. Crimes contra a fauna: reflexões sobre a aspereza do código de caça. In: **Revista de informação legislativa**, n. 131, p. 193-198, 1995.

CARVALHO, Ivan Lira de. O direito penal como instrumento inibidor da violência. In: **Revista de informação legislativa**, n. 131, p. 123-128, 1996.

CARVALHO, José Augusto Moreira de. Introdução à teoria dos jogos. In: **Revista de Direito Constitucional e Internacional**, n. 59, p. 213-234, 2007.

CAVALCANTI, Cristovão. O direito penal em crise. In: **Revista âmbito jurídico**, 2013. Disponível em: <http://www.ambito-juridico.com.br/site/?n_link=revista_artigos_leitura&artigo_id=9644&revista_caderno=3>. Acesso em: 28 de abril de 2013.

CEREIJIDO, Juliano Henrique da Cruz. O princípio constitucional da eficiência na administração publica. In: **Revista de direito administrativo**, n. 226, p. 231-241, 2001.

COMITRE, Felipe; e ANDRADE, Alexandre Carvalho. Crescimento populacional e contradições no espaço urbano: uma análise da expansão periférica na cidade média de Sorocaba-SP. In: II Simpósio cidades médias e pequenas da Bahia, 2011, Vitória da Conquista, Universidade do Estadual do Sudoeste da Bahia (UESB). **Anais Segregação, Periferia e Pobreza Urbana**. Vitória Conquista: UESB, 2011. Disponível em: <http://www.uesb.br/eventos/simposio_cidades/anais/artigos/eixo7/7d.pdf>. Acesso em 27 de abril de 2013.

COPETTI NETO, Alfredo. Pragmatismo em filosofia, realismo em direito e o duplo assalto à economia política clássica. In: **Revista direito mackenzie**, v. 5, n. 2, p. 71-92, 2011. Disponível em: < http://editorarevistas.mackenzie.br/index.php/rmd/article/view/5074/3869>. Acesso em: 29 de abril de 2013.

COSTA, Leonardo de Andrade. A racionalidade matemática como limite objetivo instransponível à produção e aplicação do direito: um estudo de caso. In: **Revista de direito administrativo**, n. 261, p. 47-87, 2012.

COSTA, Lucas; PARREIRAS, Arthur. **APAC: Alternativa na Execução Penal**. Disponível em: <http://www.buscalegis.ufsc.br/revistas/files/anexos/33048-41542-1-PB.pdf>. Acesso em 4 de maio de 2013.

DILGUERIAN, Mirian Gonçalves. Princípio constitucional da proporcionalidade e sua implicação no direito penal. In: **Revista de direito constitucional e internacional**, n.º43, p. 168-208, 2003.

DUARTE JÚNIOR, Ricardo César Ferreira. O problema da legitimidade nas sociedades complexas. In: GARCIA, Maria (Coord). **Revista de direito constitucional e internacional**, ano 19, n. 74, p. 81-105, 2011.

EIDE, Erling. Economics of crime behavior. In: BOUCKAERT, Boudewijn; GEEST, Gerrit de. **Encyclopedia of law & economics**, n. 8100, p. 345-389, 1999. Disponível em: <http://encyclo.findlaw.com/8100book.pdf>. Acesso em: 30 de abril de 2013.

FLACH, Michael Schneider. A relação entre bem jurídico-penal e constituição. In: **Sistema Penal & Violência**, v. 2, n. 1, p. 45-63, Porto Alegre, 2010.

FRANÇA, Vladimir da Rocha. Notas sobre a eficiência administrativa na constituição federal. In: **Revista trimestral de direito público**, n. 30, p. 77-85, 2000.

FULLER, Greice Patrícia. A contemporaneidade do pensamento de John Locke no contexto do século XXI. In: **Revista de Direito Constitucional e internacional**, n. 49, p. 139-144, 2004.

GIORGI, Raffaele de Giorgi. O risco na sociedade contemporânea. In: **Revista de direito sanitário**, v. 9, n. 1, p. 37-49, 2008.

GOMES, Conceição; LOPES, José Mouraz. As Recentes Transformações no Sistema Penal Português: a tensão entre garantias e a resposta à criminalidade. In: **Sistema Penal & Violência**, v. 1, n. 1, p. 22-32, Porto Alegre, 2009.

HASSEMER, Winfried. Características e Crises do Moderno Direito Penal. Trad. de Pablo Rodrigo Alflen da Silva. In: **Revista síntese de direito penal e processual penal**, n. 18, p. 144-157, 2003.

LEITE, Rosimeire Ventura. O princípio da eficiência na administração pública. In: **Revista de direito administrativo**, n. 226, p. 251-263, 2001.

LUHMANN, Niklas. Globalización o sociedad mundial: como concebir la sociedad moderna? Trad. de José Javier Blanco Rivero. In: **International review of sociology**. V. 7, Issue 7, 1997.

MOREIRA NETO, Diogo de Figueiredo. Administração pública gerencial. In: **Revista de Direito**, Rio de Janeiro, v. 2, n. 4, p. 37-44, 1996. Disponível em: <http://www.camara.rj.gov.br/setores/proc/revistaproc/revproc1998/revdireito1998B/est_adminpublica.pdf>. Acesso em: 3 de dezembro de 2012.

NERI, Marcelo. **Impactos do estatuto do desarmamento sobre a demanda pessoal por armas de fogo**. Brasília: IPEA, 2013. Disponível em: <http://www.ipea.gov.br/agencia/images/stories/PDFs/presi/130401_estudocompraarmas.pd>. Acesso em 3 de maio de 2013.

NOBRE JÚNIOR, Edilson Pereira. Administração pública e o princípio constitucional da eficiência. In: **Revista de Direito administrativo**, n. 241, p. 209-240, 2005.

NOGUEIRA, Pablo. Médias cidades, grandes negócios e muitos problemas. In: **Revista Unespciência**, n. 29, p. 20-26, 2012. Disponível em: < http://www.unesp.br/aci_ses/revista_unespciencia/acervo/29/cidademedia>. Acesso em: 27 de abril de 2013.

NORTH, Douglass. Institutions. In: **Journal of economic perspectives**, v. 5, n. 1, p. 97-112, 1991. Disponível em: <http://pt.scribd.com/doc/127539041/Douglas-North>. Acesso em: 29 de abril de 2013.

OLIVEIRA, Cristiano Aguiar de. Criminalidade e o tamanho das cidades brasileiras: um enfoque da economia do crime. In: **XXXIII Encontro nacional de economia**, 2005, Natal, Associação Nacional dos Centros de Pós-Graduação em Economia (ANPEC). Natal: ANPEC, 2005. Disponível em: <http://www.anpec.org.br/encontro2005/artigos/A05A152.pdf>. Acesso em 1.º de maio de 2013.

OLIVEIRA, Natália Silva Teixeira Rodrigues de. *Insider trading*: uma realidade à luz do Direito Penal. In: **Revista da faculdade de direito da UFMG**, n. 60, p. 365-390, Belo Horizonte, 2012. Disponível em: <http://www.direito.ufmg.br/revista/index.php/revista/article/view/P.0304-2340.2012v60p365/171>. Acesso em: 29 de abril de 2013.

PEREIRA, Marianne dos Reis. **A Privatização do Sistema Penitenciário**. Disponível em: <http://xa.yimg.com/kq/groups/13783781/2018026283/name/aprivatizacaodosistemapenitenciario.pdf>. Acesso em: 4 de maio de 2013.

PUCEIRO, Zuleta. O processo de globalização e a reforma do estado. In: FARIA, José Eduardo. **Direito e globalização econômica: implicações e perspectivas**. São Paulo: Editora Malheiros, 2010.

RAMIREZ, Juan Bustos. Principios fundamentales de un derecho penal democrático. In: **Revista de Ciencia Penales**, Ano V, n. 8, p. 20-46, San José, 1994.

RODRIGUES, Fillipe Azevedo. A 'crise' da violência e suas causas ou soluções: leis de drogas e armas como vetores da violência homicida. In: **Revista Jurídica Luso-Brasileira (RJLB)**, Ano 5, n. 3, p. 673-688, Lisboa, 2019.

RODRIGUES, Fillipe Azevedo. Análise econômica da execução penal: ressocialização e regime semiaberto. In: **Revista Direito e Liberdade**, v. 13, n. 2, p. 101-124, 2012. Disponível em: <http://www.esmarn.tjrn.jus.br/revistas/index.php/revista_direito_e_liberdade/article/view/403/433>. Acesso em: 28 de abril de 2013.

RODRIGUES, Fillipe Azevedo. Intervenção pública e proibição do *insider trading*: eficiência e *ultima ratio* na *responsive regulation*. In: **Revista de informação legislativa**, n. 210, p. 211-238, Brasília, 2016. Disponível em: <http://www2.senado.leg.br/bdsf/handle /id/522907>. Acesso em: 27 de dezembro de 2017.

RODRIGUES, Fillipe Azevedo. Liberdade de expressão, Danilo Gentili e "O povo contra Lary Flynt": a (in)constitucionalidade dos crimes contra a honra. In: **JusBrasil**, 24 de abril de 2019. Disponível em: <https://qbb.jusbrasil.com.br/artigos/700753009/liberdade-de-expressao-danilo-gentili-e-o-povo-contra-lary-flynt-a-in-constitucionalidade-dos-crimes-contra-a-honra>. Acesso em: 22 de junho de 2020.

RODRIGUES, Fillipe Azevedo. O Ativismo Penal e o Supremo Tribunal Federal: súmulas do passado e a criminalização da homofobia. In: **JusBrasil**, 22 de fevereiro de 20119. Disponível em: <https://qbb.jusbrasil.com.br/artigos/679048695/o-ativismo-penal-e-o-supremo-tribunal-federal-sumulas-do-passado-e-a-criminalizacao-da-homofobia>. Acesso em: 22 de junho de 2020.

RODRIGUES, João Gaspar. Direito de resistência e sua positivação constitucional. In: **Revista de Direito Constitucional e Internacional**, n. 63, p. 130-162, 2008.

RODRÍGUEZ, Raúl Carnevali. Derecho penal como *ultima ratio*. Hacia uma política criminal racional. In: **Ius et Praxis**. Ano 14. n. 1, p. 13-48, 2008. Disponível em: <http://www.scielo.cl/scielo.php?script=sci_arttext&pid=S0718-00122008000100002>. Acesso em: 25 de março de 2013.

SALAMA, Bruno Meyerhof. O que é pesquisa em direito e economia. In: **Cadernos direitoGV**, v. 5, n. 2, estudo n. 22, 2008. Disponível em: <http://bibliotecadigital.fgv.br/dspace/bitstream/handle/10438/2811/caderno%2520direito%252022.pdf?sequence=1>. Acesso em 29 de abril de 2013.

SANTOS, Marcelo Justos dos; KASSOUF, Ana Lúcia. Avaliação de impacto do estatuto do desarmamento na criminalidade: uma abordagem de séries temporais aplicada à cidade de São Paulo. In: **Economic Analysis of Law Review**, v. 3, n. 2, p. 307-322, 2012.

SANTOS, Natália Batista da Costa; RODRIGUES, Fillipe Azevedo. Os jogos da leniência: uma análise econômica da Lei Anticorrupção. In: **Revista Direito Público**, v. 14, n. 78, 2017, p. 54-71, nov-dez, 2017.

SARLET, Ingo Wolfgang. **Proibição de Retrocesso, Dignidade da Pessoa Humana e Direitos Sociais: manifestação de um constitucionalismo dirigente possível**. Disponível em: < http://tex.pro.br/tex/images/stories/PDF_artigos/proibicao_ingo_wlfgang_sarlett.pdf>. Acesso em: 26 de março de 2013.

SARLET, Ingo Wolfgang; FIGUEIREDO, Mariana Filchtiner. Reserva do possível, mínimo existencial e direito à saúde: algumas aproximações. In: **Direitos Fundamentais & Justiça**, n. 1, p. 171-213, 2007.

SCHAEFER, Gilberto José; SHIKIDA, Pery Francisco de Assis. Economia do crime: elementos teóricos e evidências empíricas. In: **Revista análise econômica**, ano 18, n. 33, p. 195-217, Porto Alegre, 2000.

SHIKIDA, Pery Francisco Assis et al. Uma alternativa de combate ao contrabando de cigarro a partir da estimativa da curva de laffer e da discussão sobre a política de preço mínimo. In: **I Congress Latin American and Caribbean Regional Science Association International**, 2017, São Paulo, FEA/USP. São Paulo: FEA/USP, 2017, p. 18-19. Disponível em: <http://sisconev.com.br/Uploads/ENABER17/Trab01570034922017009_000000.pdf>. Acesso em 27 de junho de 2020.

SILVA JUNIOR, Walter Nunes da. O direito penal e a criminalidade. In: **Revista do curso de direito da ufrn**, v. 1, n. 1, p. 121-139, 1996.

SOUZA, María de Lourdes. La individualidad postmoderna: uma lectura del pensamiento de pietro barcellona y boaventura de sousa santos. In: **Cuadernos electrónicos de filosofia del derecho**, n. 2, 1999.

SZTAJN, Rachel. **Teoria jurídica da empresa**. São Paulo: Atlas, 2004.

VIZZOTO, Vinicius Diniz. Restrição de direitos fundamentais e segurança pública: uma análise penal-constitucional. In: **Revista de Direito Constitucional e Internacional**, n. 57, p. 132-154, 2006.

XAVIER, Bruno Damasceno; OLIVEIRA, Raphael Rodrigues de Oliveira. Cristiano Aguiar de. Criminalidade e o tamanho dos municípios brasileiros: uma análise de dados em painel. In: **XXIII Congresso Brasileiro de Economia**, 2019, Florianópolis, Conselho Regional de Economia de Santa Catarina (Corecon-SC). Florianópolis: Corecon-SC, 2019, p. 4825. Disponível em: < http://corecon-sc.org.br/anais-cbe2019/arquivos/anais-cbe2019-4825.pdf>. Acesso em 15 de junho de 2020

ZAINAGHI, Diana Helena de Cássia Guedes Mármora. Princípio da legalidade e segurança jurídica. In: **Revista de direito constitucional e internacional**, n. 53, p. 114-147, 2005.

LEGISLAÇÃO E JURISPRUDÊNCIA

BRASIL. Conselho Nacional de Justiça. **Resolução n. 61, de 7 de outubro de 2008**. Publicada no DJe em: 15 de outubro de 2008. Disponível em: <http://www.cnj.jus.br/atos-administrativos/12176:resolucao-no-61-de-07-de-outubro-de-2008>. Acesso em: 16 de maio de 2013.

BRASIL. **Constituição da república federativa do Brasil de 1988**. Disponível em: <http://www.planalto.gov.br/ccivil_03/constituicao/constituicao.htm>. Acesso em: 15 de abril de 2013.

BRASIL. **Decreto-Lei n. 2.848, de 7 de dezembro de 1940**. Disponível em: <http://www.planalto.gov.br/ccivil_03/decreto-lei/del2848compilado.htm>. Acesso em: 4 de abril de 2013.

BRASIL. **Decreto-Lei n. 200, de 25 de fevereiro de 1967**. Disponível em: <http://www.planalto.gov.br/ccivil_03/decreto-lei/del0200.htm>. Acesso em: 8 de maio de 2013.

BRASIL. **Emenda constitucional n. 19, de 4 de junho de 1998**. Disponível em: < http://www.planalto.gov.br/ccivil_03/constituicao/Emendas/Emc/emc19.htm>. Acesso em: 8 de maio de 2013.

BRASIL. **Emenda constitucional n. 45, de 30 de dezembro de 2004**. Disponível em: <http://www.planalto.gov.br/ccivil_03/constituicao/Emendas/Emc/emc45.htm>. Acesso em: 13 de maio de 2013.

BRASIL. **Lei Federal n. 10.826, de 22 de dezembro de 2003**. Disponível em: <http://www.planalto.gov.br/ccivil_03/leis/2003/l10.826.htm>. Acesso em 13 de abril de 2013.

BRASIL. **Lei Federal n. 11.340, de 7 de agosto de 2006**. Disponível em: <http://www.planalto.gov.br/ccivil_03/_ato2004-2006/2006/lei/l11340.htm>. Acesso em: 13 de abril de 2013.

BRASIL. **Lei Federal n. 11.343, de 23 de agosto de 2006**. Disponível em: <http://www.planalto.gov.br/ccivil_03/_ato2004-2006/2006/lei/l11343.htm>. Acesso em: 3 de maio de 2013.

BRASIL. **Lei Federal n. 12.737, de 30 de novembro de 2012**. Disponível em: <http://www.planalto.gov.br/ccivil_03/_ato2011-2014/2012/lei/l12737.htm>. Acesso em: 4 de abril de 2013.

BRASIL. **Lei Federal n. 12.850, de 2 de agosto de 2013**. Disponível em: <http://www.planalto.gov.br/ccivil_03/_ato2011-2014/2012/lei/l12737.htm>. Acesso em: 15 de junho de 2020.

BRASIL. **Lei Federal n. 6.385, de 7 de dezembro de 1976**. Disponível em: <http://www.planalto.gov.br/ccivil_03/leis/6385.htm>. Acesso em: 29 de abril de 2013.

BRASIL. **Lei Federal n. 7.492, de 16 de junho de 1986**. Disponível em: <http://www.planalto.gov.br/ccivil_03/leis/7492.htm>. Acesso em: 4 de abril de 2013.

BRASIL. **Lei Federal n. 9.099, de 26 de setembro de 1995**. Disponível em: <http://www.planalto.gov.br/ccivil_03/_ato2004-2006/2006/lei/l11343.htm>. Acesso em: 30 de junho de 2020.

BRASIL. **Lei Federal n. 9.605, de 12 de fevereiro de 1998**. Disponível em: <http://www.planalto.gov.br/ccivil_03/leis/l9605.htm>. Acesso em: 26 de março de 2013.

BRASIL. **Lei Federal n. 9.613, de 12 de fevereiro de 1998**. Disponível em: <http://www.planalto.gov.br/ccivil_03/leis/l9613.htm >. Acesso em: 26 de março de 2013.

BRASIL. **Projeto de Lei da Câmara dos Deputados n. 122, de 12 de dezembro de 2006**. Disponível em: <http://www.senado.gov.br/atividade/materia/detalhes.asp?p_cod_mate=79604>. Acesso em: 14 de abril de 2013.

BRASIL. Supremo Tribunal Federal. **Ação Direta de Inconstitucionalidade (ADI) n. 3.386 - DF**. Relator: Ministra Carmen Lúcia. Julgamento em: 14 de abril de 2011. Publicado no DJe em: 24 de agosto de 2011. Disponível em: <http://redir.stf.jus.br/paginadorpub/paginador.jsp?docTP=AC&docID=626496>. Acesso em: 13 de maio de 2013;

BRASIL. Supremo Tribunal Federal. **Ação de Descumprimento de Preceito Fundamental (ADPF) n. 449 - DF**. Relator: Ministro Luiz Fux. Julgamento em: 8 de maio de 2019. Publicado no DJe em: 2 de setembro de 2019, p. 28. Disponível em: < http://redir.stf.jus.br/paginadorpub/paginador.jsp?docTP=TP&docID=750684777>. Acesso em: 27 de junho de 2020

BRASIL. Supremo Tribunal Federal. **Ação Direta de Inconstitucionalidade por Omissão (ADO) n. 26 - DF**. Relator: Ministro Celso de Mello. Julgamento em: 13 de junho de 2019. Publicação pendente. Disponível em: < http://www.stf.jus.br/portal/peticaoInicial/verPeticaoInicial.asp?base=ADOM&s1=26&processo=26>. Acesso em: 22 de junho de 2020.

BRASIL. Supremo Tribunal Federal. **Mandado de Injunção (MI) n. 4.733 - DF**. Relator: Ministro Edson Fachin. Julgamento em: 13 de junho de 2019. Publicação pendente. Disponível em: <http://portal.stf.jus.br/processos/detalhe.asp?incidente=4239576>. Acesso em: 22 de junho de 2020.

BRASIL. Supremo Tribunal Federal. **Mandado de Segurança (MS) n. 27.621 - DF**. Relator: Ministra Carmen Lúcia. Julgamento em: 7 de dezembro de 2011. Publicado no DJe em: 11 de maio de 2012. Disponível em: <http://redir.stf.jus.br/paginadorpub/paginador.jsp?docTP=TP&docID=1983588>. Acesso em: 13 de maio de 2013.

BRASIL. Supremo Tribunal Federal. **Recurso Extraordinário (RE) n. 503.436 - PI**. Relator: Ministro Luiz Fux. Julgamento em: 16 de abril de 2013. Publicado no DJe em: 6 de maio de 2013. Disponível em: <http://redir.stf.jus.br/paginadorpub/paginador.jsp?docTP=TP&docID=3741515>. Acesso em: 13 de maio de 2013.

ESTADO DO RIO GRANDE DO NORTE. Razões de veto ao projeto de lei n. 115/2012, constante dos autos do processo n. 1.784/12 - PL/SL, que "dispõe sobre a criação do selo amigo do esporte para as empresas privadas do estado do rio grande do norte que contribuírem com projetos desportivos e dá outras providências", de iniciativa de sua excelência, a senhora deputada gesane marinho, aprovado pela assembleia legislativa, em sessão plenária realizada em 12 de dezembro de 2012. In: **Diário Oficial do Estado (DOE)**, Edição n. 12.863, 2013.

SÍTIOS ELETRÔNICOS

CONVERGÊNCIA DIGITAL. **Texto ruim inviabiliza lei carolina dieckmann, afirmam advogados**. Disponível em: <http://convergenciadigital.uol.com.br/cgi/cgilua.exe/sys/start.htm?infoid=33404&sid=4>. Acesso em: 5 de abril de 2013.

DOTTI, René Ariel. O Supremo Tribunal Federal e o Inquérito n. 4.781 (Parecer). In: **Colégio de Presidentes do Instituto dos Advogados do Brasil (IAB)**, 21 de julho de 2019. Disponível em: <https://www.estudosnacionais.com/wp-content/uploads/2020/06/Parecer.pdf>. Acesso em: 22 de junho de 2020.

IBCCrim. Instituto Brasileiro de Ciências Criminais (IBCCrim). **Mídia, imagem e poder na democracia**. Disponível em: <http://www.ibccrim.org.br/novo/boletim_artigo/4062-EDITORIAL-%E2%80%93-Midia,-imagem-e-poder-na-democracia>. Acesso em: 13 de abril de 2013.

IPCIG. International Policy Centre for Inclusive Growth (IPCIG). What explains the decline in brazil's inequality. In: **One pager**, Brasília, n. 89, 2009. Disponível em: <http://www.ipc undp.org/pub/IPCOnePager89.pdf>. Acesso em: 27 de abril de 2013.

LII. Legal Information Institute (LII). **Roe v. Wade (n.º 70-18)**. Ithaca: Cornell University Law School, 2013. Disponível em: <http://www.law.cornell.edu/supct/html/historics/USSC_CR_0410_0113_ZS.html>. Acesso em: 2 de maio de 2013.

LOBATO, Paulo Henrique. **Presidiário custa 11 vezes mais que estudante**. Disponível em: <http://wwo.uai.com.br/UAI/html/sessao_14/2007/09/03/em_noticia_interna,id_sessao=14&id_noticia=27888/em_noticia_interna.shtml>. Acesso em: 4 de maio de 2013.

MILAZZO, Daniel. **Homens que venderam arma para autor do massacre em Realengo vão para presídio**. Rio de Janeiro: UOL Notícias, 2011. Disponível em: <http://noticias.uol.com.br/cotidiano/ultimas-noticias/2011/04/09/homens-que-venderam-arma-para-autor-do-massacre-em-realengo-vao-para-presidio.htm>. Acesso em: 3 de maio de 2013.

RAND, Ayn. **America's persecuted minority: big business.** Nova Iorque: Nathaniel Branden Institute, 1962. Disponível em: <http://pt.wikiquote.org/wiki/Ayn_Rand>. Acesso em: 14 de abril de 2013.

PNUD. Programa das Nações Unidas para o Desenvolvimento (PNUD). **Human development report 2013**. Disponível em: <http://www.undp.org/content/dam/undp/library/corporate/HDR/2013GlobalHDR/English/HDR2013%20Report%20English.pdf>. Acesso em: 27 de abril de 2013.

PNUD. Programa das Nações Unidas para o Desenvolvimento (PNUD). **Human development report 2019**. Disponível em: < http://hdr.undp.org/sites/default/files/hdr2019.pdf>. Acesso em: 15 de junho de 2020.

SOWELL, Thomas. **Intellectuals and race**. Nova Iorque: Basic Books, 2012, p. 6-7. Disponível em: <http://www.mises.org.br/Article.aspx?id=1554>. Acesso em: 15 de abril de 2013.

SUSPENSO julgamento sobre omissão legislativa em criminalizar homofobia. **Notícias do STF**, Brasília, 21 de fevereiro de 20119. Disponível em: <http://www.stf.jus.br/portal/cms/verNoticiaDetalhe.asp?idConteudo=404076&tip=UN>. Acesso em: 22 de junho de 2020

UNODC. United Nations Office on Drugs and Crime (UNODC). **World drug report 2012**. Viena: 2012, p. 59-60. Disponível em: <http://www.unodc.org/documents/data-and-analysis/WDR2012/WDR_2012_web_small.pdf>. Acesso em: 3 de maio de 2013.

UNODC. United Nations Office on Drugs and Crime (UNODC). **World drug report 2019** – Booklet 2: Drug Demand Viena: 2019, p. 11. Disponível em: <http://www.unodc.org/documents/data-and-analysis/WDR2012/WDR_2012_web_small.pdf>. Acesso em: 15 de junho de 2020.

WAISELFISZ, Julio Jacobo. **Mapa da Violência 2010: anatomia dos homicídios no Brasil**. 1 ed. São Paulo: Instituto Sangari, 2010. Disponível em: < http://www.mapadaviolencia.org.br/pdf2010/MapaViolencia2010.pdf>. Acesso em: 27 de abril de 2013.